DAS GROSSE GU KOCHBUCH

SCHNELLE
KÜCHE

Über 300 tolle Rezepte von Montag bis Sonntag

REZEPTFOTOS: BARBARA BONISOLLI
UND MICHAEL BRAUNER
REZEPTE: CORNELIA SCHINHARL
UND REINHARDT HESS

DAS GROSSE GU KOCHBUCH

SCHNELLE
KÜCHE

Auf einen Blick: Das alles

Gut zu wissen ...

... und praxisbezogen

Die Rezepte

steckt in diesem Buch

Gut zu wissen ...

(Bio-) Aktive Fitmacher – Gemüse

Gemüse schmeckt köstlich, ist kalorienarm und versorgt uns mit wichtigen Vitaminen sowie Mineral- und Ballaststoffen. Darüber hinaus liefert es die so genannten bioaktiven Substanzen, die Krankheiten vorbeugen und heilend wirken können.

Gemüse einkaufen

Verführerisch liegt es beim Gemüsehändler und lockt mit bunten Farben und vielfältigen Formen. Und doch sieht man ihm von außen nicht an, was in ihm steckt.

Eines ist sicher: Gemüse schmeckt dann am besten, hat die meisten Inhaltsstoffe und die wenigsten Schadstoffe, wenn es Saison hat und im Freiland wachsen durfte.

Vor allem bei den so genannten Nitratsammlern – etwa Blattgemüse wie Spinat und auch Salate, aber auch Rote Bete und Rhabarber – ist es entscheidend, dass sie genügend Sonne abbekommen und Zeit zum Wachsen haben, denn dann wird das enthaltene Nitrat in Chlorophyll umgewandelt. Beim Rhabarber sitzt das Nitrat vor allem in den Blättern, die sollte man grundsätzlich nicht mitverwenden.

Es lohnt sich also, beim Einkauf die Saison im Auge zu behalten, das Gemüse schmeckt besser und bleibt auch etwas Besonderes, weil es nicht das ganze Jahr über auf den Tisch kommt.

Wegweiser zu frischem Gemüse

- Knackig frisches Aussehen
- Kräftige, saftige Blätter
- Feste, pralle Schale
- Keine grünen Triebe bei Zwiebeln und Knoblauch
- keine weißen Triebe und grünen Verfärbungen bei Kartoffeln
- Gemüse der Saison, aus Freilandanbau und der Region kaufen

Gemüse lagern

Da die Inhaltsstoffe rasch abgebaut werden, sollten Sie Gemüse möglichst kurz lagern, am besten im Gemüsefach des Kühlschranks. Ausnahmen: Fruchtgemüse wie Tomaten, Paprikaschoten und Gurken. Sie verlieren im Kühlschrank an Aroma. Zwiebeln und Knoblauch in einem luftigen Korb aufheben.

Gemüse vorbereiten

- Gemüse immer gründlich waschen und abreiben. So können Sie einen Großteil der Schwermetalle und der Pflanzenschutzmittel, die sich auf Blättern und Schalen abgelagert haben, entfernen.
- Gemüse immer nur ungeschält und unzerkleinert waschen, da sonst die wasserlöslichen Vitamine und Mineralstoffe mit dem Wasser zum Teil weggespült werden. Aus dem gleichen Grund sollten Sie Gemüse auch nicht im Wasser liegen lassen.
- Gemüse nach dem Waschen putzen, also häuten, schälen oder schaben, Wurzelenden, Strunke und äußere unansehnliche Blätter entfernen. Gemüse zerkleinern und anschließend sofort zubereiten, das schont ebenfalls die Vitamine, die bioaktiven Substanzen und Mineralstoffe.
- Gemüse so kurz wie möglich garen. Es sollte noch bissfest sein.

Wie putze ich...

...Artischocken

Die Spitzen der Blätter mit einer Küchenschere gleichmäßig abschneiden. Dann die obere Spitze der Frucht und den Stiel mit dem Messer entfernen. Alle Schnittstellen mit Zitrone einreiben, damit sich das Fruchtfleisch nicht verfärbt. Die Artischocken in reichlich Wasser mit Zitronensaft und Salz kochen. Sie sind gar, wenn sich eins der äußeren Blätter leicht herausziehen lässt, etwa nach 30–40 Minuten. Artischocken vor dem Servieren kopfüber abtropfen lassen. Wenn sie so weit abgekühlt sind, dass man sie gut mit den Fingern anfassen kann, die Blätter abzupfen, mit dem fleischigen Ende in die Sauce stippen. Dann das Artischockenfleisch zwischen den Zähnen vom Blatt streifen.

...Chilischoten

Die meiste Schärfe sitzt in den Trennwänden und den Kernen. Wer also nicht so scharf essen möchte, entfernt alle Kerne, wer es dagegen richtig feurig mag, lässt sie dran. Schote waschen, längs aufschneiden und vom Stielansatz und den Trennwänden mit den Kernen befreien. Arbeiten Sie aber in jedem Fall mit Gummihandschuhen, oder waschen Sie Ihre Hände sehr gründlich, da die Schärfe an den Fingern haftet. Es brennt höllisch, wenn man damit an die Augen kommt oder die Schleimhäute berührt.

... Pilze

Das aromatische Gemüse verliert an Aroma, wenn man es in Wasser wäscht. Die meisten Pilze, die wir kaufen können, stammen ohnehin aus Zuchtbetrieben und kommen kaum mit Schmutz in Berührung. Es genügt also, wenn man sie mit einem Pilzbürstchen säubert oder aber mit einem Stück angefeuchteten Küchenpapier abwischt. Dann nur noch die Stielenden (bei Austernpilzen großzügig, weil die Stiele oft zäh sind) abschneiden.

Bei Waldpilzen (nur sammeln, wenn man sie genau kennt!) schneidet man faule Stellen ab und putzt die Pilze wie beschrieben. Auf gar keinen Fall in Wasser liegen lassen, sie saugen sich sonst voll Wasser.

…Okraschoten

Nach dem Waschen den Stielansatz bleistiftspitzenförmig mit einem kleinen scharfen Messer zuschneiden, ohne dabei die Frucht zu verletzen. So kann die Flüssigkeit nicht auslaufen. Okraschoten sondern beim Kochen einen milchigen Schleim ab. Er sorgt bei Gerichten, wo das erwünscht ist, für die nötige Bindung. Wer das nicht mag, blanchiert die Schoten vor der weiteren Zubereitung einige Minuten in kochendem Essigwasser. Dann kalt abschrecken, abtropfen lassen und fertig zubereiten.

Wie schäle ich...

…Spargel

Weißen Spargel zuerst waschen und die unteren Stangenenden 1–2 cm weit abschneiden. Die Stangen dann mit einem speziellen Sparschäler oder mit einem scharfen Messer von oben nach unten schälen. Dabei etwa 3 cm unter den Spargelspitzen beginnen und bis ganz nach unten schälen. Oben, wo die Stangen noch zarter sind, können Sie dünner schälen als unten. Grünen Spargel nur am unteren Ende schälen oder auch nur die Stangenenden großzügig abschneiden. Ob der Spargel dort holzig ist, merkt man beim Schneiden.

…Schwarzwurzeln

Die Stangen unter fließendem kaltem Wasser gründlich abbürsten. Mit einem Sparschäler oder Messer vom Ende bis zur Spitze hin die schwarze Haut dünn abschälen. Am besten mit Gummihandschuhen arbeiten, da rohe Schwarzwurzeln Milchsaft absondern, der die Hände braun färbt. Die Wurzeln je nach Rezept in Stücke schneiden und in eine Schüssel mit Wasser, etwas Mehl und Essig geben, damit die Stücke hell bleiben. Sie können die Schwarzwurzeln auch erst nach dem Kochen schälen: Dazu die Wurzeln gründlich bürsten, mit der dunklen Schale 20–30 Minuten kochen, kalt abschrecken und die Haut abziehen.

Wie häute ich...

…Tomaten

Die Stielansätze, die giftiges Solanin enthalten, keilförmig herausschneiden oder die Früchte am anderen Ende über Kreuz einritzen. Die Tomaten mit kochendem Wasser überbrühen und kurz ziehen lassen, bis sich die Haut an den Schnittstellen zu lösen beginnt. Die Tomaten kalt abschrecken und die Haut abziehen. Zum Entkernen die Früchte quer zu den Samenkammern halbieren. Eine Fruchthälfte in die Hand nehmen und leicht zusammendrücken, bis die Kerne heraustreten. Dann mit einem Messer abstreifen.

…Paprikaschoten

Gehäutet sind Paprikaschoten leichter verdaulich. Den Backofen auf höchster Stufe vorheizen. Die Schoten waschen, halbieren und putzen. Die Schotenhälften mit den Schnittstellen nach unten auf ein Blech setzen. Im Ofen bei 250° (Umluft 230°) etwa 15 Min. backen, bis die Haut braun ist und Blasen wirft. Die Schoten herausnehmen, mit einem feuchten Tuch bedecken, etwas abkühlen lassen, dann die Haut mit einem kleinen Messer abziehen.

5 am Tag

Die Deutsche Gesellschaft für Ernährung (DGE) hat zahlreiche wissenschaftliche Erkenntnisse zu einer einfachen Formel zusammengefasst: Wer jeden Tag fünfmal Obst und Gemüse isst, tut viel für seine Gesundheit und beugt dadurch der Entstehung vieler Krankheiten vor.

Empfehlung: 400 g Gemüse (geputzt und zum Teil gekocht und zum Teil roh) und 250–300 g frisches Obst pro Tag.

Das erscheint viel, ist aber über den Tag verteilt überhaupt kein Problem. Wer gerne Obst isst, kann schon zum Frühstück Müsli mit Obst essen und auch als Zwischenmahlzeit am Vor- und Nachmittag schmeckt Obst oder auch einmal ein Glas frisch gepresster oder hochwertiger Saft. Mittags ein reichhaltiger Salat und abends eine Portion gekochtes Gemüse und schon hat man die fünf Portionen zusammen.

Und noch ein Tipp: Je bunter desto besser, denn je nach Farbe sind andere Wirkstoffe am Werk.

Artischocken: Blattspitzen abschneiden

Okraschote bleistiftspitzenförmig anschneiden

Chilischote von den Kernen befreien

Schwarzwurzeln mit einem Sparschäler dünn abschälen

Heimisches Obst und exotische Früchte

Genusstipps

Besonders aromatisch
Früchte der Saison aus der näheren Umgebung. Vollreif geerntet konnten sie die wichtigen Inhaltsstoffe, Vitamin C, Vitamine der B-Gruppe, Mineral- und Ballaststoffe ganz ausbilden.

Nicht ganz ausgereift
Früchte mit einem langen Transportweg werden meist »pflückreif« geerntet. Ihr Reifeprozess ist noch nicht ganz abgeschlossen, und sie reifen während des Transports nach. Vollreif geerntet würden sie dabei verderben.

Obst muss duften
Verlassen Sie sich beim Einkauf von Obst vor allem auf Ihre Nase: Wenn verführerisch aussehende Früchte nicht duften, schmecken sie auch nicht besonders aromatisch. Kaufen Sie keine Früchte mit braunen Stellen oder mit Druckstellen! Sie schimmeln leicht.

Schnell essen
Essen Sie Obst – mit Ausnahme von

Äpfeln, Birnen und zahlreichen exotischen Früchten – rasch nach dem Einkauf. Beeren möglichst am selben Tag.

So werden Früchte vorbereitet:

Früchte mit Schale
Gründlich unter fließendem Wasser waschen, um z.B. einen Teil des Bleis oder der Spritzmittel, die sich auf der Schale gesammelt haben können, zu entfernen.
Damit (wasserlösliche) Vitamine und Mineralstoffe nicht verloren gehen, die Früchte niemals in Wasser liegen lassen.
Wenig Schadstoffe isst man mit, wenn man Früchte dünn schält. Früchte, auch exotische, jedoch vor dem Schälen oder Schneiden waschen. Ihre Schale ist oft mit Zusätzen behandelt, die beim Zubereiten an den Händen haften und später auf die Frucht übergehen können.

Johannisbeeren mit einer Gabel von den Rispen streifen.

Beeren
Nur kurz waschen oder abbrausen, da sie sehr empfindlich sind.

Johannisbeeren, Holunderbeeren
Nach dem Waschen mit einer Gabel von den Rispen streifen.

Mangos
Das Fruchtfleisch sitzt sehr fest am Stein. Die Früchte schälen und dann das Fruchtfleisch bis zum Stein hin in Schnitzen abschneiden.

Melone aushöhlen
Dazu das faserige Fleisch mit den Kernen aus der Mitte mit einem Löffel auskratzen. Das Fruchtfleisch mit einem Kugelausstecher auslösen. Fruchtsalate sehen in ausgehöhlten Melonenschalen sehr dekorativ aus.

Pfirsiche häuten
Von voll ausgereiften Früchten lässt sich die Schale ganz einfach abziehen. Sind sie noch nicht ganz reif, in kochend heißes Wasser geben und 10–30 Sekunden darin ziehen lassen. Pfirsiche dann kalt abschrecken, die Haut am Stielansatz ablösen und abziehen.

Zitrusfrüchte filetieren
Oben und unten jeweils großzügig eine Scheibe abschneiden. Die Frucht auf ein Brett stellen und die restliche Schale mit einem scharfen Messer in Streifen so abschneiden, dass auch die weiße Haut entfernt wird. Die Filets dünn mit einem kleineren Messer zwischen den Trennwänden herausschneiden.

Fruchtsaucen

Früchte, die sich beim Zerkleinern schnell bräunlich verfärben, wie Äpfel, Birnen, Rhabarber und Pfirsiche, immer vorher mit etwas Zucker und Wasser weich kochen, damit sie ihre

schöne Farbe behalten. Früchte pürieren. Rohe Früchte wie z.B. Beeren durch ein feinmaschiges Sieb streichen, um die kleinen Kerne zu entfernen. Dann mit Puderzucker süßen. Fruchtsaucen mit etwas Wein oder Likör aromatisieren.

Exotische Früchte

Bananen und Feigen gehören ebenso dazu wie Orangen, Zitronen und Ananas. Viele Exoten sind uns also schon so vertraut, dass wir sie fast als heimisch ansehen. Damit Ihnen auch die unbekannteren vertrauter werden, hier ein paar kurze Steckbriefe:

Ananas
Eine wirklich reife Frucht erkennt man ganz leicht am Duft. Je später Ananas geerntet werden, desto intensiver schmecken sie. Solche, die als so genannte Fluganas verkauft werden, konnten am Baum ziemlich reif werden und haben durch die kurzen, aber teuren Transportwege ihren Preis. Andere Ananas werden unreif geerntet und reifen auf der Fahrt nach, entwickeln dabei aber nicht ein so volles Aroma. Ein Indiz für den Geschmack der Frucht ist auch die Größe der **Schuppen** auf der Haut. Je kleiner sie sind, desto aromatischer ist das Fruchtfleisch. Ananas werden in Scheiben geschnitten und geschält. Die Augen, die oft tiefer ins Fruchtfleisch ragen, mit der Spitze eines

Messers oder des Kartoffelschälers gründlich ausstechen. Und den harten Strunk in der Mitte nicht mitessen, er schmeckt nicht.

Kakis
Die runden Früchte sind orange oder rot, manchmal auch gelb. Reife Früchte müssen schön weich sein, schmecken süßlich und eher mild. Man zerteilt sie und löffelt das Fruchtfleisch aus oder zieht die Schale ab.

Mangos
Mangos müssen auf Fingerdruck leicht nachgeben, harte Mangos reifen aber bei Zimmertemperatur nach. Die meisten Mangos, die bei uns gehandelt werden, kommen aus Brasilien. Es lohnt sich aber, Mangos aus Indien, Thailand oder auch aus Kenia für einen etwas höheren Preis zu erstehen: Sie schmecken in der Regel wesentlich aromatischer und haben weniger Fasern im Fruchtfleisch. Mangos werden geschält, dann schneidet man das Fruchtfleisch in Schnitzen vom flachen Stein in der Mitte ab.

Papayas
Die länglichen Früchte sollten eine gelbe oder gelbgrüne Schale haben, unreif sind sie ganz grün. Papayas schneidet man der Länge nach auf und entfernt die dunklen Kerne mit einem Löffel. Das Fruchtfleisch kann man dann auslöffeln. Papayas schmecken süß. Gut bekommt dem Fruchtfleisch etwas Säure wie Zitronensaft.

Passionsfrüchte oder Maracujas
Sie können rund oder oval sein, eine gelbe, rote, violette oder braune Haut haben und glatt oder schrumpelig sein. In jedem Fall schneidet man sie auf und entdeckt ein weißes oder gelbliches Fruchtfleisch mit bis zu 200 Kernen. Das Fruchtfleisch löffelt man am besten mitsamt den Kernen aus den Schalen heraus. Es schmeckt leicht säuerlich und aromatisch.

Sternfrüchte oder Karambole
Scheiben von dieser Frucht sehen aus wie Sterne und werden deshalb gerne als Dekoration für Desserts verwendet. Sie ist das ganze Jahr über im Handel, sollte nicht mehr grün, sondern bernsteinfarben sein und hat leider fast immer einen sehr milden, fast faden Geschmack.

Obstsalatideen

Obstsalate schmecken am besten und sind auch optisch interessanter, wenn sie aus verschiedenen Früchten kombiniert werden:

➤ Trauben, Zwetschgen, Birnen und Äpfel
➤ Wasser- und Honigmelone, Pfirsiche und Brombeeren
➤ Ananas, rosa Grapefruit, Banane und Kiwi
➤ Mango, Himbeeren, Kiwi und Bananen

Mangofruchtfleisch bis zum Stein abschneiden

Melone mit einem Kugelausstecher auslösen

Pfirsichhaut abziehen

Orangen mit einem scharfen Messer filetieren

Salate

Batavia	Chicorée	Eichblatt	Endivien
Eisberg	Feldsalat	Frisée	Kopfsalat
Löwenzahn	Lollo rosso	Lollo bianco	Novita
Portulak	Radicchio	Romana	Rucola

Blattsalate – knackig frischer Genuss

Blattsalate haben fast keine Kalorien, sind ballaststoffreich und liefern zum Teil die wichtigen Vitamine A, B_1, B_2 und Kalium.

Bataviasalat ist eine Kreuzung aus Kopf- und Eisbergsalat mit herzhaften Blättern.

Chicorée wächst unter der Erde oder unter Folie und bleibt daher schön weiß. Die knackigen Blätter schmecken leicht bitter und eignen sich auch gut zum Dippen. Inzwischen gibt es auch rötlichen Chicorée.

Eichblattsalat ist ein mit der Endivie verwandter Salat, dessen Blätter rotbraun gefärbt sind. Schmeckt leicht nussig.

Endiviensalat ist eine Salatstaude mit leicht bitterem Geschmack.

Eisbergsalat mit kräftigen knackigen Blättern und fest geschlossenen Köpfen. Muss nur außen gewaschen werden.

Feldsalat ist auch als Nüssle oder Rapunzelsalat bekannt. Kleine dunkelgrüne Blätter, schmeckt leicht nussig. Muss gründlich gewaschen werden.

Friséesalat, der Struwwelpeter unter den Salaten, schmeckt leicht bitter.

Kopfsalat ist wohl der bekannteste Blattsalat mit zarten Blättern. Es gibt ihn grün und rot.

Löwenzahn liefert zartbittere Blätter für Frühlingssalate. Junge Blätter können von März bis Mai auf naturbelassenen Wiesen gesammelt werden (nicht in der Nähe von Straßen oder auf gespritzten Wiesen). Zu kaufen auch auf Märkten und beim Gemüsehändler. Dann ist er oft gebleicht und schmeckt dadurch milder.

Lollo rosso ist ein Krauskopf mit rotgeränderten Blättern, angeboten auch als

Lollo bianco im grünen Kleid. Schmeckt zart wie Kopfsalat, ist lange haltbar.

Novita ist eine Kreuzung aus Kopfsalat und Endivie mit robusten Blättern, die nicht bitter schmecken.

Portulak hat fleischige Blätter in Eiform, schmeckt würzig und leicht salzig. Kann man wie Feldsalat oder Rucola zubereiten.

Radicchio erkennt man an den kleinen roten Salatköpfen mit herb-bitterem Geschmack. Besonders würzig schmeckt der längliche Radicchio di Treviso.

Romanasalat wird auch Römischer Salat genannt, schmeckt herzhafter als Kopfsalat und hat etwas festere Blätter. Kann auch gut gebraten und geschmort werden.

Rucola wird auch Rauke genannt, schmeckt nussig-scharf. Die dicken Stiele immer abknipsen.

Tipps für Blattsalate

➤ Äußere Blätter, Strunk und Rippen der Blätter entfernen: sie sind besonders nitrathaltig. Übrigens ist der Nitratgehalt bei Gewächshauspflanzen am höchsten, da Düngung und fehlendes Sonnenlicht eine Anreicherung bewirken. Nitrat kann sich im Körper zu Nitrit umwandeln, das zusammen mit Eiweiß die Krebs erregenden Nitrosamine bilden kann.

➤ Blattsalate nach dem Waschen gut trockenschwenken (am besten in der Salatschleuder), damit die Sauce nicht wässrig wird.

➤ Blattsalate erst kurz vor dem Servieren mit der Sauce mischen, damit die Blätter nicht schlaff werden.

Tipps für Gemüse- und Partysalate

➤ Rohkostsalate möglichst rasch servieren oder die Zutaten mit der Sauce mischen: so bleiben die Vitamine besser erhalten.

➤ Nudel- und Reissalate vor dem Servieren nochmals abschmecken. Sie saugen beim Stehen viel Flüssigkeit und Gewürze auf und schmecken dann leicht fad.

➤ Kartoffelsalate mit reichlich Flüssigkeit anmachen, sie nehmen viel davon auf.

➤ Salate, die länger stehen, nie mit selbst gemachter Mayonnaise, sondern nur mit Fertigmayonnaise anmachen (Salmonellengefahr).

Grundrezepte für Salatsaucen (jeweils für 4 Personen)

Vinaigrette
1 TL Dijonsenf mit 1 EL Weißweinessig, Aceto Balsamico oder Zitronensaft, Salz und Pfeffer verrühren. Dann 3 EL Olivenöl unterschlagen.
Tipp: Immer größere Mengen zubereiten. Vinaigrette hält sich gut verschlossen im Kühlschrank mindestens 1 Woche.

Crème Vinaigrette
Die Vinaigrette mit 1 EL Crème fraîche, Joghurt oder Sahne verfeinern. 1 Bund Schnittlauch in Röllchen schneiden und untermischen.

Vinaigrette mit Ei
Von 1 hart gekochten Ei das Eiweiß fein hacken, Eigelb mit einer Gabel zerdrücken, mit 1 TL Senf, 1 EL Essig, 1–2 EL heißem Wasser, Salz und Pfeffer verrühren. 3 EL Öl unterschlagen. Das Eiweiß untermischen.

Sauce ravigote
1 Schalotte, 1 EL Kapern, 1/2 Bund gemischte Kräuter (z.B. Minze, Basilikum, Petersilie und Estragon) fein hacken und unter die Vinaigrette (siehe Rezept links) mischen.

Die machen an – Essig und Öl

Essig und Öl sind das wichtigste Gespann für die Zubereitung fast aller Salate – sie verleihen das besondere Aroma.

Öle und ihre Herstellung

Geschmacksneutral sind Maiskeim-, Sonnenblumen-, Raps- und Weizenkeimöl.

Geschmacksintensiv dagegen Distel-, Walnuss-, Haselnuss-, Traubenkern-, Kürbiskern- und Olivenöl. Durch ihre unterschiedlichen Aromen geben sie Salaten immer wieder eine neue Note.

Öle werden auf verschiedene Weise hergestellt:

Naturbelassene Öle

Durch schonende Kaltpressung bleiben der natürliche Geschmack, die Vitamine sowie einfach und mehrfach ungesättigte Fettsäuren erhalten. Diese Fettsäuren, die der Körper nicht selber produzieren kann, regeln wichtige Körperfunktionen, wie z. B. den Blutdruck, sie haben einen positiven Effekt auf den Cholesterinspiegel und senken das Arterioskleroserisiko. Kaltgepresste Öle verlieren beim Erhitzen an Qualität und Geschmack, deshalb vor allem für Salate verwenden. Diese hochwertigen Öle bekommen Sie heute schon fast in jedem Supermarkt.

Raffinierte Öle

Diese Öle sind gut lagerfähig und hoch erhitzbar (beides trifft auf kaltgepresste Öle weniger zu, nur Olivenöl lässt sich problemlos hoch erhitzen).
Sie werden heißgepresst oder durch Extraktion gewonnen. Es werden Lösungsmittel zugesetzt, das Öl wird anschließend gereinigt, gebleicht und gefiltert, d. h. raffiniert.

Aufbewahrung

Bewahren Sie alle Öle dunkel (im Schrank oder in einer dunklen Flasche) auf, an einem kühlen, aber nicht zu kalten Ort. Öle nicht im Kühlschrank lagern.

Steckbriefe wichtiger Öle

Distelöl: Ein mildes, aus der Färberdistel gewonnenes Öl mit einem hohen Gehalt an ungesättigten Fettsäuren, insbesondere Linolsäure.

Erdnussöl: Es wird meist zu raffiniertem Öl verarbeitet und ist hoch erhitzbar. Kaltgepresst sparsam verwenden, es schmeckt sehr intensiv.

Haselnussöl: Es wird aus frischen oder gerösteten Nüssen gewonnen. Öl aus gerösteten Nüssen ist hocharomatisch, am besten mit einem milden Öl mischen.

Kürbiskernöl: Ein dunkelgrünes Öl, in Österreich Kernöl genannt, mit kräftigem Geschmack, daher sparsam verwenden.

Maiskeimöl: Das kaltgepresst intensiv schmeckende Öl aus den Keimlingen der Maiskörner evtl. mit neutralem Öl mischen.

Olivenöl: Besonders hochwertig ist das Öl der ersten Kaltpressung (nativ extra oder auf italienisch »Olio extra vergine«) von nicht ganz ausgereiften Oliven und hat einen Ölsäuregehalt von höchstens 1 g je 100 g. Billigere Öle werden aus reiferen Oliven oder von Früchten nicht so guter Qualität hergestellt und haben einen Ölsäuregehalt von maximal 2 g je 100 g.

Sojaöl: Das Öl aus der Sojabohne wird meist zu raffiniertem Speiseöl verarbeitet. Zum Braten oder Frittieren (hoch erhitzbar).

Sonnenblumenöl: Als raffiniertes Speiseöl eignet es sich besonders gut zum Braten. Auch kaltgepresst schmeckt es relativ mild.

Walnussöl: Dieses hochwertige Öl wird immer kaltgepresst. Nur kleine Mengen kaufen, denn es schmeckt sehr intensiv und hält sich nicht lange.

Essig

Essig entsteht durch die Umwandlung von Alkohol in Essigsäure, was mit Hilfe von in Luft vorhandenen Essigbakterien geschieht. Mit unterschiedlichen Essigsorten schmeckt Ihr Salat immer wieder anders.

Steckbriefe wichtiger Essigsorten

Aceto balsamico

Balsamessig stammt traditionell aus der Gegend um Modena und wird mindestens 6 Jahre in Holzfässern gelagert. Je länger er lagert, um so feiner und kostbarer wird er. Inzwischen ist auch ein heller »Balsamico bianco« auf dem Markt, der noch milder schmeckt als der dunkle.

Branntweinessig

Dieser Essig bildet die Basis für Tafel- oder Speiseessig und wird aus Kornbranntwein gewonnen. Mit Kräuteressenzen versehen wird er als Kräuteressig verkauft.

Obstessig

Er wird meist aus Apfel-, aber auch Birnen- und anderen Obstweinen durch Gärung hergestellt.

Sherry-Essig

Der Essig ist ein Spitzenprodukt auf Basis von spanischem Sherry und sehr aromatisch.

Weinessig

Echter Weinessig wird aus Rot- oder Weißwein hergestellt, wobei der Rotweinessig kräftiger im Geschmack ist. Steht nur »Weinessig« auf dem Etikett, besteht er zu 80 Prozent aus Branntwein und zu 20 Prozent aus Wein.

Aufbewahrung

Essig in gut verschlossenen Flaschen kühl (aber nicht im Kühlschrank) und dunkel aufbewahren.

Klassische Beilagen – Kartoffeln und Co.

Früher galten Kartoffeln als Dickmacher. Dieses Image ist heute überholt: Sie enthalten nur sehr wenig Fett, sind dafür aber gute Lieferanten für Kohlenhydrate, Vitamin C, Vitamine der B-Gruppe, Magnesium und Kalium. Es gibt verschiedene Sorten mit unterschiedlich hohem Stärkegehalt, der für die verschiedenen Kocheigenschaften verantwortlich ist.

Fest kochende Sorten
Sie haben einen geringeren Stärkeanteil und behalten beim Garen ihre feste Struktur. Geeignet sind diese Sorten für Salate, Salz-, Pell- und Bratkartoffeln.

Vorwiegend fest kochende Sorten
Diese Sorten sind von mittelfester Struktur und haben etwas mehr Stärke. Sie sind gut für Gratins oder im Eintopf.

Mehlig kochende Sorten
Diese sind die stärkereichsten. Besonders geeignet für Pürees, Suppen und Klößchen.

Neue Kartoffeln
Die kleinen Kartoffeln gehören meist zu den vorwiegend fest kochenden Sorten und enthalten relativ wenig Stärke.

Kartoffeln richtig lagern

Sie brauchen einen kühlen, dunklen und trockenen Ort, da sie sonst grüne Stellen mit dem giftigen Solanin bilden, weich werden oder austreiben. Solanin ist ein natürliches Pflanzengift, das beim Kochen ins Kochwasser übergeht.
Zum Lagern eignen sich nur späte Sorten ab Mitte September. Frühkartoffeln sollten immer rasch verbraucht werden.
Kartoffeln nicht im Kühlschrank lagern.

Tolle Tipps rund um die Kartoffel

➤ Für sämige Suppen und Saucen eine rohe mehlig kochende Kartoffel in den Topf reiben und mitgaren.
➤ Kartoffeln erst nach dem Garen salzen, denn Kochsalz entzieht den Kartoffeln Kalium, das dann in der Garflüssigkeit »verschwindet«.
➤ Kartoffelknödel aus fertigem Teig (Kühltheke) schmecken immer wieder anders mit verschiedenen Füllungen; z.B. aus überbrühtem, ausgedrücktem Spinat mit Knoblauch und Gorgonzola.
➤ Schnelle Gnocchi: Kartoffelknödelteig (Kühltheke) mit etwa 20 % Mehl vermischen und Gnocchi daraus formen.
➤ Kartoffelpuffervarianten: Basis ist das Grundrezept auf Seite 157 aus 1 kg Kartoffeln für 4 Personen. Bis zu 400 g Kartoffeln ersetzen durch: rohe, geriebene Zwiebeln, geraspelte Zucchini, Rote Beten, Möhren oder Sellerie. Auch ein geriebener Apfel schmeckt gut.

Hülsenfrüchte

Sie sind besonders reich an Eiweiß, haben einen hohen Ballaststoffgehalt und versorgen den Körper mit wichtigen Vitaminen (B_1, B_2) und Mineralstoffen, vor allem mit Magnesium, Eisen und Kalium.
Kichererbsen, Bohnen und Linsen kann man in guter Qualität bereits gegart in Dosen kaufen, ideal für die schnelle Küche. Und: Diese Hülsenfrüchte haben nicht weniger wichtige Inhaltsstoffe als die, die man selbst kocht. Wer Hülsenfrüchte aus kontrolliert ökologischem Anbau möchte, findet im Naturkosthandel ebenfalls eine reiche Palette an vorgegarten Hülsenfrüchten.
Hülsenfrüchte sind immer mit Saft in der Dose. Kichererbsen und Co. also vor der Verwendung in einem Sieb gründlich kalt abspülen, bis das ablaufende Wasser klar bleibt.
Wer Hülsenfrüchte dennoch einmal selbst kochen möchte, sollte die meisten Sorten vor dem Kochen besser einweichen (siehe Tabelle S. 17), um die Garzeit zu verkürzen.

Die beliebtesten Sorten

Bohnen: Die Palette reicht von den getrockneten weißen in verschiedenen Größen über die roten Azuki- und Kidneybohnen und die schlanken schwarzen Bohnen bis zu den gesprenkelten Wachtel-Feuerbohnen.

Erbsen: Es werden grüne, gelbe, geschälte und ungeschälte angeboten. Getrocknet verwendet man sie hauptsächlich für Suppen und Pürees.

Kichererbsen: Die »lustigen« Hülsenfrüchte haben gelbe, unregelmäßig geformte Samen und schmecken leicht nussig. Beliebt vor allem in der arabischen und europäischen Mittelmeerküche.

Linsen: Es gibt unterschiedliche Sorten. Besonders gut schmecken kleine Linsen wie die grünlich-braunen Puy-Linsen, die Berglinsen oder die roten Linsen. Rote Linsen sind geschält und haben deshalb eine besonders kurze Garzeit. Beim Garen verlieren rote Linsen leicht Farbe und Form und eignen sich daher am besten für Suppen und Pürees.

Gartipp für Hülsenfrüchte

Dass Hülsenfrüchte nicht weich werden, wenn man sie schon beim Garen salzt, ist ein Ammenmärchen. Aber: Essig oder Zitronensaft erst dazugeben, wenn sie fertig sind, sonst bleiben sie tatsächlich hart.

Weiße Canellini-Bohnen	Azukibohnen	Kidneybohnen	Erbsen
Kichererbsen	Berglinsen	Ungeschälte rote Linsen	Bulgur, geschrotet
Dinkel	Graupen	Grünkern	Hafer
Naturreis	Rundkornreis	Hirse	Mais

Getreide

Getreide ist für eine gesunde Ernährung wichtig, weil es neben Eiweiß und Kohlenhydraten auch viele Ballaststoffe liefert. Außerdem enthält es zahlreiche Vitamine (vor allem B_1) und Mineralstoffe wie z. B. Kalium.

Bulgur ist vorgekochter, getrockneter und geschroteter Weizen. Sie bekommen ihn im Reformhaus sowie im türkischen oder griechischen Lebensmittelgeschäft. Er kann z.B. anstelle von Reis als Beilage serviert werden. Gegart wird er wie Reis in leicht gesalzenem Wasser in etwa 20 Minuten.
Dinkel ist der »Urweizen« und hat dieselben Backeigenschaften wie Weizen. Beide schmecken eingeweicht und geschmort als Beilage.
Graupen sind enthülste, entspitzte und geschälte Gerstenkörner.
Grünkern ist unreif geernteter und gedarrter (gerösteter) Dinkel. Es hat einen nussigen Geschmack.
Hafer hat besonders wertvolles Eiweiß und enthält die lebenswichtige Linolsäure. Die Körner schmecken zu Gemüse.
Hirse – die kleinen gelben, runden Hirsekörner sind schnell gar. Damit sie nicht bitter schmecken, vor dem Garen gründlich abspülen.
Mais gehört ebenfalls zum Getreide. Wichtig sind feiner Maisgrieß, auch unter der Bezeichnung Polenta bekannt, oder der gröbere Kukuruz.

Reis

Am gesündesten sind Naturreis – behält Silberhäutchen und Keim – und Parboiled Reis. Bei ihm sorgt eine spezielle Behandlung dafür, dass wertvolle Inhaltsstoffe erhalten bleiben. Reis teilt sich in drei Gruppen auf:
Rundkornreis kocht weich und klebrig und eignet sich besonders für Süßspeisen und Puffer.
Mittelkornreis hat ähnliche Kocheigenschaften wie Rundkornreis und eignet sich besonders für Risotto.

Langkornreis ist als lockere, körnige Beilage sehr beliebt. Am bekanntesten ist **Patnareis**. Der so genannte Duftreis **Basmati** ist die teuerste Sorte.

Traditionell und körnig

Reis in der doppelten Menge Wasser (mit Tassen abmessen) bei schwacher Hitze zugedeckt 18–20 Min. garen. Besonders Energie schonend: Reis nur ankochen, fest schließenden Deckel auflegen, auf ausgeschalteter Kochstelle gar ziehen lassen.

Risotto

Reis im Fett anbraten, mit etwas Flüssigkeit aufgießen. Bei ganz schwacher Hitze immer wieder gut durchrühren und Flüssigkeit nachgießen.

Nudeln

Ausgewählt werden die bei Groß und Klein so beliebten Teigwaren nach ihrer Zubereitungsart und ihrer Form. So kann man wählen zwischen Eiernudeln und solchen aus Hartweizen, Wasser und Salz.
Die langen Nudeln wie Spaghetti und Bandnudeln passen am besten zu glatten Saucen, also Tomatensauce oder Pesto, schmecken aber auch einfach mit Öl und Knoblauch. Sind in der Sauce Stücke von Fleisch oder Fisch, kombiniert man sie oft mit kurzen Nudeln wie Penne oder Fusilli.

Nudeln richtig kochen

Nudeln brauchen viel Wasser, damit sie beim Kochen nicht zusammenkleben. Pro 100 g rechnet man 1 l Wasser, das man zum Kochen bringt und dann erst salzt (pro Liter 1 gut gehäuften Teelöffel). Beim Garen die Nudeln ab und zu durchrühren, damit sie nicht am Topfboden ankleben. Und: oft steht zwar eine Garzeit auf der Packung, aber man sollte immer mal wieder eine probieren, damit die Nudeln nicht zu weich werden. In der Mitte soll die Nudel noch einen ganz kleinen festen Kern haben, also einen leichten Widerstand bieten, aber nicht mehr hart sein.
Die gegarten Nudeln nicht abschrecken, sondern gleich mit der Sauce mischen. So kleben sie nicht zusammen, bleiben aber gut heiß.

Einweich- und Garzeiten von Hülsenfrüchten und Getreide

Hülsenfrüchte/ Getreide	Einweichen	Garzeit normal	Garzeit im Schnellkochtopf
Bohnenkerne	12 Std.	1 1/2–2 Std.	8/20 Min.*
Erbsen, geschält	–	1 1/2 Std.	8/20 Min.*
Erbsen, ungeschält	12 Std.	2 Std.	8/20 Min.*
Kichererbsen	12 Std.	2 Std.	8/20 Min.*
Linsen, braun	–	50–60 Min.	10 Min.
Puy-Linsen	–	30–40 Min.	8 Min.
Linsen, rot	–	15–30 Min.	–
Weizen/Gerste/Hafer	1 Std.	1 Std.	20–30 Min.
Buchweizen	–	30 Min.	6 Min.
Bulgur	–	20 Min.	6 Min.
Graupen	–	40 Min.	20–30 Min.
Grünkern	1 Std.	40 Min.	20–30 Min.
Hirse	–	30 Min.	6 Min.
Reis, geschält	–	20 Min.	6 Min.
Naturreis	–	45 Min.	15 Min.

* Wenn sie vorher nicht eingeweicht wurden, brauchen sie die längere Garzeit.

Fleisch – beste Qualität nach Herzenslust

Hormonskandale, MKS und die Angst vor der Rinderseuche BSE, die Anreicherung von Schwermetallen in Innereien und die kritische Einstellung der Kunden gegenüber Haltung, Transport und Schlachtung der Tiere haben dazu geführt, dass der Verkauf von Rind-, Kalb- und Schweinefleisch zurückgegangen ist. Geflügel und Putenfleisch sind dagegen in der Gunst gestiegen.

Andererseits gehört Fleisch zu den wichtigen Nährstoffquellen, es enthält hochwertiges Eiweiß mit ausgewogener Zusammensetzung, lebenswichtige Vitamine wie B$_{12}$ und wertvolle Mineralstoffe wie Eisen. Wer bewusst einkauft, muss auch heute nicht auf ein gutes Stück Fleisch verzichten.

Qualitätsfleisch

Außer den Markennamen, die Erzeuger und Handel ihren Produkten geben, gibt es von der CMA (Centrale Marketing-Gesellschaft der deutschen Agarwirtschaft) ein Prüfsiegel für »Deutsches Qualitätsfleisch aus kontrollierter Aufzucht«. Dieses wird verliehen, wenn alle Stufen von Aufzucht, Transport, Schlachtung und Vermarktung lückenlos geprüft und die Qualitäten überdurchschnittlich sind.

Bio-Fleisch stammt aus artgerechter Haltung und Zucht von kontrollierten Höfen der biologischen Landwirtschaft (z.B. Bioland oder Demeter). Gefüttert wird mit Futtermitteln, die der Hof selbst erzeugt, Zusatzstoffe sind nicht erlaubt. Künftig wird es nur noch zwei Siegel geben: das Biosiegel und das Qualitätssiegel für konventionelle Produktion.

Einkaufstipps

➤ Junge Tiere haben helleres, zarteres Fleisch als ältere. Mit zunehmendem Alter wird auch das Fett dunkler, gelber.
➤ Von Fettadern durchzogene, »marmorierte« Fleischstücke bleiben saftiger und schmecken besser als magere.
➤ Trockene, matt glänzende Schnittstellen am Fleisch weisen darauf hin, dass auch beim Braten der Saft drin bleibt, so dass es wirklich brät und nicht schmort. Das Fleischstück wird dabei auch nicht hart.

➤ Durch Tiefkühlen verliert jedes Fleisch an Qualität.
➤ Ein guter, zuverlässiger Metzger ist Gold wert. Wenn er Sie als Kunden behalten will, wird er Ihnen kein schlechtes Stück verkaufen.
➤ Sind Sie mit der Qualität unzufrieden, so sprechen Sie Ihren Metzger daraufhin an. Vielleicht haben Sie für eine Zubereitungsart das falsche Stück verlangt.
➤ Innereien möglichst am Schlachttag kaufen und zubereiten. Bei jungen Tieren enthalten sie weniger umweltbedingte Schwermetalle als bei älteren.

Mit Fleisch richtig umgehen

Frisches Fleisch und vor allem Hackfleisch gehört zu den leicht verderblichen Lebensmitteln, achten Sie auf das Verfalldatum bei fertig abgepackter Ware. Zu Hause muss das Fleisch so kühl wie möglich gelagert werden. Bei den meisten Kühlschränken ist das im rückseitigen Teil der Glasplatte über dem Gemüsefach. Je kälter, desto besser – bei 5°C verdirbt Fleisch doppelt so schnell wie bei 0°C.

Bei tiefgekühltem Fleisch beachten: Je fettreicher das Stück, desto rascher verdirbt es, denn der Fettabbau geht auch bei tiefen Temperaturen weiter. Zum Auftauen das Fleisch rechtzeitig (am Tag vor der Verwendung) in den Kühlschrank legen, so bleibt der Saft im Fleisch und es wird Energie gespart, denn das gefrorene Stück kühlt zusätzlich den Kühlschrankinhalt. Fleischstücke zu waschen ist in der Regel nicht notwendig, Trockentupfen mit Küchenpapier genügt. Ausnahmen: Ganzes Geflügel sollte innen ausgespült werden und Fleischstücke mit Knochen sollten ebenfalls unter fließendem Wasser kurz gewaschen werden, da Knochensplitter oder Reste vom Zersägen daran hängen können.

Fleischteile – welches passt wozu?

Kaum jemand verlangt heute noch ein Stück Brustspitze oder Spannrippe – das Fleisch wird vorwiegend nach der Verwendung angeboten. Deshalb präsentieren wir Ihnen keine schematischen Skizzen der Tiere mit eingezeichnetem »Lageplan« der Fleischteile. Hier finden Sie ganz praxisnah einen Überblick über die Zubereitungsarten und welches Stück dafür geeignet ist.

Fleisch zum Kurzbraten

Zarte Fleischstücke kommen von jungen, gut gemästeten Tieren, haben kurze, feine Fasern und sind von dünnen Fettadern durchzogen, man spricht von marmoriertem Fleisch. Kurzbratstücke vom Rind müssen gut abgehangen sein, dadurch sind die Fleischfasern mürb und weich, das Aroma ist besser. Da man die Fleischreifung von außen nicht erkennen kann, müssen Sie sich auf Ihren Metzger verlassen können. Anhaltspunkt an der Fleischtheke: Wenn Sie auf ein Steak in der Selbstbedienungstheke drücken, muss es weich nachgeben, der Eindruck soll sich langsam wieder schließen.

Teilstücke zum Kurzbraten:
vom Rind
Filetsteaks, Tournedos, Rumpsteaks, Huftsteaks, Kluftsteaks
vom Kalb
Koteletts, Schnitzel, (Lenden- oder Rücken-) Steaks, Schmetterlingssteaks, Medaillons (aus dem Filet)
vom Schwein
Koteletts, Filetkoteletts (Lummerkoteletts), Steaks (vom Rücken), Schmetterlingsschnitzel (aus dem hinteren Teil des Kotelettstrangs), Medaillons (aus dem Filet)
vom Lamm
Koteletts (Chops), Steaks (aus Keule und Hüfte)

Garzeiten für Fleisch

Garmethode	Temperatur	Zeit
Kurzbraten/Grillen	*nach 1,5 Min. starken Anbratens pro Seite*	*dann pro Seite*
Schnitzel unpaniert, 1 cm dick	*starke Hitze*	*1 Min.*
Schnitzel paniert, 1/2 cm dick	*mittlere Hitze*	*1,5–2 Min.*
Kotelett, 1,5 cm dick	*mittlere Hitze*	*1,5–2 Min.*
Frikadellen	*mittlere Hitze*	*5–7 Min.*
Kurzbraten/Grillen	*mit unterschiedlichen Anbratzeiten*	*pro Seite*
Porterhouse-Steak, 750 g, 3–3,5 cm dick	*bei starker Hitze anbraten, dann mittlere Hitze*	*2,5 Min. 6–7 Min.*
Kalbsleber	*bei starker Hitze anbraten, dann schwache Hitze*	*0,5 Min. 1 Min.*
Schmoren	*nach Anbraten*	*nach*
Rindfleisch, 1 kg	*schwache Hitze*	*2–3 Std.*
Kalb-, Lamm- oder Schweinefleisch, 1 kg	*schwache Hitze*	*1 1/2 Std.*
Rinderschmorbraten, 1–1,2 kg	*schwache Hitze*	*2 Std.*
Rinderschmorbraten, 2–2,5 kg	*schwache Hitze*	*3 Std.*
Schweineschmorbraten, 1–1,2 kg	*schwache Hitze*	*1–1 1/2 Std.*
Schweineschmorbraten, 2–2,5 kg	*schwache Hitze*	*2 Std.*
Rindergulasch, -ragout, -rouladen	*schwache Hitze schwache Hitze*	*2 1/2 Std. 1 1/2 Std.*
Schweinegulasch, -ragout, -rouladen	*schwache Hitze*	*30–35 Min.*
Kalbsgulasch, -rouladen	*schwache Hitze*	*1 1/2 Std.*
Lammhaxen, 1 kg	*schwache Hitze*	*1 1/2 Std.*
Braten im Ofen		
Roastbeef/Rinderlende, 1 kg (pro 500 g mehr, jeweils 15 Min. länger)	*zuerst 250° dann 200°*	*15 Min. 15–20 Min.*
Schweine-/Rollbraten, 1 kg (z.B. Halsgrat)	*zuerst 220° dann 180°*	*15 Min. 1 1/2–2 Std.*
2 kg	*zuerst 250° dann 200°*	*10 Min. 2 Std.*
Schweinshaxe, 1 kg	*zuerst 250° dann 220°*	*15 Min. 1 1/2 Std.*
Kalbshaxe, 1,5 kg	*220°*	*2 Std.*
Gefüllte Kalbsbrust/ Kalbsnierenbraten, 1 kg	*220°*	*1 1/2 Std.*
Lammkeule, -rücken, 1,2 kg	*180°*	*2 Std.*
Hackbraten, 1 kg	*200°*	*1 1/2 Std.*

Betrachten Sie die angegebenen Garzeiten als Richtschnur. Je nach Qualität des Fleisches können sie etwas nach oben oder unten abweichen.
Tipp: *Bei Fleisch gibt es zwei »Zartphasen«. Die eine erreicht man durch kurzes Anbraten bzw. Schmoren. Danach wird das Fleisch wieder hart. Dann einfach weiterschmoren, bis es wieder mürbe wird.*

Fleisch

Fleisch zum Grillen

Fleisch zum Grillen muss wie zum Kurzbraten kurzfaserig, gut abgehangen und marmoriert sein, damit es nicht zäh wird. Wenn Sie mageres Fleisch ein bis zwei Tage vor dem Grillen in Öl einlegen, bleibt es während des Grillens saftiger.

Teilstücke zum Grillen:
vom Rind
Roastbeef, Filetsteaks, Hochrippenscheiben
vom Kalb
Koteletts, Gratkoteletts (Halskoteletts)
vom Schwein
Nackenkoteletts, Bauchschnitzel, Schälrippchen (Spareribs)
vom Lamm
Koteletts (über zwei Rippen geschnitten), Steaks (aus Keule, Hüfte mit Deckel), Nüsschen (aus entbeintem Rücken)

Fleisch zum Schmoren

Bei dieser Garmethode wird das Fleisch bei starker Hitze rundum angebraten, mit wenig Flüssigkeit aufgegossen und zugedeckt bei schwacher Hitze fertig gegart. Zum Schmoren eignen sich in der schnellen Küche vor allem zarte Stücke vom Kalb, Schwein oder Lamm.

Teilstücke zum Schmoren:
vom Kalb
Haxen, Hals (Nacken), Schulter (Bug), Querrippe, Brust
vom Schwein
Unterschale mit Hüfte, Nuss (Kugel), Brustspitze
vom Lamm
Schulter, Brust, Hals (Kamm)

Fleisch zum Kochen

Zwar ist das sachte Garziehen in Brühe eine langwierige Garmethode, aber man hat kaum Arbeit damit und kann gut für den nächsten Tag vorkochen.

Außerdem ist eine selbst gekochte Brühe, portionsweise eingefroren, ein idealer Vorrat. Beim Kochen will man entweder eine **kräftige Brühe** haben, dann muss das Fleisch viele Knochen, viel Fett, Sehnen und Bindegewebe enthalten, die beim Kochen versulzen und dem Stück die saftig-weiche Konsistenz und den deftig-herzhaften Geschmack geben. Oder das **gekochte Fleisch** steht im Vordergrund, dann soll es saftig, mager, von gleichmäßiger Faserung sein und sich gut zerteilen lassen, z. B. Tafelspitz.

Teilstücke zum Kochen:
für Brühe vom Rind
Dicke Hesse, Beinscheiben, Spann- und Querrippe, Brust, Lappen (Bauchstück)
für Brühe vom Kalb
Brust, Kopf
für Brühe vom Schwein
Haxen, Brustspitze, Pökelrippchen, Kopf und Pfoten (gepökelt)
für Brühe vom Lamm
Brust, Schulter
für zartes Fleisch vom Rind
Tafelspitz (Hüftdeckel, Bürgermeisterstück), Nacken (Kamm)
für zartes Fleisch vom Kalb
Hals
für zartes Fleisch vom Lamm
Hals

Innereien

Die preiswerten Innereien sind wegen ihres Schadstoffgehaltes in Verruf gekommen, obwohl sie hochwertiges Eiweiß, reichlich Eisen, die Vitamine A, B_1 und B_2 sowie wenig Fett enthalten. Doch wenn Sie Innereien von jungen Tieren kaufen, können Sie einmal pro Woche Leber und einmal im Monat Nieren unbeschadet essen. Am besten von biologisch aufgezogenen Tieren. Innereien werden oft zu Wochenanfang frisch angeboten – und frisch müssen sie zubereitet werden, denn bereits einen Tag nach der Schlachtung verlieren sie an Geschmack und Qualität.

Leber
Am besten von Kalb und Jungrind, Schwein und Lamm. Vitaminreich und delikat. Kurz braten oder schmoren, vorher häuten, sichtbare Adern und Sehnen entfernen.
Nieren
Je jünger das Tier, desto besser die Nieren. Besonders gut von Kalb und Lamm, Schweinenieren schmecken etwas strenger. Der Geschmack kann durch Wässern oder Einlegen in Milch gemildert werden. Vorher häuten, Fett und Röhren im Inneren entfernen. Zum Kurzbraten (in dünne Scheiben schneiden) und zum Grillen geeignet.
Herz
Am besten ein Herz von Kalb, Jungrind und Lamm verlangen. Das fettarme Fleisch ist fest und schmeckt gut, lässt sich braten und schmoren, in dünnen Scheiben auch grillen. Vorher Fett, Blutreste, Adern und Sehnen sorgfältig entfernen.
Bries und Hirn
Einst eine feine Delikatesse von Kalb und Lamm, heute kaum noch verlangt und wegen des BSE-Risikos nicht ganz unbedenklich. Nur von Tieren aus biologischer Aufzucht kaufen. Bries und Hirn müssen ganz frisch sein, werden gehäutet, überbrüht und in Scheiben geschnitten in der Pfanne gebraten. Bries auch bei schwacher Hitze in Brühe in 15 Min. gar ziehen lassen.

Fleisch perfekt garen

Fleisch wird nur selten roh gegessen, und das hat seinen guten Grund. Durch das Garen verändert sich die Gewebestruktur. Das Fleisch wird mürbe und leicht verdaulich. Durch das Grillen, Backen, Braten oder Schmoren werden appetitanregende Aroma- und Geschmacksstoffe gebildet. Damit das fertige Gericht auch gut schmeckt, muss das Fleisch richtig zugeschnitten sein und die optimale Garmethode angewendet werden.

Kurzbraten in der Pfanne

Beliebteste Garmethode für die schnelle Küche. Wichtig: das Fleisch 1 Std. vor der Zubereitung aus dem Kühlschrank nehmen, damit es Zimmertemperatur annehmen kann. Nur so kann es in kurzer Zeit durchbraten, ohne innen kalt zu bleiben und außen trocken zu werden. Steaks, Schnitzel oder Koteletts werden mit Küchenpapier gut getrocknet, eventuell mit der flachen Seite des Fleischklopfers nur leicht geklopft. Dadurch wird die Fleischstruktur etwas mürbe und die Fleischstücke behalten ihre Form. Ein Fettrand, zum Beispiel bei Roastbeef (Entrecôte) oder Hochrippe, muss vor dem Braten mehrmals bis dicht ans Fleisch eingeschnitten werden, damit sich die Scheiben nicht wölben. Sehr magere Stücke, wie die Tournedos aus dem Filet, sollten mit durchwachsenem Speck umwickelt und gebunden werden, so bleiben sie saftig und bekommen eine runde, attraktive Form. Unpanierte Fleischscheiben werden in sehr heißem Fett (Kokosfett oder Öl zum Braten) bei starker, panierte Schnitzel bei mittlerer Hitze auf jeder Seite gebraten (siehe Tabelle S. 19). Von der Fetttemperatur (rauchheiß

Garzeiten für Steaks, pro Seite

Very rare:
2 cm (ca. 150 g): 30 Sek.
3 cm (ca. 250 g): 1 Min.
4 cm (ca. 350 g): 2–2 1/2 Min.

Rare:
2 cm: 1 Min.
3 cm: 2 Min.
4 cm: 4 Min.

Medium:
2 cm: 3 Min.
3 cm: 4 Min.
4 cm: 5 Min.

Welldone:
2 cm: 5 Min
3 cm: 7 Min.
4 cm: 8 Min.

oder heiß) und der Bratzeit hängt es ab, ob ein Steak innen noch roh, halbdurch oder ganz gegart ist. Rauchheiß bedeutet, dass das Fett gerade zu dampfen beginnt. (Nicht stärker erhitzen!) Heiß bedeutet mittlere bis starke Hitze, ein ins Fett gespritzter Wassertropfen zischt stark auf. Nach dem Braten sollten die Fleischstücke noch einige Minuten zugedeckt im Ofen bei 75° nachziehen können, damit sich der Fleischsaft wieder verteilen kann – das Fleisch schmeckt saftiger.

Grillen

Im Prinzip wie das Kurzbraten in der Pfanne, nur wird hier mit der Hitze eines Elektro- oder Holzkohlengrills gegart. Das Fleisch wird wie zum Kurzbraten vorbereitet, also rechtzeitig aus dem Kühlschrank nehmen und die Fettränder einschneiden. Vorheriges Einlegen in Öl macht es saftiger und zarter. Bei Holzkohle warten, bis die Kohle von einer weißen Ascheschicht bedeckt ist, erst dann das gut mit Küchenpapier trockengetupfte Fleisch auf den heißen Grillrost legen. Die Garzeiten entsprechen etwa denen beim Kurzbraten (hängt allerdings sehr von der Hitze und dem Abstand zum Grill ab). Ungeeignet zum Grillen sind gepökeltes Fleisch wie Kasseler und Würste, die nicht ausdrücklich als Grillwürste gekennzeichnet sind.

Kochen und Garziehen

Wer Fleisch kocht, muss sich nicht wundern, wenn es zäh wird. Auch wenn es Kochfleisch heißt – es darf beim Garen nur unter dem Siedepunkt ziehen, die Flüssigkeit darf nicht wallen, sondern die Oberfläche soll sich, wenn Sie den Deckel abheben, nur leise bewegen. Zuerst wird das Wasser aufgekocht, dann das Fleisch hineingegeben, damit sich die Poren schließen. Nun muss aber die

very rare

rare

medium

welldone

Fleisch

Hitze gleich zurückgeschaltet werden. Wenn die Flüssigkeit nicht mehr kocht, den Deckel auflegen.

Schmoren

Braten, Fleischstücke mit festem Bindegewebe und Fettanteil sowie natürlich Rouladen werden am besten geschmort – eine zeitaufwändige Garmethode. Wenn Sie allerdings für die Rouladen dünne Schnitzel von Kalb oder Pute mit Füllung bestreichen oder belegen, sind sie in kurzer Zeit gar. Rouladen mit Spießchen feststecken oder mit Küchengarn über Kreuz verschnüren. Das Wenden in Mehl verhindert, dass Fleischsaft ausläuft. Erst in einem Topf Fett erhitzen und dann das Fleisch rundum darin anbraten.

Schmoren kleiner Fleischstücke

Bei Gulasch (zum Beispiel aus Lammfleisch) und Ragout immer nur so viel Fleisch in den Topf geben, dass der Boden gerade bedeckt ist, sonst geht das Anbraten in ein Dünsten über. Die Fleischstücke wenden, wenn sie rundum gebräunt sind, herausheben. Dann die nächste Portion braten. Im heißen Fett Zwiebeln und Gemüse anbraten, das Fleisch wieder dazugeben und ein wenig Wasser oder Brühe angießen. Den Bratsatz unter Rühren lösen, immer nur wenig Flüssigkeit angießen. Einen fest schließenden Deckel auflegen und das Fleisch bei schwacher Hitze schmoren lassen, die Flüssigkeit darf nicht kochen, sondern soll sich beim Abheben des Deckels nur leicht bewegen. Ab und zu wenig Flüssigkeit nachgießen, zum Schluss abschmecken. Bei dieser Garmethode bilden sich die aromatischsten Röst- und Geschmacksstoffe.

Braten im Ofen

Ein großer Braten für Gäste gelingt am besten im Backofen. Das Fleisch sollte nicht zu mager sein, sonst trocknet es im Ofen aus. Edel und teuer, aber schnell gar ist Roastbeef für einen Rostbraten. Dieses hat bereits von Natur aus eine Fettschicht auf der Oberseite, die vor dem Braten mehrfach bis fast zum Fleisch eingeschnitten werden muss, sonst verzieht sich der Braten. In der Ofenhitze bildet sich eine knusprige Kruste, Fleischsaft kann nicht auslaufen, der Braten bleibt saftig. Die Röststoffe geben ein köstliches, kräftiges Aroma.

Topf und Pfanne

Ohne gutes Küchengerät macht das Garen keinen Spaß. Ein richtiger **Fleischtopf** sollte möglichst breit sein, damit beim Anbraten möglichst viele Fleischstücke nebeneinander liegen können. Der Topfboden muss so gearbeitet sein, dass er auf der Herdplatte

Ein saftiges Rinderfilet aus dem Ofen gelingt sogar in kurzer Zeit!

auch beim Erhitzen noch flach aufliegt. Außerdem sollte ein Deckel dazugehören, der fest schließt, damit Dampf und Aroma im Topf bleiben. Schön sehen **Edelstahltöpfe** aus, sie müssen aber einen gut leitenden Thermoboden haben. Praktisch sind **Schmortöpfe aus Aluguss** mit Antihaftbeschichtung: Das Material leitet die Hitze gut und gleichmäßig, durch die Beschichtung hängt nichts an und die Töpfe sind leicht zu reinigen. Für kleinere Mengen sind auch **Schmorpfannen** praktisch. Wenn der Deckel aus Glas ist, lässt sich der Kochvorgang leicht beobachten. Für Steaks und andere Kurzbratstücke allerdings ist eine **unbeschichtete Pfanne** besser, weil sie sich stark erhitzen lässt und es auch nicht übel nimmt, wenn man mit Metall darin herumkratzt. Schwere **Edelstahlpfannen** sind gut, besser noch sind geschmiedete Eisenpfannen, die allerdings sorgfältig behandelt werden müssen, denn sie sind nicht rostfrei.

Eier – die tierischen Kraftpakete

Eier – gesunde Kraftpakete

Eier gehören zu den nährstoffreichsten Lebensmitteln, schließlich ist ihr Inhalt ursprünglich dazu gedacht, Küken bis zum Schlüpfen vollwertig zu ernähren. So hat das Eier-Eiweiß die höchste Qualität. Auf Grund ihres Gehaltes an Cholesterin im Eigelb sind sie ungerechtfertigterweise in Verruf geraten. Doch heute weiß man, dass das Cholesterin, das mit der Nahrung zugeführt wird, für den Cholesteringehalt im Blut nur eine sehr untergeordnete Rolle spielt: Entwarnung für das Frühstücksei. Eier sind aber auch sonst in der Küche unersetzlich. Sie binden Suppen und Saucen, sie lassen Teige locker werden, sie verhindern, dass Frikadellen und Knödel zerfallen. Ohne Eier wären Mayonnaise und viele Desserts nicht möglich.

Haltung und Frische

Auf der Eierschachtel steht außer der Gewichtsklasse (von S = klein bis XL = sehr groß) und dem Mindesthaltbarkeitsdatum eine Nummer, bei der die erste Ziffer die Haltungsform kennzeichnet:
0 steht für **Bioeier**, hierbei müssen die Hennen artgerecht gehalten werden, das Futter stammt aus biologischem Anbau und Antibiotika sind verboten. **1** bedeutet **Freilandhaltung**, bei der jedes Huhn auf mindestens 10 m^2 bewachsener Auslauffläche scharren kann. **2** bezeichnet die **intensive Freilandhaltung**, bei der die Hennen ebenfalls ins Freie dürfen, aber nicht so viel Platz zur Verfügung haben. Bei einer **3**, der **Bodenhaltung**, sind die Hühner dicht gedrängt in Ställen auf dem Boden untergebracht und bei **4**, der **Volierenhaltung**, wird auch noch der Raum in der Höhe durch Sitzstangen genutzt. Und eine **5** bedeutet **Batteriehaltung**.

Das Mindesthaltbarkeitsdatum zeigt an, wie frisch die Eier sind. Vier Wochen hält sich ein frisch gelegtes Ei mindestens, also lässt sich leicht das Legedatum errechnen: vom Haltbarkeitsdatum 28 Tage abziehen. Allerdings sind legefrische Eier für viele Zwecke nicht zu gebrauchen. Ihr volles Aroma erreichen sie erst nach drei Tagen, dann sind sie auch richtig für Speisen und Mixgetränke, die nicht erhitzt werden, für verlorene Eier und für Eischnee. Zum Kochen sind sie aber immer noch zu frisch, die Schale lässt sich nur schwer ablösen.

Zu alte oder zu warm gelagerte Eier oder Gerichte daraus können – wie auch Geflügelfleisch – Salmonelleninfektionen verursachen. Das lässt sich vermeiden:

➤ Eier im Kühlschrank und getrennt von anderen Lebensmitteln (Gefahr der Übertragung von Keimen) aufbewahren. Im Eierfach einen Zettel mit dem Mindesthaltbarkeitsdatum dazulegen.
➤ Für Gerichte mit rohen Eier nur ganz frische Eier verwenden, sie sollten nicht älter als 10 Tage sein.
➤ Nach der Zubereitung Speisen mit rohen Eiern sofort zugedeckt in den Kühlschrank stellen, höchstens sechs Stunden bis zum Verzehr aufbewahren.
➤ Alle anderen Eiergerichte gut durchgaren. Salmonellen sterben bei einer Temperatur von etwa 70° ab. Im Inneren eines gekochten Eis ist diese Temperatur nach fünf Minuten erreicht.

Frischetest beim Ei

Die Luftkammer im Inneren des Eis vergrößert sich, je älter es wird. Sichtbar wird das beim Schwimmtest im Wasser: In einem großen Glas bleibt ein frisches Ei flach liegen. Nach etwa 1 Woche zeigt die flache Seite mit der Luftkammer schräg nach oben. Ein ganz aufgerichtetes Ei ist 2–3 Wochen alt. Schwimmt das Ei aber an der Oberfläche, ist es mindestens 5–6 Wochen alt und sollte nicht mehr gegessen werden.

Frisches Ei   2–3 Wochen altes Ei   5–6 Wochen altes Ei   Frisches Ei aufgeschlagen

Geflügel und Wild

Geflügel

Geflügel liegt voll im Trend einer gesunden, leichten Ernährung. Vor allem Hähnchen und Puten liefern fettarmes Fleisch mit besonders hochwertigem Eiweiß. Fettreicher ist das Fleisch von Ente und Gans. Dabei handelt es sich jedoch um leicht verdauliche ungesättigte Fettsäuren.

Wildfleisch

Das Fleisch von Reh, Hirsch oder Wildschwein enthält weniger Fett als das Fleisch von Rind, Kalb und Schwein. Außerdem ist es eiweiß-, vitamin- und mineralstoffreicher, da frei lebende Tiere bei der Futtersuche sehr wählerisch sind.
Beim Kauf sollte man allerdings die Augen offen halten und kritisch nachfragen, denn manches Wildfleisch, vor allem aus Neuseeland und Australien, stammt von Farmen, auf denen Hirsche und Wildschweine gemästet werden. Deren Fleisch, das tiefgekühlt exportiert wird, enthält mehr Fett und weniger Mineralstoffe als das frei lebender Tiere.

Wildfleisch hat heute keinen »Hautgout« mehr, der durch Beizen überdeckt werden muss. Die Tiere werden unmittelbar nach dem Erlegen ausgenommen und schnellstmöglich gekühlt. Frisch oder tiefgeforen kommen sie portioniert in den Handel.

Frisches Wild aus heimischen Wäldern gibt es nur zu bestimmten Zeiten und sollte möglichst rasch verbraucht werden. Das Einfrieren schadet dem mageren Wildfleisch relativ wenig, es wird dabei zart und mürbe. Allerdings sollte es schonend, am besten langsam im Gemüsefach des Kühlschranks, aufgetaut werden.

Fettfreies Wildfleisch ist ein idealer Vorrat in der Tiefkühltruhe, denn es kann bis zu einem Jahr ohne Qualitätsverlust aufbewahrt werden. Wildenten, Gänse und das Fleisch von Wildschweinen sollten aber bereits nach spätestens 6 Monaten in die Pfanne wandern.

Gartipps für Geflügel und Wild

➤ Geflügel und Wild gut durchgaren, um Salmonellen und Keime abzutöten.

➤ Geflügel: Mit einer Gabel in die Falte zwischen Brust und Keule stechen. Tritt klarer Saft aus, ist es gar.

➤ Wildbratenstücke: Mit einem Fleischthermometer prüfen, ob im Fleischinneren 10 Min. eine Temperatur von 80° gehalten wird. Kleinere Ragoutstücke sollen sich beim Anstechen weich anfühlen.

Früher wurde Fleisch in Essig eingelegt, um es haltbar zu machen, heute soll die Marinade das Fleisch nur dezent würzen und es zarter machen. Marinade mischen und das Fleisch darin 8 Std. kühl gestellt ziehen lassen. Herausnehmen, trockentupfen und anbraten. Gesiebte Marinade zum Schmoren angießen.

Rotweinmarinade für Wild
$1/2$ l trockener Rotwein, nach Belieben 50 ml milder Weinessig, 1 gewürfelte Zwiebel, 1 gewürfelte Möhre, 1 Stück gewürfelter Knollensellerie, 1 Bund grob zerkleinerte Petersilie, einige Wacholderbeeren und Pfefferkörner, 2 Lorbeerblätter.

Weißweinmarinade für Kaninchen und Geflügel
2 gehackte Schalotten, 5 frische Estragonblätter, 2 gehackte Knoblauchzehen, 1 gewürfelte Möhre, 2 Selleriestangen, 2 EL Öl, 200 ml Weißwein, je 1 Prise gemahlener Koriander, Pfeffer und Muskat.

Knoblauch-Öl-Marinade für Geflügel
2–4 gehackte Knoblauchzehen, einige Zweige zerkleinerter Rosmarin, Thymian und Basilikum, Schale und Saft von $1/2$ unbehandelten Zitrone, 2 EL Weißwein, grob gemahlener weißer Pfeffer, 4 EL Olivenöl.

Haut einschneiden

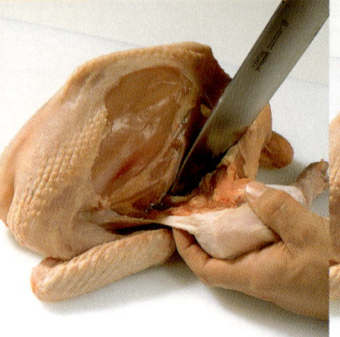
Schenkel nach außen drehen

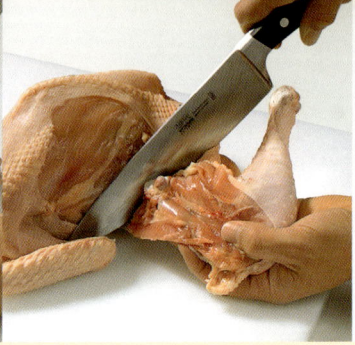
Mit dem Messer abtrennen

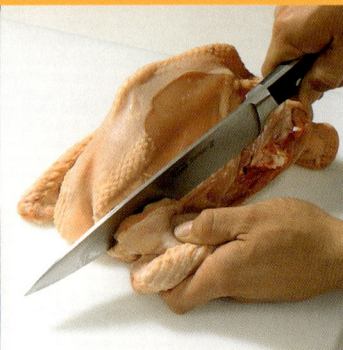
Flügel ebenfalls ablösen

Geflügel zerlegen

Ein frisches Hähnchen selbst zu zerteilen ist viel preiswerter als die Einzelstücke zu kaufen. Und was nicht gleich verwendet wird, wandert in die Tiefkühltruhe.

Die Haut des Hähnchens zwischen Keule und Brust bis zum Oberschenkelknochen einschneiden.
Den Schenkel so nach außen drehen, dass er aus dem Gelenk springt. Dann mit einem Messer oder der Geflügelschere vollständig abtrennen.
Den anderen Schenkel sowie die Flügel mit etwas Brustfleisch ebenso ablösen.
Jetzt Rücken und Brust an den Seiten mit einer Geflügelschere auseinander schneiden.
Anschließend die Brust entlang des Brustbeins in zwei Teile schneiden.
Den Rücken nicht längs, sondern einmal quer durchschneiden.

Werden die Hähnchenteile dann noch unter der Haut gefüllt, schmecken sie besonders saftig und würzig. Dazu die Haut etwas lockern, die Füllung darunter schieben und die Öffnungen mit Zahnstochern zustecken.

Tipps zum Füllen

➤ Eine unbehandelte Zitrone in dünne Scheiben schneiden und unter die Haut schieben.

➤ Braune Champignons in dünnen Scheiben unter der Haut verteilen.

➤ Knoblauch, Petersilie und unbehandelte Zitronenschale fein hacken, unter die Haut stopfen.

➤ Ganz edel: Schwarze Trüffel fein hobeln, sparsam unter der Haut verteilen.

Geflügel und Wild im Überblick

Tier	Gewicht	Angebot	Verwendung
Hähnchen (Jungtiere beiderlei Geschlechts)	0,75–1,4 kg	im Ganzen, Brustfilets, Keulen, Flügel, Innereien; frisch und tiefgefroren	Braten, Grillen, Schmoren
Poularde, Fleischhähnchen	1,4–1,8 kg	wie Hähnchen	Braten, Grillen, Schmoren
Suppenhuhn (12–15 Monate alte Legehenne)	1,5–2,4 kg	im Ganzen, Hühnerklein	für Suppen
Pute/Truthahn	3–15 kg	im Ganzen, Rollbraten, Brust, Filets, Steaks, Schnitzel, Leber; frisch und tiefgefroren	Braten, Grillen, Schmoren
Ente	2–3 kg	im Ganzen, Brust, Keulen; frisch und tiefgefroren	Braten, Grillen, Schmoren
Gans	4–7 kg	wie Ente	Braten, Schmoren
Perlhuhn	0,7–2 kg	im Ganzen, Brust, Keulen; frisch und tiefgefroren	Braten, Schmoren
Fasan	0,7–1,3 kg	im Ganzen, Brust, Keulen	Braten, Schmoren
Kaninchen	1,5–3 kg	im Ganzen, Rücken, Filets, Keulen; frisch und tiefgefroren	Braten, Schmoren
Hase (wild und gezüchtet)	5–6 kg	wie Kaninchen	Braten, Schmoren
Reh		Rücken, Nacken, Schulter, Keulen, Filets, Medaillons, Gulasch; frisch und tiefgefroren	Braten, Schmoren
Hirsch		wie Reh	Braten, Schmoren
Wildschwein		Nacken, Schulter, Rücken, Gulasch; frisch	Braten, Grillen, Schmoren

Garzeiten für Geflügel und Wild

Garmethode	Temperatur	Zeit
Braten		
Hähnchenschenkel, 150–200 g	mittlere Hitze	10–15 Min. pro Seite
Hähnchenbrustfilet/Putenschnitzel, 150 g	mittlere Hitze	4–5 Min. pro Seite
Entenbrust, 400 g	schwache–mittlere Hitze	10–11 Min. pro Seite
Reh- oder Hirschfilet, 250 g	starke Hitze	5,5–6 Min. pro Seite*
Reh- oder Hirschmedaillons, 2 cm dick	starke Hitze	2,5–3 Min. pro Seite*

*: Rosa braten Sie Reh- und Hirschfilets in 4,5–5 Min., Reh- und Hirschmedaillons in 2–2,5 Min. Das schmeckt sehr gut, ist wegen möglicher Keime im Fleisch jedoch gesundheitlich nicht ganz unbedenklich.

Aus Fluss und Meer – Fisch und Co.

Flüsse, Teiche und Meer liefern uns ein wertvolles Nahrungsmittel, reich an Eiweiß und arm an Fett. Es enthält die wichtigen Vitamine A und D sowie Mineralstoffe wie z. B. Kalium, Magnesium, Phosphor, Selen und Eisen. Seefische sind außerdem reich an Jod. Deshalb sollte mindestens zweimal in der Woche Fisch auf den Tisch kommen. Heute ist es einfacher, Fische und Meeresfrüchte zu bekommen, denn nicht nur in Fachgeschäften, sondern auch in vielen Supermärkten und Lebensmittelabteilungen wird Frischfisch – zumindest an bestimmten Tagen – angeboten. Doch Fisch ist teuer, also sollten Sie auf beste Qualität achten.

Fische und Meeresfrüchte aufbewahren und vorbereiten

Da Fische bzw. Meeresfrüchte rasch verderben, am besten gleich nach dem Einkauf zubereiten. Ist das nicht möglich, Fische aus der Verpackung nehmen und kurz abspülen, nicht abtrocknen. Auf einen Teller legen, mit Klarsichtfolie abdecken und an der kühlsten Stelle im Kühlschrank höchstens einen Tag lagern.
Kurz vor der Zubereitung mit Küchen-

Wie Frische zu erkennen ist

- Ganze Fische haben klare, hervorstehende Augen und eine feuchtglänzende, straffe Haut.
- Fischfilets und -koteletts müssen feucht und etwas glasig aussehen, die Ränder dürfen keine trockenen oder gar bräunlichen Stellen aufweisen.
- Frische Fische und Meeresfrüchte riechen nach Meer oder Wasser. Ein Geschäft, in dem es stark nach Fisch riecht, besser meiden.
- Tiefgekühlter Fisch ist besser als alter Fisch.

papier trockentupfen, mit Zitronensaft beträufeln (das festigt das Fleisch) und erst kurz vor der Weiterverarbeitung salzen.

Ganze Fische

sollten Sie vom Händler küchenfertig vorbereiten, d. h. ausnehmen und schuppen lassen.

Nachschuppen

Mit dem Fischschupper oder der stumpfen Klinge eines Küchenmessers unter fließendem kaltem Wasser die Schuppen zum Fischkopf hin abschaben. Flossen mit einer Küchenschere abschneiden (Vorsicht, manche haben spitze Stacheln).

Fischfilets für Röllchen

Die Filets mit einem Messer glatt streichen, damit sie sich leichter aufrollen lassen, mit der Hautseite nach oben auf die Arbeitsfläche legen, mit Füllung bestreichen. Aufrollen und mit Garn oder einem kurz überbrühten Lauchstreifen binden.

Fisch auf dem Tisch

Filetieren

Nach dem Abheben der Haut ist deutlich eine Naht auf der Seite des Körpers zu erkennen. Wenn Sie hier das Messer ansetzen und an der Naht entlangfahren, können Sie leicht das obere und das untere Filet abheben. Dabei bleiben die meisten Gräten schon an der Mittelgräte hängen. Mittelgräte dann vom Fisch abziehen. Die übrigen Gräten sitzen dort, wo der Fisch seine Flossen trägt, also vorn beim Kopf, seitlich am Bauch und auf der Rückenseite. Beim Abzupfen des Fischfleischs sind sie leicht zu erkennen und können mit dem Messer abgezogen werden.

Zerlegen

Ein großer Fisch wird auf die gleiche Weise zerlegt. Die Haut abziehen, dann die Flossen samt der Gräten vorsichtig herausziehen und die Filets ablösen.

Bei Plattfischen (Scholle, Flunder, Seezunge) reihen sich die Gräten in dem Flossenrand, der den Fisch rundum umgibt. Er kann aber leicht als erstes mit dem Messer abgetrennt werden. Wenn Sie jetzt die Filets von der Mittelgräte wie oben beschrieben ablösen, haben Sie praktisch grätenfreies Fischfleisch vor sich.

Meeresfrüchte

Schaltiere

Miesmuscheln sind preiswert und beliebt. Ihre Saison beginnt im Oktober. Im Herbst schmecken sie am besten, weil sie dann am fleischigsten sind. Im Lauf des Winters nimmt ihr Fleischanteil und die Qualität zum Frühjahr hin ab.
Vor der **Zubereitung** Muscheln in kaltes Wasser legen. Die Muscheln, die sich auch beim Antippen nicht schließen, wegwerfen. Die harten Bartfäden mit kräftigem Ruck abreißen (meist müssen auch küchenfertig angebotene Muscheln nachgeputzt werden).
Zum Garen in stark kochendes Wasser, Wein oder Sauce geben, zugedeckt 5–7 Min. bei starker Hitze kochen. Muscheln, die sich nicht geöffnet haben, wegwerfen.
Zum Essen nimmt man bei der ersten Muschel eine Gabel zur Hilfe, dann packt man das Muschelfleisch mit der leeren Schale wie mit einer Zange.
Venusmuscheln (Vongole) enthalten nur wenig Fleisch und sind vor allem auf Spaghetti beliebt. Als Vorspeise benötigen Sie etwa 250 g pro Person. Wie Miesmuscheln zubereiten.

Krustentiere

Garnelen gibt es in vielen Sorten, meist werden sie einfach nach Größe verkauft. Je größer, desto teurer sind sie. Klein, etwa 3–7 cm lang, und preiswert sind die **Shrimps** oder **Tiefseegarnelen**, die gleich nach dem Fang gekocht und tiefgekühlt werden.

Garzeiten für Fisch und Meeresfrüchte

Garmethode	Temperatur	Zeit
Pochieren (in Sud gar ziehen lassen) / Dämpfen		
Fischfilet, Röllchen	schwache Hitze	3–5 Min.
Portionsfische, je 300 g	schwache Hitze	10 Min.
Großer Fisch, 1 kg	schwache Hitze	30 Min.
Schmoren/Dünsten		
Fischwürfel, etwa 3 cm groß	schwache Hitze	2–3 Min.
Fischfilet, 200 g, 1 cm dick (z.B. Scholle)	schwache/mittlere Hitze	1–2 Min.
Fischfilet, 300 g, 3 cm dick (z.B. Lachs)	schwache/mittlere Hitze	10 Min.
Portionsfische, je 300 g	schwache/mittlere Hitze	10 Min.
Großer Fisch, 1 kg	schwache/mittlere Hitze	20–25 Min.
Muscheln	starke Hitze	5–7 Min.
Garnelen, 3–7 cm lang	schwache Hitze	2–3 Min.
Garnelen, 12 cm lang	schwache Hitze	5–6 Min.
Braten in der Pfanne		pro Seite
Fischfilet natur, 200 g, 2–3 cm dick	mittlere Hitze	2–3 Min.
Fischfilet paniert, 2 cm dick	mittlere Hitze	3–4 Min.
Frikadellen, 4–5 cm dick	mittlere Hitze	3–4 Min.
Portionsfische, je 300 g	mittlere Hitze	4–5 Min.
Garnelen, 3–7 cm lang	mittlere Hitze	1–1,5 Min.
Garnelen, 12 cm lang	mittlere/starke Hitze	1,5–2 Min.
Scampi	starke Hitze	1–1,5 Min.
Frittieren		
Tintenfische (Ringe)	starke Hitze	1–2 Min.
Garnelen, 3–7 cm lang	starke Hitze	1 Min.
Scampi	starke Hitze	2 Min.
Pfannenrühren		
Fischwürfel, -streifen, 3 cm dick/1 cm breit	starke Hitze	1–2 Min.

Garen im Backofen			
Großer Fisch, 1 kg	200°	im Bratschlauch: 30–35 Min.	
		in der Form:	in Alufolie:
Fischfilets, 2–3 cm dick, 200 g	225°	7–8 Min.	9–10 Min.
Portionsfische, je 300 g	225°	8–10 Min.	10–12 Min.
Großer Fisch, 1 kg	225°	20 Min.	25–30 Min.

Die großen, bis zu 20 cm langen Garnelen werden **Prawns**, **King Prawns** oder **Jumbos** genannt, viele kommen frisch oder gegart aus Asien und Mexiko. Tiefkühlen beeinträchtigt übrigens ihre Qualität nur wenig. **Scampi** oder **Kaisergranate** sind kleine Vettern des Hummers. Oft falsch als Riesengarnelen bezeichnet. Echte Scampi, etwa 15–20 cm lang, erkennen Sie an den langen, schmalen Scheren und am breiten Schwanzteil mit einer fächerartigen Flosse.
Um Garnelen zu schälen, mit einer Schere den Panzer am Rücken entlang aufschneiden und die Panzerhälften auseinander ziehen, so dass das Schwanzfleisch herausgehoben werden kann. Meist liegt jetzt der **dunklere Darm** auf der Rückenseite schon frei, sonst auf der Rückenseite 5 mm tief einschneiden, den Darm mit der Messerspitze herausheben. Ist kein Darm zu erkennen, muss er auch nicht entfernt werden.

Weichtiere
Kalmare haben einen langgestreckten, tubenförmigen Körper, der (nach Entfernen des Fischbeins) gefüllt und gebraten, geschmort oder gegrillt werden kann. Oder er wird in Ringe geschnitten, durch Ausbackteig gezogen und frittiert.
Kalmare enthalten oft (auch wenn sie »küchenfertig« angeboten werden) noch das durchsichtige, harte Fischbein. Zum Entfernen den tubenförmigen Körper etwas biegen, das Ende

Haut abziehen, Rückenflosse herausziehen | An der »Naht« entlangfahren | Das obere Filet abheben | Mittelgräte abziehen

Fisch und Meeresfrüchte

Forelle

Rotbarbe

Karpfen

Kabeljau

Hecht

Atlantischer Lachs

Scholle

Tunfisch

Goldbrasse

Schwarzer Heilbutt

Hering

Zander

Schellfisch

Seelachs

Makrele

Rotbarsch

des Fischbeins am Rand packen und herausziehen.

Um Kalmare zu putzen, den Kopf samt Innereien abziehen, den Kopf und die Innereien wegwerfen. **Tintenfische (Sepia)** haben einen runden, dicken Körper und nur kurze Fangarme. In ihrem Körper steckt eine Kalkschale, die Sepiaschale, die jeder Vogelfreund kennt. Tiefgekühlte Exemplare sind schon küchenfertig vorbereitet, sonst zum Entfernen den Körper längs aufschneiden und die Schale auslösen. Die Körper kurz braten, schmoren oder grillen. Besonders lecker sind die kleinen Tintenfische (Seppioline, Seppiola), eine eigene Art, die meist geputzt und küchenfertig tiefgekühlt angeboten wird.

Einkaufstips Meeresfrüchte

➤ Achten Sie bei allen Muschelarten darauf, daß die Schalen frisch, feucht und unbeschädigt sind.

➤ Geöffnete Muscheln müssen nicht verdorben sein; aber wenn sie sich beim kräftigen Antippen mit dem Finger nicht schließen, wegwerfen.

➤ Garnelen dürfen keinen angetrockneten Panzer oder gelblich-hornartiges Fleisch haben.

➤ Meiden Sie in Öl eingelegte Garnelen aus der Frischetheke – sie sind selten wirklich frisch und gut.

Wichtige Fischsorten:

Süßwasserfische
Catfish (Zwergwels): Zuchtfisch mit grätenfreiem, weißem, festem Fleisch, ideal für Steaks und Filets.
Forelle, Felchen: frisch geschlachtete über Nacht im Kühlschrank lagern, damit sich die Muskelfasern entspannen. Im Ganzen braten oder »blau« kochen. Gibt es auch als Filets.
Hecht: mageres Fleisch, viele Gräten (im Schwanzstück weniger). Wird vor allem für Klößchen verwendet.
Karpfen: gibt es mit und ohne Schuppen. Am besten sind etwa 1,5 kg

Blau kochen

»Blau kochen« kann man alle Fische, deren Haut eine Schleimschicht hat, z.B. Forellen, Karpfen, Hechte. Fische nicht schuppen, nur leicht abbrausen und mit 2 EL Essig übergießen. Dann in einem Sud gar ziehen lassen.

schwere Exemplare. Zum Backen, Kochen und Braten. Auch als Filets im Handel.
Lachs, Lachsforelle: stammen meist aus Fischzuchten. Kleine Exemplare zum Braten und Sieden, größere als Filets oder Koteletts zum Kurzbraten, Dämpfen und Dünsten.
Tilapia: Zuchtfisch mit magerem, weichem Fleisch. Kleine Filets zum Braten und Dünsten.
Victoria-Barsch: magerer Fisch mit festem Fleisch aus Ostafrika, nur als Filets zum Braten und Backen.
Wels, Waller: zartes, grätenloses Fleisch, ähnelt dem der teuren Lotte. Gut zum Grillen und Braten.
Zander: feines, festes Fleisch, auch als Filets zum Braten angeboten. Kleine Zander können pochiert oder gedünstet werden.

Salzwasserfische
Bonito, Tunfisch, Schwertfisch: in Scheiben (Steaks oder Koteletts) verkauft. Dunkle Blutgefäße entfernen, Scheiben nur kurz braten oder grillen.
Brassen: Vor allem Goldbrassen sind edle Fische für ein bis zwei Portionen mit wenig Gräten. Braten und Grillen.
Heilbutt: Plattfisch, gibt es als teuren weißen und preiswerten schwarzen. Als Koteletts zum Braten, Schmoren und Grillen.
Hering: Kleiner Fisch, der sich frisch (grün) gut zum Grillen, Braten und Dünsten eignet. Auch als Salz- oder Matjeshering sehr beliebt.
Kabeljau, Dorsch: kommt meist als Filet in den Handel. Dorschfilets (vom jungen Ostsee-Kabeljau) vor dem Braten durch Ei ziehen.
Lengfisch, Blauleng: kommt vorwiegend als Filet in den Handel. In Mehl

gewendet oder paniert zum Braten.
Makrele: fetter Portionsfisch, ganz frisch ideal zum Braten und Grillen.
Rotbarben: kleine Fische ohne Galle. Frische können unausgenommen gebraten, in Folie gegart oder gegrillt werden. Tiefgekühlte immer ausnehmen.
Rotbarsch, Goldbarsch: wird fast immer als Filets verkauft. Zum Braten, Schmoren, für Klößchen und Frikadellen.
Schellfisch: wird als ganzer Fisch oder in Scheiben (Koteletts) angeboten. Weißes, mageres und feines Fleisch, das nur sanft gegart werden darf, sonst zerfällt es.
Scholle, Seezunge: beliebte Plattfische, ganze Fische zum Braten, Filets zum Braten oder als Röllchen.
Seelachs: frisch als Filets oder Koteletts angeboten, eignet sich zum Braten, Dünsten und Schmoren, ideal für Fischfrikadellen.
Seeteufel, Lotte: ohne Kopf in Scheiben (Koteletts) geschnitten oder filetiert. Zum Kurzbraten, Grillen oder Dünsten.

Ein würziger Fischsud

Für 1 großen Fisch oder 4 Portionsfische 1 großes Bund Suppengrün klein würfeln. Im Fischkochtopf 1 l Wasser mit Gemüse aufkochen, 2 Scheiben unbehandelte Zitrone, je 1 TL Pfeffer-, Piment- und Senfkörner, 2 Gewürznelken, 1 Lorbeerblatt und 2 TL Salz dazugeben, 20 Min. kochen lassen. Auf schwache Hitze schalten und kleine Portionsfische in den schwach kochenden Sud einlegen. Großen Fisch in lauwarmen Sud einlegen. Der Sud darf nur ziehen, nicht kochen, sonst wird das Fischfleisch hart und zerfällt. Sud für die Sauce verwenden oder zu einem Fond einkochen.

Aber bitte mit Sauce ...

Eine feine Sauce gehört einfach zu einem guten Essen und kann ganz leicht zubereitet werden. Grundlage sind Fonds, konzentrierte Brühen aus Fleisch oder Fisch, Knochen oder Gräten und Gemüse, die es auch fertig zu kaufen gibt. Selbst gekochte Fonds dauern zwar etwas, aber meist köcheln sie ganz nebenbei vor sich hin oder entstehen von selbst beim Braten und Schmoren.

Pfannenfond

Wenn Sie Steaks, Koteletts oder Schnitzel natur braten, bildet sich in der Pfanne ein Bratsatz, der die Grundlage für eine schnelle Sauce ist. Fett abgießen, etwas Butter in der Pfanne erhitzen und 1–2 EL gehackte Zwiebel darin andünsten, 1/4 l leichte Brühe und 100 ml trockenen Rot- oder Weißwein angießen, aufkochen, den Bratsatz unter Rühren lösen und etwas einkochen. Mit Salz, Pfeffer und Thymian würzen, nach Belieben noch 1 TL Tomatenmark zum Binden einrühren. Menge reicht für 4 Personen.

Brauner Fleischfond

Für 400 ml etwa 500 g Knochen und Abschnitte von Rind, Kalb oder Wild in 3 EL Öl bei starker Hitze gut anbräunen. 2 Bund Suppengrün und 2 Zwiebeln klein würfeln, dazugeben und hellbraun rösten. 1 Lorbeerblatt und 1 TL Pfefferkörner dazugeben, etwas Wasser angießen und den Bratsatz unter Rühren lösen. Flüssigkeit einkochen lassen, dann wieder mit etwas Wasser ablöschen. Den Vorgang 2- bis 3mal wiederholen, dann mit 1 l Wasser aufgießen und offen 1 1/2 Std. köcheln lassen. 1/2 l trockenen Rotwein angießen, wieder 1 1/2 Std. offen köcheln lassen. Die Brühe durch ein feines Sieb gießen, Topf säubern und die Brühe offen auf 400 ml einkochen lassen. Entfetten (siehe »Fond entfetten«), in Dosen oder Gläser füllen. Hält sich etwa 1 Woche im Kühlschrank. Man kann ihn auch portionsweise tiefkühlen, dann hält er sich 6–8 Monate.

Heller Fleischfond

Für 400 ml Zutaten wie für den braunen Fond, Knochen und Fleisch aber vom Kalb oder Geflügel nehmen und bei schwacher Hitze andünsten, sie dürfen nicht bräunen. Gemüse zugeben und wie angegeben kochen. 1/4 l Weißwein dazugießen und einkochen. Entfettet wie dunklen Fond aufbewahren.

Fischfond

Für 800 ml 500 g Fischreste mit Köpfen und Gräten (von mageren Fischen, fettreiche wie Aal, Hering oder Makrele sind ungeeignet) mit 2 Bund klein geschnittenem Suppengrün, 1 geviertelten Zwiebel, 2 Lorbeerblättern, 1 TL Pfefferkörnern, je 1/2 TL Thymian und Fenchelsamen, 2 Zitronenscheiben, 1/4 l Weißwein und 1 l Wasser langsam aufkochen. 20 Min. offen bei mittlerer Hitze köcheln lassen, durch ein feines Sieb gießen und entfetten. Hält sich 2–3 Tage im Kühlschrank oder tiefgekühlt 4–6 Monate.

Ein Braten ohne Sauce? – Da fehlt was!

Fond entfetten

Heiß entfetten

Fond 15 Min. stehen lassen, bis sich das Fett an der Oberfläche angesammelt hat. Mit einer Suppenkelle den größten Teil vorsichtig abschöpfen, den Rest mit Küchenpapier aufsaugen, bis keine Fettaugen mehr zu sehen sind. Oder Fond mit einem Saucenkännchen (siehe S. 42) entfetten.

Kalt entfetten

Fond ganz abkühlen lassen, in den Kühlschrank stellen, bis das Fett fest ist, dann mit einem Esslöffel abheben oder Fond durch feines Sieb gießen.

Schnelle Saucen

Auf einen Blick die wichtigsten Basis-Saucen in der schnellen Küche. Alle Rezepte jeweils für 4 Portionen.

Dunkle Sahnesauce

1 fein gehackte Zwiebel in 1 EL Butter bei mittlerer Hitze braun rösten. 150 ml dunklen Fleischfond und 150 g Sahne dazugeben, aufkochen, mit Salz, Pfeffer und etwas Cognac nach Belieben abschmecken. **Passt zu** Schwein, Kalb, Geflügel.

Morchelsauce

10 g getrocknete Morcheln (oder andere Trockenpilze) in 200 ml warmem Wasser 30 Min. einweichen. 1 fein gehackte Zwiebel in 1 EL Butter bei mittlerer Hitze nussbraun rösten. 1 EL Mehl darüber streuen, kurz anrösten, 150 ml dunklen Fleischfond und die Einweichflüssigkeit mit den Pilzen (ohne Bodensatz) angießen, offen 10 Min. einkochen. Mit Salz, Pfeffer und Estragon würzen.
Passt zu Steaks, Koteletts, Hähnchenbrust, Gemüse.

Helle Sahnesauce

(Velouté/Grundrezept Mehlschwitze)
1 EL Butter erhitzen, 1 EL Mehl einstreuen und aufschäumen lassen. 200 ml hellen Fleisch- oder Fischfond unter Rühren angießen, bei mittlerer Hitze 5 Min. köcheln lassen. 150 g Sahne einrühren, mit Salz, Pfeffer und etwas Zitronensaft abschmecken.
Passt zu gekochtem Fleisch, Geflügel, Fisch, Meeresfrüchten und Gemüse.

Currysauce

Die helle Sahnesauce zubereiten, mit 1 TL Currypulver würzen.
Passt zu hellem Fleisch, Geflügel, Fisch.

Béchamelsauce

Butter und Mehl wie für die helle Sahnesauce aufschäumen lassen, statt Fond und Sahne aber 350 ml Milch und 150 ml hellen Fleisch- oder Fischfond angießen. Mit Salz, Pfeffer und Muskatnuss abschmecken.
Passt zu hellem Fleisch, Fisch, Geflügel, Gemüse; mit Käse zum Überbacken.

Champignonsauce

Die Flüssigkeit von 1 Dose Champignons (etwa 200 g Inhalt) abmessen und mit Milch auf 500 ml ergänzen. 2 EL Butter erhitzen, 2 EL Mehl einstreuen und aufschäumen lassen. Wenn das Mehl goldgelb ist, unter Rühren die Milch-Pilz-Brühe angießen, bei mittlerer Hitze 5–10 Min. köcheln lassen. Die Champignons in Scheiben schneiden und unter die Sauce rühren, mit Salz, Pfeffer, etwas geriebener Zitronenschale und Muskatnuss abschmecken.
Passt zu Gemüse und Gemüsestrudel, Gemüsepflänzchen, Geflügel, hellem Fleisch.

Käsesauce

1 Zwiebel und 1 Knoblauchzehe fein hacken, in 2 EL Butter bei mittlerer Hitze hellgelb andünsten. 1 leicht gehäuften EL Mehl darüber streuen und einrühren. 150 ml trockenen Weißwein und 250 ml Milch aufgießen, unter Rühren aufkochen und bei schwacher Hitze 5 Min. leise köcheln lassen. 125 g Edelpilzkäse (Gorgonzola oder Bavaria Blu) zerdrücken und in die Sauce rühren. 50 g saure Sahne untermischen und die Sauce mit dem Schneebesen glatt rühren oder mit dem Pürierstab durchmixen. Mit Salz, Pfeffer und Thymian würzen.
Passt zu Kartoffeln, Spargel, hart gekochten Eiern, Geflügel; zum Überbacken von Gemüsegerichten.

Tomatensauce mit Balsamico

3 Schalotten fein hacken, 50 g luftgetrockneten Schinken (Parma- oder San-Daniele-Schinken) in feine Streifen schneiden. 2 EL Olivenöl erhitzen, die Schalottenwürfel glasig dünsten. Die Schinkenstreifen zugeben und kurz anbraten. 1 große Dose geschälte Tomaten zugeben, bei mittlerer Hitze 10 Min. leise köcheln lassen, dabei die Tomaten zerdrücken. Mit 2 EL Aceto Balsamico, Salz und Pfeffer würzen und mit 2 EL gehackten Basilikumblättchen bestreuen.
Passt zu allen Nudelsorten, zu gebratenem Fleisch und Innereien.

Sauce Hollandaise

150 g Butter zerlassen, 5 Min. abkühlen lassen. 2 frische Eigelbe mit 4 EL Weißwein, 1 EL Zitronensaft, Salz, Pfeffer und 1 Prise Cayennepfeffer in eine Metallschüssel geben, über leise siedendem Wasser (Wasserbad) mit dem Schneebesen cremig schlagen. Schüssel vom Topf nehmen und die flüssige Butter ohne die Molke langsam unterquirlen. Schüssel wieder aufs Wasserbad setzen und mit dem Schneebesen schlagen, bis die Sauce cremig bindet. Sofort vom Wasserbad nehmen und servieren.
Passt zu hellem Fleisch und zu Gemüse (Spargel).

Sauce Béarnaise

2 Schalotten schälen, fein hacken. Blättchen von je 2 Zweigen Estragon und Kerbel fein hacken. Kräuterstängel mit Schalotten und je 4 EL Weißwein und Estragonessig in einem Topf etwas einkochen lassen. Sud in eine Metallschüssel absieben, 3 frische Eigelbe unterschlagen. Im Wasserbad (vgl. Sauce Hollandaise) 200 g eiskalte Butter in Flöckchen einrühren. Kräuter unterrühren, mit Salz, Cayenne und weißem Pfeffer abschmecken.
Passt zu Gemüse, gebratenem Fleisch und Fisch.

Maltesersauce

Von 1 unbehandelten Orange (möglichst Blutorange) mit einem Zestenreißer die Schale abraspeln. Die Schalenstreifen kurz mit kochendheißem Wasser überbrühen, abtropfen lassen und klein schneiden. Die Orange auspressen, 70 ml Orangensaft abmessen. 170 g Butter wie für die Sauce Hollandaise zerlassen. 2 frische Eigelbe mit dem Orangensaft in eine Metallschüssel geben und über leise siedendem Wasser (Wasserbad) cremig schlagen. Die flüssige Butter ohne die Molke langsam unterquirlen und weiter schlagen, bis die Sauce dickcremig wird. Die gehackte Orangenschale unterrühren und die Sauce mit Salz, Pfeffer, einer Prise Cayennepfeffer und gehackten Estragonblättchen würzen.
Passt zu hellem Gemüse (Blumenkohl, Spargel), pochierten Eiern und Fisch.

Kräuter passen immer

Es gibt kaum ein Gericht, das nicht mit Kräutern noch raffinierter und besser schmecken würde. Kräuter regen den Appetit und die Verdauung an. Die Inhaltsstoffe, vor allem die ätherischen Öle, wirken wohltuend im ganzen Körper. Außerdem helfen sie, Salz und andere Würzmittel zu sparen.

Kräuter-Tipps

Je frischer, desto würziger und vitaminreicher sind Kräuter. Da die Rezepte dieses Buches hauptsächlich Zutaten enthalten, die Sie in jedem Supermarkt finden, werden vorwiegend Petersilie, Schnittlauch oder Dill frisch verwendet. Sie können aber auch je nach Angebot Basilikum, Kerbel, Majoran oder andere Kräuter nehmen.

➤ Kräuter erst vor der Verwendung kurz waschen und hacken (mit einem Messer, nicht im Blitzhacker).

➤ Die Blätter lassen sich auch gut mit einer Schere direkt über das Gericht schneiden.

➤ Zartblättriges nicht mitkochen, sondern erst ganz zum Schluss dazugeben. Härtere Kräuter (Thymian, Rosmarin, Salbei und auch Petersilienstängel) dürfen mitgekocht werden.

➤ Tiefkühl-Kräuter sind besser als verwelkte vom Markt. Am besten noch gefroren verwenden.

➤ Getrocknete Kräuter erst in der Handfläche mit dem Daumen zerreiben, das intensiviert das Aroma.

Kräuter selber ziehen

Viele Kräuter lassen sich aus Samen leicht selber ziehen, am besten schon zeitig im Frühjahr in kleinen Pflanztöpfchen auf der Fensterbank aussäen. Dann in einen Blumentopf oder in den Garten an einer sonnigen Stelle mit lockerem, sandigem Boden auspflanzen. Geeignet sind Kerbel, Zitronenmelisse, Dill, Majoran, Basilikum, Kresse, Borretsch und Schnittlauch. Koriandergrün, das für viele asiatische, afrikanische und mexikanische Gerichte verwendet wird, lässt sich leicht aus Koriander-Gewürzkörnern ziehen. In einen großen Blumentopf aussäen, dünn mit Erde bedecken und feucht halten. Nach wenigen Tagen können Sie die ersten Blättchen ernten.
Langsam wachsende Kräuter wie Petersilie, Liebstöckel, Thymian und Rosmarin kaufen Sie besser als fertige Pflanzen.
Vom französischen Estragon müssen Sie sich einen Ableger besorgen, er ist nicht durch Samen zu vermehren.

Blüten – schön und lecker

Mit essbaren Blüten können Sie Gerichte würzen und appetitlich dekorieren. Beim Sammeln von wild wachsenden Pflanzenblüten müssen Sie darauf achten, dass sie nicht in der Nähe von Straßen, auf gedüngten oder gespritzten Wiesen wachsen. Ebenso sollten Sie daran denken, dass Hunde und Füchse gefährliche Wurmeier hinterlassen können. Blüten aus dem Blumenladen sind fast immer mit schädlichen Insektiziden behandelt.
Die in der Tabelle angegebenen Blüten/Blütenblätter können Sie problemlos verwenden, außerdem alle Kräuterblüten wie z. B. Borretsch, Majoran und Ysop. Auch die Blüten von Heckenrose, Magnolie, Verbene, Duftpelargonie und Kürbis schmecken gut. Geschlossene Chrysanthemenblüten aus vertrauenswürdigem Anbau eignen sich mit ihrem herbbitteren Geschmack sehr gut für Wok-Gerichte und Salate.
Mit stark duftenden Blüten lassen sich

	Blüte	Erntezeit	Aroma	Verwendung
Die aromatischsten Wildblüten	Gänseblümchen	März–Oktober	herb, leicht bitter	Suppen, Salate, essbare Dekoration
	Holunder	Mai–Juni	herb bis leicht süßlich	Küchlein, Wein, Sekt, Saft
	Huflattich	März	mild bis herb	Salate
	Löwenzahn	April–Mai	leicht herb, bitter	Salate, Gemüse
	Veilchen	März–Mai	süßlich, leicht scharf	kandierte Blüten zur Dekoration, Süßspeisen, Likör
Die schönsten Blüten aus dem Garten	Kapuzinerkresse	Juli–Oktober	scharf, pfeffrig	Salate, Gemüsesuppen, essbare Dekoration
	Lavendel	Juli–September	würzig, herb	Fruchtsalate, Sorbets, essbare Dekoration
	Malve	Juni–September	säuerlich	Salate, essbare Dekoration, Tee
	Ringelblume	Juli–Oktober	leicht bitter	Salate, Suppen, essbare Dekoration
	Rose (Blütenblätter)	Mai–Juni	leicht süßlich, mild	kandierte Blüten zur Dekoration, Salate, Süßspeisen
	Sonnenblume (Blütenblätter)	Juli–Oktober	herb, leicht bitter	Salate, Saucen, essbare Dekoration
	Zucchini	Mai–August	mild	Füllen, Frittieren

auch neutrale Weinessige aromatisieren und sind in schönen Flaschen ein persönliches Mitbringsel. Besonders dekorativ: Blütenblätter von alten Duftrosensorten, Veilchenblüten (verlieren leider bald ihre schöne Farbe), Kapuzinerkresse und Holunderblüten.

Gewürze

So wie die Kräuter verbessern die Gewürze nicht nur den Geschmack der Gerichte, sondern sie regen ebenfalls Appetit und Verdauung an, ihre ätherischen Öle wirken desinfizierend und schleimlösend. Verwenden Sie Gewürze so oft wie möglich, auch wenn sie nicht im Rezept angegeben sind. Experimente sind erlaubt und führen zu neuen Geschmackseindrücken. Fangen Sie beim Abschmecken mit einer kleinen Prise eines Gewürzes an und probieren nach einer Weile, wie sich der Geschmack entwickelt. Wenn Sie das Aroma als angenehm empfinden, können Sie die Dosis erhöhen. Aber nie zu viele markante Gewürze auf einmal verwenden, sonst erschlagen sie sich gegenseitig. Ausnahme: Indische und andere asiatische Gerichte, bei denen eine Fülle von Gewürzen die Regel ist.
Vergessen Sie nicht, dass außer Kräutern und trockenen Gewürzen auch Würzsaucen wie Worcester- und Sojasauce, pikante Würzpasten wie Sambal oelek, Harissa oder Currypasten, Senf und Meerrettich sowie Wein wie Sherry, Portwein oder Madeira oder auch ein Schuss Cognac oder Weinbrand den Geschmack intensivieren können.

Gewürze kaufen und lagern

➤ Ganze Gewürze kaufen, sie behalten viel länger ihr Aroma als gemahlene.

➤ Nie zu große Gewürzmengen kaufen, sie verlieren bald an Geschmack.

➤ Viele exotische Gewürze finden Sie in ausländischen Spezialgeschäften, Naturkostläden und Reformhäusern.

➤ Meiden Sie Plastikdosen, helle Gläser oder Tüten mit ausgeblichenem Inhalt. Besser sind dunkle und Aroma schützende Gläser oder Beutel. Evtl. in dunkle Gläser umfüllen.

➤ Gewürze an einer trockenen, dunklen und nicht zu warmen Stelle lagern.

➤ Notieren Sie das Einkaufs- oder Haltbarkeitsdatum auf den Gläsern und sortieren Sie etwa alle 6 Monate die betagten Gewürze aus.

Tipps für Würzmischungen

Je nach Speisentyp gibt es eine Reihe von Kräutern und Gewürzen, die neben Salz und Pfeffer besonders gut passen:

Ohne frische Kräuter würde vielen Gerichten der entscheidende Pfiff fehlen.

Salate, Quark
Alle frischen Kräuter. Sellerie-, Knoblauchsalz, Paprika, Cayennepfeffer, Senfpulver, Koriander, Kümmel und Kreuzkümmel.

Suppen
Sellerie- und Liebstöckelblätter, Dill, Majoran, Thymian, Kardamom, Lorbeer, Muskatnuss, Sellerie- und Knoblauchsalz.

Gemüse
Bohnenkraut, Dill, Estragon, Liebstöckel-, Fenchel- und Selleriegrün, Knoblauch- und Selleriesalz, Koriander- und Pimentkörner, Paprika, edelsüß oder rosenscharf, Cayennepfeffer, Muskatnuss oder -blüte (Macis), Schabzigerklee, Kreuzkümmel.

Tomatensaucen
Basilikum, Majoran, Oregano, Rosmarin, Thymian, Bohnenkraut, Ysop, Korianderkörner, Piment, Gewürznelken, Lorbeer, Paprika edelsüß oder rosenscharf.

Fisch
Basilikum, Dill, Fenchelgrün, Estragon, Koriandergrün, Thymian, Majoran, Oregano, Fenchelsamen, Korianderkörner, Piment, Lorbeer, geriebene Zitronenschale, Gewürznelken.

Helles Fleisch, Geflügel
Basilikum, Estragon, Majoran, Oregano, Minze, Thymian, Rosmarin, Salbei, Kapern, Korianderkörner, Lorbeer, Muskatnuss, Piment, Selleriesalz, Kreuzkümmel, geriebene Zitronenschale.

Dunkles Fleisch, Innereien und Wild
Bohnenkraut, Liebstöckel- und Selleriegrün, Majoran, Rosmarin, Thymian, Salbei, Piment, Korianderkörner, Kümmel, Paprika, Cayennepfeffer, Lorbeer, Wacholderbeeren, Kardamom, Pilzpulver oder getrocknete Pilze, Ingwer, Gewürznelken, Zimt, geriebene Zitronenschale.

Für zwei – einmal kochen, zweimal essen

Die meisten Gerichte in diesem Buch könnten Sie zwar einfach halbieren, wenn Sie nur zu zweit sind. Oft lohnt es sich aber, gleich die ganze Menge zu kochen, die Hälfte zu essen und aus der übrigen Hälfte für den nächsten Tag gleich ein ganz neues Gericht zuzubereiten.

Gerichte zum Abwandeln

Gebratene Knoblauchpilze, S. 49:
Die zweite Hälfte mit 50 ml Weißwein, 2 TL Zitronensaft und 1 EL Olivenöl verrühren und im Kühlschrank marinieren; hält sich einige Tage; mit frisch gehackter Petersilie und Kapern bestreut servieren.

Schafkäseröllchen, S. 57:
Die zweite Hälfte als Bürosnack mit Sauce essen:
1 geschälte Tomate (Dose),
1 kleine getrocknete Chilischote und
$^{1}/_{2}$ EL Olivenöl pürieren, salzen.

Rotweißer Kraut-Salat, S. 66:
Die zweite Hälfte mit 2 Eiern und 75 g geriebenem Käse mischen. Lagenweise mit 4 Scheiben Brot in eine Auflaufform schichten. Im Backofen bei 200° (Mitte, Umluft 180°) 35 Min. backen.

Seeteufel in Folie mit Gemüse, S. 93:
Die zweite Hälfte mit 1 EL Weißweinessig, $^{1}/_{2}$ zerkleinerten Chilischote, $^{1}/_{2}$ Bund gehacktem Basilikum, 1 EL Kapern, Salz, Pfeffer und 3 EL Olivenöl im Kühlschrank marinieren. Hält sich 2 Tage.

Kabeljau mit Rucola und Kapern, S. 95:
Für die zweite Hälfte 1 Tomate und Fisch würfeln. Mit 1 EL Salatmayonnaise, 2 TL Zitronensaft und 1 EL Öl verrühren, abschmecken und auf Salatblättern anrichten.

Tintenfisch aus der Schmorpfanne, S. 90:
Tintenfischringe mit Paprikaschoten anbraten, vorm Zugeben der Tomaten die Hälfte davon aus der Pfanne nehmen. Am nächsten Tag chinesisch zubereiten: 1 EL gehackten Ingwer in Öl kurz anbraten, Tintenfisch und Paprika zugeben, etwas Gemüsefond aufgießen und kurz schmoren lassen. Mit chinesischer Chili-, heller Sojasauce, Essig und einer Prise Zucker abschmecken, mit Koriandergrün bestreut zu Reis servieren.

Kalbsrouladen mit Kräuterfüllung, S. 105:
Die übrigen Rouladen mit 1 Fleischtomate und 125 g Mozzarella in dünne Scheiben schneiden, dachziegelartig in eine Gratinform schichten. 1 Bund Basilikum klein schneiden, mit der restlichen Sauce darüber verteilen. Im Backofen bei 220° (Mitte, Umluft 200°) 20 Min. backen.

Kalbfleisch geschmort, S. 110:
Reste vom Fleisch in Streifen schneiden. 1 Bund Frühlingszwiebeln waschen, in Ringe, 1 säuerlichen Apfel in Schnitze schneiden. Beides in 1 EL Butterschmalz andünsten, Fleisch und 75 g Crème fraîche hinzufügen, erwärmen. Zu gekochten Nudeln oder Kartoffelpüree servieren.

Hähnchen mit Tomaten und Oliven, S. 122:
Die Reste in Scheiben schneiden. Mit Salatblättern, Tomaten- oder Gurkenscheiben auf Brötchen legen. 1 EL Remouladensauce aus dem Glas mit 1 EL Joghurt und etwas Zitronensaft mischen. Auf dem Fleisch verteilen.

Gänsebrust mit Linsengemüse, S. 124:
Restliche Gänsebrust in dünne Scheiben schneiden. Auf Eichblattsalat anrichten. Eine Sauce aus 1 TL Johannisbeergelee, $^{1}/_{2}$ TL Senf, 1 EL Aceto

Balsamico und 2 EL Olivenöl darüber träufeln. 100 g Champignons halbieren, in Butterschmalz braten. Mit $^{1}/_{2}$ EL Zitronensaft, Salz und Pfeffer würzen, über den Salat verteilen. Die restlichen Linsen am nächsten oder übernächsten Tag mit 1 großen Bund gemischter gehackter Kräuter und 1 EL Crème fraîche erhitzen. Als Sauce zu gekochten Nudeln oder Spätzle servieren.

Safranrisotto, S. 160:
Die Hälfte essen, der Rest hält sich im Kühlschrank 2–3 Tage. Mit 1 Ei und 1 Bund gehacktem Basilikum, Cayennepfeffer oder Kümmel mischen, zu Pflänzchen formen. In Öl oder Butterschmalz braten, mit Salat servieren.

Schmorgurken italienische Art, S. 201:
70 g Polenta mit 400 ml Gemüsefond (aus dem Glas) 10 Min. kochen, mit 50 g Parmesan und Salz würzen. In eine feuerfeste Form geben. Restliches Schmorgemüse darauf verteilen, mit 125 g gewürfeltem Mozzarella belegen, im Backofen 20 Min. bei 220° (Mitte, Umluft 200°) überbacken.

Mengen für 2 Personen

Fischfilet 350 g

Fleisch (mit Knochen) 400 g
Fleisch (ohne Knochen) 300 g
Geflügel (mit Knochen) 600 g

Gemüse/Kartoffeln (Beilage) 400 g
Gemüse/Kartoffeln (Hauptgericht) 600 g

Suppe (Hauptgericht) 3/4 l
Suppe (Vorspeise) 1/2 l

Teigwaren/Reis (Beilage) 120 g
Teigwaren/Reis (Hauptgericht) 200 g

Kochen für die große Runde

Es muss nicht in Stress ausarten, wenn Sie für eine große Runde kochen wollen. Mit ein wenig Vorbereitung können Sie ganz gelassen ein fröhliches Essen gestalten, ohne ständig in der Küche verschwinden zu müssen.

Die Hauptsache zuerst

➤ Planen Sie, was Sie servieren möchten, wobei Sie **mit dem Hauptgericht beginnen**. Soll es Fleisch, Geflügel oder Fisch sein? Oder wie wäre es mal mit einem Gemüsegericht oder Riesen-Suppentopf?

Gut vorzubereiten

➤ Wählen Sie Gerichte aus, die Sie vorbereiten können:
  ➤ **große Braten**
  ➤ **Aufläufe**
  ➤ **Schmorgerichte**

Fast alle fertigen Gerichte (bis auf Fisch) können nach dem Abkühlen wieder aufgewärmt oder einige Zeit warm gehalten werden.

➤ Auch **Beilagen** können vorbereitet werden:
  ➤ **Gemüse** in kochendem Wasser sehr knackig vorgaren, kalt abschrecken, sehr gut abtropfen lassen, mit Folie abdecken und beiseite stellen. Zum Servieren einfach kurz in heißer Butter schwenken.

  ➤ **Knödel und Klöße** aus Teig formen, mit Folie abdecken, bis sie gekocht werden. Oder Tage vorher zubereiten und tiefgefrieren.

Der Auftakt

➤ Die meisten **Vorspeisen** aus diesem Buch lassen sich einfach vorbereiten und bis zum Servieren kühl stellen,

➤ Einen schönen Empfang bereiten Sie Ihren Gästen,
  mit kleinen Happen:
  ➤ Baguette-Scheiben mit Kräuterquark
  ➤ Roggenbrotecken mit Gänseschmalz
  ➤ fantasievoll belegte Pumpernickelscheiben
  ➤ hübsch angerichtetes rohes Gemüse mit einem tollen Dip

➤ **Bunte Salate** können Sie soweit herrichten, dass Sie nur noch das Dressing unterheben müssen.

➤ **Suppe** am besten schon am Vortag kochen und zum Servieren nur noch erhitzen.

➤ **Kräuter** zum Garnieren können Sie vorzeitig waschen und trockentupfen. Aber erst kurz vor dem Servieren hacken und über das Essen streuen.

Der Abschluss

➤ Eine **Käseplatte** mit vielen unterschiedlichen Sorten vertreibt nach dem Hauptgericht jeden »Resthunger« Ihrer Gäste.
Garnieren Sie die Platte mit frischem Obst der Saison und stellen Sie frisches Baguette und ein dunkles Vollkornbrot dazu.

➤ Ein **Dessert** rundet ein richtig schönes Essen ab – und muss nicht kompliziert sein. Cremes oder Gelees lassen sich schon am Tag vorher zubereiten und warten im Kühlschrank auf ihren Auftritt.

Einkaufsliste und Zeitplan

Enorm wichtig, damit Sie nicht erst, wenn die Gäste bereits am Tisch sitzen, feststellen, dass Sie etwas ver-

gessen haben und in Panik geraten

➤ Überprüfen Sie Ihre Vorräte: Notieren Sie alle Zutaten, die Sie noch kaufen müssen, auf verschiedenen Zetteln oder zumindest in verschiedenen Rubriken – nach Fleisch, Fisch, Gemüse und Sonstigem sortiert.

➤ Beginnen Sie mit zeitaufwändigen Rezepten und Gerichten, die vorbereitet werden können.

➤ Denken Sie an die Kapazität Ihres Kühlschranks (Gerichte eventuell im Keller oder bei Nachbarn kühl stellen).

➤ Planen Sie genügend Zeit zum Tischdecken und für die Tischdekoration ein.

➤ Reservieren Sie sich selbst vor dem Eintreffen der Gäste einige Minuten zum Erfrischen und Abschalten.

Wie viel ein Gast isst

Mengen für 1 Portion:
Suppe 200–250 ml

Salate (ungeputzt) 50–100 g

Fischfilet 150–180 g
Ganze Fische 300 g

Fleisch, Geflügel, Wild:
Braten mit Knochen 250 g
Fleisch ohne Knochen 150–180 g

Gemüse als Hauptgericht 400 g

Beilagen:
Gemüse (ungeputzt) 200–250 g
Kartoffeln 200 g
Nudeln 75 g roh
Reis 50 g roh

Dessert (Obst, Cremes) 150 g

Kochen mit Vorräten

Sinnvolle Vorräte

Wurst und Fleisch sollten immer frisch gekauft und rasch verbraucht werden, Gemüse und Obst sollte auch nicht zu lange liegen bleiben. Doch manchmal kommt man einfach nicht zum Einkaufen, weil es im Büro länger dauert, sich überraschend Besuch ansagt oder man krank und ans Bett gefesselt ist. Da ist es gut, einen kleinen Notvorrat zu haben. Doch ehe sich Dosen im Schrank oder Fertiggerichte im Tiefkühlfach stapeln, sollten Sie sich einmal eine Liste von Lieblingsgerichten machen, die schnell gehen und aus Vorräten gekocht werden können. Diese Zutaten kaufen Sie gezielt ein und stellen sie auch möglichst so zusammen, wie sie benötigt werden – vielleicht noch mit einem Zettel dazu, welches Gericht daraus gekocht werden kann.

Tipps zum Lagern

> **Gemüse** hält sich in Plastikbeuteln im Gemüsefach des Kühlschranks 2–3 Tage frisch.
> **Kräuter** waschen, trockenschütteln und in eine Plastiktüte stecken.

Möglichst im Kühlschrank aufbewahren.

> **Kartoffeln** kühl und luftig lagern (möglichst im Keller).
> **Kälteempfindliche Gemüse- und Obstsorten** (Avocado, Tomaten, Ananas, Äpfel, Bananen, Zitrusfrüchte) an einer kühlen Stelle (Vorratskammer, Keller) lagern, aber nicht im Kühlschrank aufbewahren.
> **Fleisch** aus der Verpackung nehmen, trockentupfen und in eine Frischhalteschale legen, mit Öl übergießen. So ist es 2–3 Tage haltbar. **Hackfleisch** sofort verbrauchen oder – nur wenn es vorher noch nicht gefroren war – tiefkühlen.
> **Trockene Lebensmittel** (Reis, Hülsenfrüchte, Körner) in dicht schließende Dosen verpacken, kühl, dunkel und luftig lagern.
> **Gewürze** in dunklen Gläsern kühl und lichtgeschützt aufheben.
> Vorräte **regelmäßig durchsehen**, Verbrauchsdatum beachten.

Blitzrezepte, die Sie mit Zutaten aus dem Vorrat kochen können

Getoastete Pittataschen

Pittataschen (aus dem Folienpack) aufschneiden, mit Olivenöl bestreichen, getrocknete oder gehackte Kräuter drauf streuen, eventuell mit getrockneten Tomaten belegen. Käse reiben oder zerkrümeln (Bergkäse etc. oder Schafkäse) und darauf verteilen, Pittataschen zusammenklappen, im Toaster toasten und als Snack essen.

Schnelle Tomatensauce

1 Dose geschälte Tomaten klein schneiden, mit 1 EL Olivenöl, 1 TL getrockneten Kräutern, 1-2 zerkrümelten Chilischoten, Salz, Pfeffer und 1 Prise Zucker in einem Topf 10 Min. köcheln. Mit frisch gekochten Nudeln und Parmesan essen. Wer mag, kann auch vorher Speckwürfel ausbraten und dann, wie beschrieben, weiter machen.

Schnelle Spinatsauce

200 g Spinat-Minis in einem Topf bei schwacher Hitze auftauen lassen. Abgeriebene Schale von 1/2 unbehandelten Zitrone, 1 EL Kapern und 2 EL Crème fraîche untermischen, mit Salz und Pfeffer abschmecken und mit kurzen Nudeln oder mit Kartoffeln essen.

Frittata

Gemüse und Speck oder Wurst nach Wahl (ingesamt etwa 200 g) klein schneiden und in wenig Öl braten. 6 Eier verquirlen, salzen, pfeffern und etwas geriebenen Käse untermischen. Über die Zutaten gießen, bei schwacher Hitze in 15–20 Min. stocken lassen. In Tortenstücke schneiden und mit Salat essen.

Spaghetti aglio e olio

4-8 Knoblauchzehen schälen und in Scheiben schneiden, mit 2 zerkrümelten Chilischoten (kann man auch weglassen) in 4-6 EL gutem Olivenöl erhitzen, nicht braun werden lassen, Mit frisch gekochten Spaghetti mischen, servieren.

So könnte Ihr Vorrat aussehen

Im Kühlschrank:
Eier, Butter oder Margarine
Milch, Sahne
Crème fraîche oder Schmand
Quark, Joghurt, Frischkäse
Käse (milder, fester Schnittkäse, Schafkäse)
Räucherspeck
Hartwurst (Salami, Kabanossi)

Im Gemüsefach:
Fenchelknollen, Chilischoten

Im Gefrierfach:
Hackfleisch, Fischfilet
Riesengarnelen
Gemüse-Mischung
Blätterteig
Kräuter: Basilikum, Dill, Petersilie, Mischung

Sonstige Vorräte (wahlweise):
Auberginen, Möhren, Brokkoli
Paprikaschoten (bunte)
Lauch, Zucchini, Salatgurken
Kartoffeln, Zwiebeln, Knoblauch
Tomaten
Zitronen, Äpfel, Orangen

Mehl, Nudeln, Reis
Tomaten (Dose oder Päckchen)
Tomatenmark, Senf
Mais (Dose)
Instant-Brühe
Zucker, Olivenöl
Essig, Aceto Balsamico
Wein (rot und weiß)
Gewürze

Olivenfrischkäse
150 g Frischkäse mit 1 gehäuften EL schwarzer Olivenpaste (Glas) und 1 TL Tomatenmark mischen, mit Salz und Pfeffer abschmecken und zum Dippen von Gemüse nehmen.

Ajvarquark
150 g Quark und 2 EL Joghurt oder saure Sahne mit 1 EL Ajvar verrühren und mit 2 TL gehackten TK-Kräutern und Salz abschmecken. Zum Dippen von Gemüse verwenden.

Gerichte, die Sie mit Zutaten aus dem Vorrat kochen können

Vorspeisen
Brokkoli mit Öl und Zitrone, S. 50
Crostini mit Tomaten, S. 56: tiefgekühlte Petersilie nehmen
Schafkäseröllchen, S. 57
Gestürzter Tomaten-Reis-Salat, S. 59: statt Champignons Mais aus der Dose, statt frischem getrockneten Estragon nehmen
Pikante Senfeier im Förmchen, S. 59: tiefgekühltes Basilikum nehmen

Salate
Bauernsalat mit Kräuter-Schafkäse, S. 70: tiefgekühlte Kräuter und getrocknete Chilischote nehmen, Lauch statt Frühlingszwiebeln

Suppen und Eintöpfe
Kalte Joghurt-Gazpacho, S. 77: Milch statt Buttermilch nehmen
Gurkensuppe mit Shrimps, S. 78: tiefgekühlten Dill und Garnelen nehmen, Croûtons weglassen
Kräuterflädle-Suppe, S. 78
Hackklößchensuppe mit Dill, S. 79: normalen Reis 15 Min. vorkochen, tiefgekühlten Dill nehmen
Tomatensuppe mit Kichererbsen, S. 81: tiefgekühlte Petersilie oder Basilikum nehmen
Reistopf mit Meeresfrüchten, S. 84
Paprika-Wurst-Eintopf, S. 85

Fisch
Gebratene Kräuter-Scampi, S. 91: tiefgekühlte Kräuter und Garnelen nehmen
Ungarischer Fischtopf, S. 99: tiefgekühlten Fisch nehmen

Fisch-Schmorgericht, S. 101: tiefgekühlten Fisch nehmen
Kabeljau in Tomaten-Wein-Sauce, S. 202: mit tiefgekühltem Fischfilet

Gemüse
Kartoffelgemüse mit Möhren, S. 132: Räucher- statt Schinkenspeck nehmen, Kapern und Salbei weglassen
Blätterteigtaschen mit Gemüsefüllung, S. 140: tiefgekühlte Petersilie nehmen
Weiße Bohnen mit Spinatsahne, S. 146: Tiefkühlspinat nehmen
Mittelmeer-Gemüsetopf mit Fisch, S. 200: mit tiefgekühltem Fischfilet
Rührei mit Auberginen, S. 199: mit tiefgekühltem Dill
Schmorgurken italienische Art, S. 201

Aufläufe und Gratins
Überbackener Schafkäse, S. 167
Kartoffelauflauf mit Hackfleisch, S. 168
Fenchelgratin auf Genfer Art, S. 169: Räucherspeck statt Schinken nehmen
Schinken-Kartoffeln mit Zwiebelkruste, S. 169: Räucherspeck statt Schinken nehmen
Scharf-pikanter Fischauflauf, S. 170: tiefgekühltes Fischfilet nehmen
Pfannkuchen-Lasagne, S. 174
Blätterteig-Käse-Wähe, S. 177: beliebigen Hartkäse nehmen, Zwiebeln weglassen

Reis und Nudeln
Curryreis mit Fenchel und Garnelen, S. 197
Grüne Bandnudeln mit Tomatensauce, S. 198: Kirschtomaten durch normale, geviertelte Tomaten ersetzen

Pikante Senfeier im Förmchen, Seite 59

Bauernsalat, Seite 70

Ungarischer Fischtopf, Seite 99

Curryreis mit Fenchel und Garnelen, Seite 197

Wenn es Reste gibt ...

Aus Resten kann man noch allerhand Köstliches zaubern:

Fleischreste
(z. B. von einem großen Braten)

➤ kalt aufschneiden und aufs Brot legen.

➤ mit gehackten Zwiebeln, Essig, Öl, Salz und Pfeffer zum Fleischsalat oder Carpaccio anmachen.

➤ würfeln und in einer dunklen Sahnesauce oder einer anderen Sauce (S. 30/31) wieder erwärmen.

➤ in Scheiben schneiden, in eine flache Auflaufform schichten, mit einer Béchamelsauce (S. 31) übergießen, mit geriebenem Käse bestreuen und 15 Min. bei 220° (Umluft 200°) überbacken.

➤ Fleisch (auch von Geflügel) mit Sauerkraut (aus der Dose) mischen, in eine Auflaufform geben. Eventuell Kartoffel- oder Kartoffelpüree-Reste darüber geben, mit zerlassener Butter beträufeln und 20 Min. bei 200° (Umluft 180°) überbacken.

Gemüsereste
➤ schmecken mit Zitronensaft und Olivenöl beträufelt sowie mit gehackter Petersilie bestreut als kalte Vorspeise.

➤ lassen sich mit Tomatenstückchen (aus der Packung) gemischt gut in Eierpfannkuchen füllen und mit einer Käse-Béchamelsauce überbacken.

Kartoffelreste
➤ in Scheiben schneiden, in Butterschmalz braten, mit Knoblauch und Rosmarin würzen. Mozzarellawürfel darauf geben, schmelzen lassen. Mit Tomatensalat servieren.

➤ würfeln, mit Gurken- und Tomatenwürfeln mischen. Mit einer Sauce aus Salatmayonnaise, saurer Sahne, Dill und Kapern anmachen.

Nudel- oder Reisreste
➤ mit fein geschnittenem Lauch, gehackten Zwiebeln und gegartem Gemüse zum Salat anmachen.

➤ in der Pfanne mit Speck- und Zwiebelwürfeln anbraten und mit verquirlten Eiern übergießen.

➤ mit fein gehacktem Lauch, gewürfeltem Kochschinken, gewürfelten Tomaten, Eiern, Sahne und Käse mischen, in eine Auflaufform füllen und im Backofen bei 200° (Umluft 180°) 40 Min. backen.

Brotreste
➤ klein würfeln und in Butter anrösten. Heiß über Suppen streuen.

➤ für Brotknödelchen als Beilage zu Gerichten mit Sauce 300 g trockenes Brot (auch Roggenbrot) ohne Rinde fein schneiden oder zerbröckeln, mit 150 ml warmer Milch übergießen und quellen lassen. 2 Eier untermischen und zu einer glatten Masse zerdrücken. Mit Salz und Pfeffer würzen. So viele Semmelbrösel untermischen, dass eine formbare Masse entsteht. 20 Min. ruhen lassen, mit nassen Händen kleine Knödel daraus formen und in leise köchelndem Salzwasser 15 Min. garen.

➤ für Brotsuppe 150 g trockenes Brot klein würfeln, 30 Min. in 1 l kalter Brühe einweichen. 1 Zwiebel und 2 Möhren würfeln, in Butter hell anbraten. Brot mit Brühe zugeben, mit Kümmel und gemahlenem Koriander würzen, 30 Min. leise köcheln lassen. Nach Belieben etwas Sahne unterrühren, mit gehackten Kräutern bestreuen.

➤ für italienischen Brotsalat 200 g trockenes Weißbrot würfeln, in Olivenöl hell rösten. Mit Tomatenwürfeln, Staudensellerie in Stückchen und Gurkenscheiben vermischen. Mit Kapern, Essig, Salz und Olivenöl anmachen und mit Basilikumblättchen bestreut servieren.

Blätterteigpäckchen
Viele Reste schmecken in Blätterteig (z. B. nach dem Rezept »Schafkäseröllchen« S. 57)

Tiefkühl-Tipps für Reste und Vorrat

Fertig gekochte Gerichte
rasch abkühlen, in geeigneten Behältern oder Gefrier-Kochbeuteln einfrieren.

Gemüse und Obst
sollen reif und erntefrisch sein. Festes Gemüse (grüne Bohnen, Erbsen, Möhren, Kohlrabi) putzen, zerkleinern und blanchieren: 2–5 Min. in sprudelnd kochendes Wasser geben, in eiskaltem Wasser abschrecken, gut abtropfen lassen. Enzyme, die das Gemüse auch gefroren verderben lassen, werden so abgetötet.

Fleisch
wird zwar durch Tiefkühlen nicht besser, bereichert aber den Vorrat. Rindfleisch und Wild muss gut abgehangen, Schweinefleisch schlachtfrisch sein. In kleinen Stücken einfrieren. Langsam im Kühlschrank auftauen lassen.

Frisch durchgedrehtes Hackfleisch
portionsweise in Beutel füllen, flach drücken und rasch gefrieren. Kann unaufgetaut angebraten werden (öfter wenden und durchrühren).

Auf jeder Packung **Inhalt und Datum** des Einfrierens angeben.

Himbeeren im Dezember – Tiefkühlprodukte

Himbeeren im Dezember, grüne Erbsen im Februar – Tiefkühlobst oder -gemüse bereichern vor allem im Winter den Speisezettel. Zwar ist der Vitamin-C-Gehalt bei Frischobst und -gemüse unschlagbar, aber nur, wenn es direkt nach der Ernte gegessen wird. Schon nach 1–2 Tagen Lagerung reduziert sich der Vitamin-C-Gehalt erheblich.

So ist man mit Tiefkühlkost oft besser dran, da es erntefrisch gefrostet wird. Wenn Sie ein Gefriergerät oder eine Gefriertruhe besitzen, sollten Sie sich einen Vorrat anlegen. Überraschungsbesuchen können Sie dann gelassen entgegensehen!

Tipps zum Einfrieren

> **Lebensmittel** ganz frisch einfrieren und nicht zu lange lagern. Auf Empfehlungen der Gefriergerätehersteller achten. Gemüse, bis auf Tomaten und Pilze, vor dem Einfrieren blanchieren.
> **Einwandfreie Verpackungen**, Gefrierbeutel, -folie, -behälter, verwenden, damit das Gefrorene nicht austrocknet oder fremde Gerüche annimmt.
> Möglichst **schnell bei tiefen Temperaturen**, in kleinen Portionen einfrieren, und dabei wenig Luft in der Verpackung lassen. Behälter aber nicht ganz füllen, da sich Flüssigkeit beim Gefrieren ausdehnt.
> **Fleisch, Wurst und Fisch** nicht in den Originalverpackungen vom Händler einfrieren. Sie sind zum Teil nicht zum Gefrieren geeignet.
> **Kleine Früchte und Beeren** auf einem Tablett vorfrieren und erst dann in Beutel füllen. So kleben sie nicht aneinander, behalten ihre Form und können portionsweise entnommen werden.
> **Kräuter** waschen, zerkleinern und einfrieren.

Zum Einfrieren nicht geeignet:

Milch, saure Sahne, Dickmilch, Joghurt, körniger Frischkäse, Blattsalate, Radieschen, Rettich, Zwiebeln, Kartoffeln und roher Biskuitteig.

Tipps zum Auftauen

> **Wild, Geflügel, Fisch und Speisen mit rohem Ei** immer im Kühlschrank auftauen lassen. Denn: Mikroorganismen, wie Salmonellen, überleben den Kälteschlaf und werden nach dem Auftauen (ab 8°), aber besonders bei Zimmertemperatur wieder aktiv. Kühlschranktemperaturen mögen sie nicht. Diese Speisen nach dem Auftauen grundsätzlich gut erhitzen! Verwendetes Geschirr gründlich mit heißem Wasser abwaschen.
> Übrigens: Wenn Sie tiefgefrorene Speisen im Kühlschrank auftauen, helfen Sie ihm durch die zusätzlichen »Kältepakete« Energie zu sparen.
> **Gemüse** gefroren in den Topf geben.
> Dünne **Fleischscheiben** in die Pfanne legen.
> **Brotscheiben** tauen beim Toasten auf.
> **Beeren** auf einem Teller ausgebreitet oder in einem breiten Sieb auftauen lassen.

Blitzrezepte aus Tiefkühlprodukten

Gemüsecremesuppe

1 Packung tiefgekühlten Brokkoli, Blumenkohl oder tiefgekühlte Erbsen mit 3/4 l Gemüse- oder Fleischbrühe aufkochen und weich garen. Im Topf mit einem Pürierstab fein zerkleinern, 100 g Crème fraîche oder Sahne unterrühren, mit Salz, Pfeffer und Muskat abschmecken und mit tiefgekühlten Kräutern bestreut servieren.

Gemüsetopf

1 Packung tiefgekühltes Gemüse nach Packungsaufschrift auftauen lassen. 1 Packung gehackte Tomaten im Topf erhitzen, abschmecken. Gemüse mit 1-2 EL Pesto aus dem Glas untermischen, mit frisch geriebenem Käse bestreut servieren.

Beerencocktail

1 Packung Beerenmischung mit 2 EL Johannisbeerlikör oder rotem Fruchtsaft, 1 längs aufgeschnitten Vanilleschote und etwas Zitronensaft erhitzen und so auftauen. Beeren mit Zucker abschmecken und heiß zu Eis servieren.

Mit Tiefkühlprodukten können Sie zubereiten:

> Brokkoli mit Öl und Zitrone, S. 50
> Bohnensalat mit Tomaten, S. 69
> Reistopf mit Meeresfrüchten, S. 84
> Fisch-Schmorgericht, S. 101
> Hackklößchen in Spinatsauce, S. 103
> Rosenkohl mit Nussbröseln, S. 130
> Scharfes Spinatgemüse, S. 131
> Griechischer Spinat-Reis, S. 131
> Knoblauch-Ingwer-Bohnen, S. 135
> Weiße Bohnen in Spinatsahne, S. 146
> Nudeln mit Scampi und Spinat, S. 150
> Spaghetti carbonara mit Erbsen, S. 151
> Safranrisotto, S. 160
> Mascarpone-Creme mit Johannisbeeren, S. 188
> Blätterteigtaschen, S. 212

Kleines Gartechnik-ABC

Blanchiertes Gemüse

Braten

Dämpfen

Frittieren

Was gare ich wie?

Richtig gegartes Fleisch oder Gemüse schmeckt nicht nur besser, es kann auch vom Körper besser verwertet werden. Die beste Garmethode ist die, bei der Vitamine und andere Wertstoffe am besten erhalten bleiben und bei der sich das Aroma am besten entwickelt. Fleisch zum Beispiel wird meist bei starker Hitze angebraten, damit die Oberfläche verkrustet und kein Saft austreten kann. Dabei entwickeln sich Röststoffe, die dem fertigen Gericht den appetitlichen Geschmack geben. Das Fertiggaren sollte dann bei kleiner Hitze erfolgen, so wird das Fleisch zart und saftig. Durch langes sanftes Schmoren werden auch zähe Sehnen und Bindegewebe so zart, dass sie zum Genuss werden. Bei Gemüse kommt es mehr darauf an, mit wenig Flüssigkeit und ohne viel Luftkontakt zu garen, damit empfindliche Vitamine nicht zerstört oder ausgelaugt werden. Dünsten, Dämpfen und das Garen in Folie oder Tontopf sind besonders schonende Methoden, bei denen Struktur und Inhaltsstoffe bestens erhalten bleiben. Auch beim Blanchieren gehen durch kurze Garzeiten nicht so viele Vitamine verloren, erst recht nicht beim Sautieren oder Garen im Wok bei starker Hitze. Allerdings sind die letzten beiden Zubereitungsarten nur für kleinere Mengen geeignet.

Kleines Gartechnik-ABC

Blanchieren

Ideal für zartes Gemüse oder als Vorbereitung von Obst und Gemüse zum Einfrieren.
Geben Sie das Gemüse kurz in einen großen Topf mit reichlich sprudelndem Wasser. Dann sofort in Eiswasser heben oder in einem Sieb gründlich unter fließendem kaltem Wasser abschrecken. Der Garprozess wird dadurch sofort gestoppt, das Gemüse behält seine frische Farbe.

Braten

Fleisch, Fisch und Gemüse werden in einer Pfanne in relativ kurzer Zeit in wenig Fett bei starker Hitze appetitlich gebräunt und gegart.
Größere Mengen Gulasch oder Ragout immer portionsweise anbraten, sonst tritt Saft aus und aus dem Braten wird Dünsten.

Dämpfen

Nährstoff schonendes, Aroma, Form und Farbe bewahrendes Garen über heißem Wasserdampf bei etwa 100°. Dazu 1–2 Tassen Wasser oder Brühe – nicht mehr – mit Gewürzen nach Belieben in einen Topf gießen. Fisch, Fleisch oder Gemüse in einen Sieb- oder Dämpfeinsatz legen, in den Topf geben und zudecken. Flüssigkeit zum Kochen bringen und dann bei mittlerer Hitze garen. Den Topf während dieser Zeit nicht öffnen.

Dünsten

Garen im eigenen Saft, wobei etwas Flüssigkeit oder Fett zugegeben wird. Gemüse in etwa gleich große Stücke schneiden, damit sie gleichmäßig garen. In wenig Fett andünsten, etwas Wasser oder Brühe angießen und zugedeckt bei schwacher Hitze garen. Garflüssigkeit möglichst weiterverwenden, da die wasserlöslichen Nährstoffe teilweise von ihr aufgenommen wurden.

Frittieren

Rasches Garen oder »Ausbacken« in viel heißem Fett bei hohen Temperaturen. Dadurch schließen sich sofort die Poren, der Geschmack bleibt erhalten, und es bildet sich eine köstliche Kruste.
Reichlich hoch erhitzbares Pflanzenfett oder raffiniertes Öl in einem großen Topf stark erhitzen. Der Topf sollte nur zu einem Drittel gefüllt sein und so stehen, dass man ihn nicht umwerfen kann (Griffe zur Seite drehen). Am besten einen Frittiertopf mit Drahtkorb benutzen, den man herausheben und auf dem das Frittierfett abtropfen kann.

Das Fett ist heiß genug, wenn an einem hineingehaltenen Holzstiel Bläschen aufsteigen oder ein Weißbrotwürfel, den Sie hineingeben, rasch braun wird.

Garen in Alufolie oder Bratschlauch
Fisch, Gemüse und Fleisch garen in Folie im eigenen Saft und im Wasserdampf, der beim Garen entsteht. Die Zutaten auf die glänzendere Folienseite legen, Päckchen gut verschließen. In den heißen oder kalten Backofen oder in ein Wasserbad geben. Den Bratschlauch nach Packungsanleitung füllen, etwas Flüssigkeit dazugießen und – ebenfalls gut verschlossen – immer in den kalten Ofen legen.

Garen im Schnellkochtopf
Kochen, Dünsten und Dämpfen bei höheren Temperaturen durch Überdruck ist die beste Methode, um Energie und Zeit zu sparen. Sie bietet sich besonders bei Lebensmitteln mit einer längeren Garzeit an wie Fleisch, Hülsenfrüchte und Getreide.

Garen im Tontopf
Fleisch, Fisch, Gemüse oder auch süße Gerichte werden darin im Backofen bei niedrigen Temperaturen gegart. Da nur wenig Flüssigkeit dazugegeben wird, entfalten die Gerichte ihr Aroma besonders gut, Nährstoffe werden geschont.

Gratinieren
Knuspriges Überbacken von rohen oder gegarten Lebensmitteln mit etwas Flüssigkeit, sowie Butterflöckchen oder Käse, bis die Oberfläche schön gebräunt ist. Gegarte Zutaten brauchen weniger Flüssigkeit und sind schneller gratiniert.

Kochen
Beim Kochen werden die Lebensmittel meist in sehr viel siedender Flüssigkeit gegart (sie müssen dann immer davon bedeckt sein). Kochen ist geeignet für Gerichte, bei denen die Garflüssigkeit, in der sich viele Inhaltsstoffe lösen, mitverwendet wird, wie zum Beispiel Suppen und Eintöpfe. Außerdem für Gerichte, die beim Garen stark aufquellen wie Getreide, Hülsenfrüchte und Nudeln. Auch einige Gemüsesorten mit langer Garzeit werden gekocht. Beim Garen in viel Flüssigkeit gehen jedoch viele Vitamine verloren.

Pochieren
Empfindlichere Lebensmittel wie Fisch, Klößchen und auch Würstchen, die beim Erwärmen nicht platzen dürfen, in reichlich Flüssigkeit langsam garen, bei einer Temperatur kurz unter dem Siedepunkt.

Pfannenrühren/Sautieren (im Wok /in der Sauteuse)
Schnelles, schonendes Garen unter ständigem Rühren in wenig heißem Fett.
Gemüse, Fisch oder Fleisch möglichst fein schneiden und sehr gut trockentupfen, bevor sie ins heiße Fett kommen. Nicht zu große Portionen in den Wok geben, da sonst zu viel Flüssigkeit austritt und das Sautieren zum Dünsten wird.

Raclette und Tischgrill
Zum Überbacken mit Käse und zum Grillen am Tisch.
Grillgeräte gibt es mit und ohne Raclette-Ebenen zu kaufen. Bei einer Kombination gleicht der Grill mit einer glatten Grillfläche einem heißen Stein und ist besonders gut zu reinigen. Ohne Raclette-Ebene hat der Grill einen Gusseisenrost. Beim Kauf darauf achten, dass die Geräte stabil stehen und sich leicht säubern lassen.

Schmoren
Dafür werden Zutaten in Fett angebraten, dann wird relativ wenig Flüssigkeit angegossen und das Gericht bei schwacher Hitze zugedeckt fertig gegart. Diese Methode – eine Verbindung von Braten und Dünsten – wird für Gerichte mit längerer Garzeit verwendet, zum Beispiel für große Braten, Ragouts, Eintöpfe, Kohlrouladen und anderes gefülltes Gemüse.

Garen im Topf

Gratinieren

Pfannenrühren

Schmoren

Küchengeräte – Was man wirklich braucht

Grundausstattung sind stabile, schwere Töpfe und Pfannen in verschiedenen Größen, mit guter Wärmeleitung und dicht schließenden Deckeln, und dazu einige feuerfeste Gefäße.

Prüfen Sie die Teile vor dem Kauf gründlich:

➤ Lassen sie sich gut handhaben, leicht benutzen und sind sie auch nicht beschädigt?

➤ Geräte, die aus mehreren Teilen bestehen, können Sie ruhig einmal zerlegen und wieder zusammenbauen. So stellen Sie fest, ob sie auch praktisch sind.

➤ Gut gefertigte Küchengeräte sind etwas teurer, halten aber länger.

Praktische Küchenhelfer

Gemüsehobel
Mit verschiedenen Einsätzen geht das Raspeln, Stifteln oder Hobeln im Handumdrehen.

Gewürzmühle oder Mörser
Zum Zerkleinern von Gewürzen und zum Zubereiten feiner Pasten.

Handreibe
Ideal zum Reiben von Käse. Mit verschiedenen Einsätzen können auch Nüsse gerieben werden.

Kännchen zum Entfetten
Praktisch für alle, die oft Fonds und Brühen zubereiten.
Der tief angesetzte Ausgießer des Kännchens lässt zuerst nur fettarme Flüssigkeit passieren. Das oben schwimmende Fett verbleibt im Kännchen.

Kartoffelschäler
Dieser schält hauchdünn und schont so die Vitamine, die direkt unter der Schale sitzen.
Achten Sie beim Kauf darauf, dass der Schäler eine rostfreie, schwenkbare Klinge aus Stahl hat, die sich der Kartoffel oder auch dem Spargel gut anpasst.
Wichtig ist auch eine scharfe Spitze, um »Augen« und Keime auszustechen.

Knoblauchpresse
Das Modell sollte gut in der Hand liegen und große Löcher haben, die sich leicht mit einer Bürste reinigen lassen.
Sie können auch frischen Ingwer durchpressen.

Küchenmaschine
Mit ihr können Sie Gemüse zerkleinern, Teig kneten und Mixgetränke zubereiten.

Küchenschere
Eine Schere, die Sie nur in der Küche verwenden, z.B. auch zum Schneiden von Kräutern.

Kugelausstecher
Zum Formen von Obst- und Gemüsekugeln.
Achten Sie auf scharfe Schnittränder des Ausstechers, damit auch härteres Gemüse »rund« wird.

Parmesanreibe
Speziell zum Reiben von Parmesan.

Salatschleuder
am besten ist eine mit Kurbel zum Drehen. Salatblätter werden so gut getrocknet, damit der Salat nicht verwässert.

Wetzstahl
Ein Muss in jeder Küche. Nichts ist ärgerlicher als stumpfe Messer.

Zestenreißer
Zum Ablösen der obersten Schicht von Zitronen- und Orangenschalen in feinen Streifen.

Zwiebelhacker
Zerkleinert Zwiebeln schnell und ohne dass Tränen fließen müssen. Am besten schaffen Sie sich noch einen zweiten an, mit dem Sie ausschließlich kleine Mengen Nüsse hacken.

Gemüsehobel

Parmesanreibe und -messer

Kartoffelschäler

Knoblauchpresse

Was koche ich, wenn ...

Was koche ich, wenn ...

Die Rezepte

Vorspeisen und Snacks

Gebratene Knoblauchpilze

ZUTATEN FÜR 4 PERSONEN:
500 g Austernpilze
1 EL Zitronensaft
1/2 Bund frischer Thymian
1 Bund Rucola
3 Knoblauchzehen
1/2 EL Aceto balsamico
1 Msp. scharfer Senf
Salz · weißer Pfeffer
3 EL Olivenöl
50 ml trockener Weißwein

Zubereitungszeit: 30 Min.
Pro Portion: 573 kJ/137 kcal
3 g E · 11 g F · 8 g K

Preiswert · Mediterran

1 Austernpilze auseinander trennen, die zähen Stiele abschneiden. Pilze putzen, je nach Größe halbieren oder vierteln, mit Zitronensaft beträufeln.

2 Thymian und Rucola waschen. Vom Thymian Blättchen abstreifen, Rucola kleiner zupfen. Knoblauch schälen.

3 Für die Sauce Aceto balsamico mit Senf, Salz und Pfeffer verrühren. 1 EL Öl unterschlagen.

4 Restliches Öl in einer großen Pfanne erhitzen. Pilze mit dem Thymian (einige Blättchen zum Garnieren zurückbehalten) hineingeben und bei mittlerer bis starker Hitze unter Rühren in 5 Min. braun braten. Knoblauch dazupressen, noch kurz mitbraten, mit Wein ablöschen und den Bratenfond damit lösen. Pilze salzen und pfeffern.

5 Rucola mit der Sauce mischen, mit den Pilzen auf Tellern anrichten, mit Thymian garnieren und mit Baguette servieren.

Pilz-Carpaccio

ZUTATEN FÜR 4 PERSONEN:
250 g frische, große Champignons (ersatzweise Egerlinge)
1 EL Zitronensaft
1 Bund Basilikum
1 kleine Tomate
1 EL Aceto balsamico · Salz
1/2 TL eingelegte grüne Pfefferkörner · 2 EL Olivenöl
30 g Parmesan am Stück

Zubereitungszeit: 30 Min.
Pro Portion: 498 kJ/119 kcal
5 g E · 9 g F · 6 g K

Gelingt leicht

1 Pilze putzen, in feine Scheiben hobeln und auf vier Tellern ausbreiten. Mit Zitronensaft beträufeln.

2 Basilikum waschen, Blättchen in feine Streifen schneiden. Tomate waschen und ohne Stielansatz sehr klein würfeln.

3 Essig mit Salz und Pfefferkörnern mischen. Öl unterschlagen, Basilikum und Tomatenwürfel untermischen.

4 Sauce gleichmäßig auf den Pilzen verteilen. Jeweils etwas Parmesan darüber hobeln – das geht am besten mit einem Trüffel- oder Gurkenhobel – und das Carpaccio servieren.

Brokkoli mit Öl und Zitrone

ZUTATEN FÜR 4 PERSONEN:
500 g Brokkoli · Salz
5 EL Olivenöl (nativ extra)
3–4 EL Zitronensaft
schwarzer Pfeffer

Zubereitungszeit: 30 Min.
Pro Portion: 786 kJ/188 kcal
4 g E · 17 g F · 8 g K

Gelingt leicht · Preiswert

1 Brokkoli waschen und putzen, die Röschen zerteilen, die Stängel schälen und in fingerlange Stücke schneiden, dickere vierteln. In wenig kochendem Salzwasser zugedeckt bei mittlerer Hitze in 5–7 Min. bissfest garen (mit spitzem Messer prüfen). Mit einem Schaumlöffel in ein Sieb heben, kurz kalt überbrausen und abtropfen lassen.

2 Brokkoli auf einer Platte anrichten. Olivenöl mit Zitronensaft, Salz und Pfeffer verquirlen, über den Brokkoli gießen und lauwarm zu einem trockenen Weißwein (z. B. italienischem Frascati) servieren.

Tipps!
Die kleinen Brokkoliblättchen nicht wegwerfen, sondern fein hacken und zum Schluss über das Gemüse streuen. Schmeckt auch mit kleinen Blumenkohlröschen, grünen Bohnen (10 Min. sprudelnd kochen lassen, dann kalt abschrecken), Mangold oder Spinat.

Scharfe Auberginen

ZUTATEN FÜR 4 PERSONEN:
600 g Auberginen
1 unbehandelte Zitrone
1 rote Chilischote
1 Bund Petersilie
Salz · 3 Knoblauchzehen
weißer Pfeffer
etwa 10 EL Olivenöl

Zubereitungszeit: 35 Min.
Pro Portion: 1590 kJ/380 kcal
5 g E · 35 g F · 19 g K

Fürs Büfett

1 Auberginen, Zitrone, Chilischote und Petersilie waschen und trockentupfen. Auberginen in dünne Scheiben schneiden.

2 Die Hälfte der Zitronenschale dünn abschneiden und fein hacken. Zitrone auspressen. Chili halbieren, putzen, in feine Streifen schneiden. Knoblauch schälen, mit den Petersilienblättchen fein hacken.

3 Auberginen salzen und pfeffern. In einer Pfanne 2 EL Olivenöl erhitzen. Auberginen portionsweise von beiden Seiten darin anbraten. Für jede Portion neues Öl angießen. Die gebratenen Auberginen jeweils in eine Form geben, mit Zitronenschale, Knoblauch, Petersilie und Chili bestreuen.

4 Bratfond mit Zitronensaft und 50 ml Wasser lösen, salzen, pfeffern und über die Auberginen gießen.

Artischockenherzen mit Tunfisch

ZUTATEN FÜR 4 PERSONEN:
1 Dose in Wasser eingelegte
Artischockenherzen
(240 g Inhalt)
1 Dose naturell eingelegter
Tunfisch (150 g Inhalt)
2 EL Kapern (aus dem Glas)
1 Bund Basilikum
3 EL Gemüsefond (aus dem
Glas; ersatzweise Gemüse-
brühe)
1 EL Weißweinessig
1 EL Aceto balsamico
Salz · schwarzer Pfeffer
3 EL Olivenöl (nativ extra)

Zubereitungszeit: 20 Min.
Pro Portion: 732 kJ/175 kcal
12 g E · 11 g F · 9 g K

Für Gäste

1 Artischockenherzen abtropfen lassen und hal-
bieren, Tunfisch ebenfalls
abtropfen lassen und grob
zerpflücken, beides auf einer
Vorspeisenplatte anrichten.
Kapern abtropfen lassen,
klein hacken und darüber
streuen.

2 Basilikum waschen,
4 kleine Blättchen zum
Garnieren beiseite legen, die
restlichen klein hacken. Mit
Gemüsefond, Essig und
Aceto balsamico, Salz, Pfeffer und Olivenöl verrühren,
über die Artischocken und
den Tunfisch gießen, nach
Belieben kurz marinieren.

3 Mit den restlichen Basilikumblättchen garnieren
und mit toskanischem Weißbrot oder Baguette servieren.

Artischocken mit Kräutercreme

ZUTATEN FÜR 4 PERSONEN:
4 große, dicke Artischocken
1 Zitrone · Salz
3–4 grüne Peperoni (aus dem
Glas)
1 Bund gemischte Kräuter (z. B.
Petersilie, Melisse, Basilikum)
1 Knoblauchzehe
100 g Crème fraîche
200 g Joghurt · 100 g Sahne
1 TL scharfer Senf

Zubereitungszeit: 30 Min.
Pro Portion: 1121 kJ/268 kcal
8 g E · 18 g F · 24 g K

Raffiniert

1 Artischocken waschen.
Stiele abschneiden, Blattspitzen mit einer Schere
kürzen. Zitrone auspressen.

2 Artischocken in reichlich
Wasser, Zitronensaft und
1 kräftigen Prise Salz zugedeckt 20–30 Min. kochen,
bis sich die äußeren Blätter
leicht auszupfen lassen.

3 Peperoni in feine Ringe
schneiden. Kräuter
waschen, Blättchen hacken.
Knoblauch schälen, hacken.

4 Crème fraîche mit
Joghurt, Sahne und Senf
verrühren. Mit Peperoni,
Knoblauch und Kräutern
mischen, salzen.

5 Artischocken abtropfen
lassen. Zum Essen die
Blätter abzupfen, mit dem
fleischigen Teil in den Dip
tauchen und mit den Zäh-
nen mehr abziehen als
beißen. Zum Schluss den
»Boden« putzen, mit dem
restlichen Dip essen.

Frischkäsetaschen

ZUTATEN FÜR 4 PERSONEN:
75 g gekochter Schinken
3 Pfeffer-Cornichons
1 Ei · 1 Bund Schnittlauch
100 g Frischkäse
Salz · schwarzer Pfeffer
2 Dosen Frischteig für
Baguette-Brötchen
1 TL Kümmelkörner

Zubereitungszeit: 20 Min.
(+ 20 Min. Backen)
Pro Portion: 1155 kJ/276 kcal
15 g E · 6 g F · 40 g K

Schmeckt auch kalt

1 Für die Füllung Schinken entschwarten und mit den Pfeffer-Cornichons fein hacken. Ei trennen, Schnittlauch waschen und in Röllchen schneiden, mit dem Frischkäse vermischen, Eigelb unterrühren und mit Salz und Pfeffer würzen.

2 Backofen auf 200° (Umluft 180°) vorheizen. Den Frischteig aus der Dose nehmen, die einzelnen Abschnitte dünn zu Quadraten ausrollen, 1 Klecks Frischkäse in die Mitte setzen, Teigränder mit Eiweiß bestreichen und zu Quadraten zusammenklappen.

3 Die Teigränder fest andrücken, die Oberfläche mit restlichem Eiweiß bestreichen und mit Kümmel bestreuen. Taschen auf einem mit Backpapier belegten Blech 15–20 Min. im heißen Ofen (Mitte) backen, bis sie gut gebräunt sind. Sofort servieren. Dazu passt ein bunt gemischter Salat.

Tipp!
Statt Brötchenteig eine Packung Fertig-Pizzateig nach Vorschrift zubereiten, 4 quadratische Platten ausrollen, füllen, Rest zu Brötchen formen.

Tortilla mit scharfem Dip

ZUTATEN FUR 4 PERSONEN:
2 grüne Chilischoten
200 g Tomatenpüree (aus dem Päckchen)
¼ TL gemahlener Koriander
Salz
weißer Pfeffer
1 EL frisch gehackte Kräuter (ersatzweise tiefgekühlt)
6 Eier
1 Zwiebel
3 Knoblauchzehen
1 EL Olivenöl
6 entsteinte grüne Oliven
4 Sardellen

Zubereitungszeit: 20 Min.
Pro Portion: 732 kJ/175 kcal
10 g E · 11 g F · 10 g K

Zum Mitnehmen

1 Für die Tomatensauce Chilischoten längs aufschneiden, waschen und entkernen. Sehr klein würfeln und mit dem Tomatenpüree verrühren. Mit Koriander, Salz, Pfeffer und Kräutern würzen.

2 Für die Tortilla die Eier leicht quirlen, salzen und pfeffern. Zwiebel und Knoblauch schälen, fein würfeln. Olivenöl in einer Pfanne erhitzen. Zwiebel und Knoblauch darin bei schwacher Hitze glasig und weich dünsten. Oliven in Scheiben schneiden, Sardellen kleinschneiden, beides in die Pfanne geben. Eier darüber gießen und stocken lassen. Auf einen Teller gleiten lassen, wie eine Torte in schmale Stücke schneiden, von der Spitze zum Rand zusammenklappen und mit Zahnstochern feststecken. Lauwarm oder kalt mit dem Dip servieren.

Portionsfondues

ZUTATEN FUR 4 PERSONEN:
4 runde Roggenbrötchen
1 Knoblauchzehe
300 g Schmelzkäse (zum Beispiel Pfeffertorte)
1 TL Speisestärke
2 EL Weißwein
Muskatnuss · weißer Pfeffer
Weißbrotwürfel zum Servieren

Zubereitungszeit: 20 Min.
Pro Portion: 1594 kJ/381 kcal
20 g E · 24 g F · 17 g K

Für Gäste

1 Von den Brötchen oben einen Deckel abschneiden. Inneres aushöhlen. Knoblauch schälen, halbieren. Einen Topf mit dem Knoblauch ausreiben, Schmelzkäse würfeln und hineingeben. Speisestärke mit Weißwein anrühren, dazugießen und die Käsemasse bei mittlerer Hitze unter Rühren schmelzen lassen.

2 Mit Muskat und Pfeffer würzen. Käsemasse in die Brötchen gießen, die Deckel auflegen und sofort servieren. Weißbrotwürfel und kleine Gäbelchen zum Aufspießen dazureichen.

Tipp!
Das Brötcheninnere für eine Brotsuppe verwenden.

53

Hähnchenfleisch mit Sesamsauce

ZUTATEN FÜR 4 PERSONEN:
200 g gegartes Hähnchen-
fleisch, ohne Haut und Knochen
4 EL Sesamsamen
Salz · 2 Knoblauchzehen
4 EL Zitronensaft · 6 EL Joghurt
2 EL gehackte Petersilie
weißer Pfeffer
je ½ TL Sesamsamen und
Schwarzkümmelkörner
(Reformhaus) zum Garnieren

Zubereitungszeit: 20 Min.
Pro Portion: 515 kJ/123 kcal
13 g E · 7 g F · 3 g K

Spezialität aus Arabien

1 Hähnchenfleisch mit ei-
nem großen Messer oder
im Blitzhacker sehr fein
hacken.

2 Sesam in einer trockenen
Pfanne bei mittlerer
Hitze hellgelb rösten. Mit
1 knappen TL Salz im Mör-
ser zerreiben. Knoblauch
schälen, hacken und durch
die Presse drücken.

3 Sesampulver mit Knob-
lauch, Zitronensaft und
Joghurt verrühren, Hähn-
chenfleisch untermischen
und mit einem Löffel kräftig
zerdrücken, Petersilie unterrühren. Mit Salz und Pfeffer
abschmecken, mit Sesam
und Schwarzkümmel be-
streuen und leicht gekühlt
zu Fladenbrot servieren.

Tipp!
Für dieses Gericht eignen
sich gut Reste von einem
Suppenhuhn oder Grill-
hähnchen.

Roastbeef mit Kernöl

ZUTATEN FÜR 4 PERSONEN:
200 g Roastbeef in dünnen
Scheiben (fertig gekauft)
3 Frühlingszwiebeln
4 Radieschen
1 EL grüne Kürbiskerne
1 EL Weißweinessig
Salz · weißer Pfeffer
je 1 EL Kürbiskern- und
Sonnenblumenöl

Zubereitungszeit: 15 Min.
Pro Portion: 824 kJ/197 kcal
10 g E · 16 g F · 6 g K

Gelingt leicht

1 Roastbeefscheiben ne-
beneinander auf vier
großen Tellern auslegen.
2 Frühlingszwiebeln und
Radieschen putzen,

gründlich waschen. Früh-
lingszwiebeln mit dem zarten Grün in feine Ringe
schneiden. Radieschen zu-
erst in dünne Scheiben,
dann in feine Stifte schneiden. Kürbiskerne in einer
trockenen Pfanne bei mittlerer Hitze unter Rühren
leicht anrösten.

3 Essig mit Salz und Pfeffer
verrühren. Beide Ölsor-
ten unterschlagen. Früh-
lingszwiebeln, Radieschen
und Kürbiskerne untermi-
schen und die Vinaigrette
über die Roastbeefscheiben
träufeln. Mit Brot servieren.

Tipp!
Auf diese Weise können Sie
Reste von Braten, aber auch
von Tafelspitz oder mildem
Schinken zubereiten.

Avocados mit Garnelen-Füllung

ZUTATEN FÜR 4 PERSONEN:
2 Tomaten
1 Bund Basilikum
150 g gegarte, geschälte Garnelen
1 EL Crème fraîche
1 Msp. scharfer Senf
2 TL Zitronensaft
Salz · weißer Pfeffer
2 reife Avocados

Zubereitungszeit: 30 Min.
Pro Portion: 778 kJ/186 kcal
10 g E · 14 g F · 9 g K

Für Festtage

1 Tomaten und Basilikum waschen, Tomaten ohne Kerne sehr klein würfeln. Basilikum fein hacken. Garnelen abtropfen lassen.

2 Crème fraîche mit Senf, Zitronensaft, Salz und Pfeffer verrühren. Tomaten, Garnelen und Basilikum untermischen.

3 Avocados halbieren, entkernen, Fruchtfleisch herauslösen, klein würfeln und mit der Tomaten-Garnelen-Masse mischen. Nochmals pikant abschmecken und wieder in die Schalen füllen. Mit Baguette oder Toast servieren.

Tipp!
Wer möchte, kann die Avocados auch halbieren, schälen und der Länge nach in feine Scheiben schneiden. Die Scheiben fächerartig auf Tellern auslegen und die Tomaten-Garnelen daneben anrichten.

Avocados mit Schinken-Mousse

ZUTATEN FÜR 4 PERSONEN:
100 g gekochter Schinken im Stück
3 EL Sahne
1 EL Cognac (ersatzweise Zitronensaft)
weißer Pfeffer
Tabasco
2 reife Avocados
1 EL Zitronensaft
Dillzweige und Zitronenscheiben zum Garnieren

Zubereitungszeit: 10 Min.
Pro Portion: 853 kJ/204 kcal
6 g E · 17 g F · 6 g K

Preiswert

1 Schinken eventuell entschwarten, in Würfel schneiden und im Blitzhacker (oder mit dem Stabmixer) pürieren. Dabei Sahne und Cognac dazugeben. Mit Pfeffer und Tabasco pikant abschmecken.

2 Avocados längs rund um den Kern einschneiden, die Hälften gegeneinander drehen und trennen, Kern auslösen. Fruchtfleisch mit Zitronensaft beträufeln.

3 Die Hälften auf Vorspeisentellern anrichten, mit der Schinken-Mousse füllen und mit Dillzweigen und halbierten Zitronenscheiben garnieren.

Tipp!
Die Mousse können Sie auch mit Resten von Kalbsoder Schweinebraten zubereiten.

Crostini mit Tomaten

ZUTATEN FÜR 4 PERSONEN:
8 getrocknete, in Öl eingelegte
Tomaten
1 Knoblauchzehe
½ Bund Petersilie
1 TL Zitronensaft
2 EL Olivenöl
Salz · weißer Pfeffer
12 dünne Scheiben Baguette

Zubereitungszeit: 15 Min.
Pro Portion: 2368 kJ/566 kcal
24 g E · 13 g F · 103 g K

Raffiniert · Für Gäste

1 Tomaten abtropfen lassen und in kleine Würfel schneiden. Knoblauch schälen und dazupressen. Petersilie waschen, Blättchen fein hacken.

2 Tomaten mit Petersilie, Zitronensaft und Öl mischen, salzen und pfeffern.

3 Baguettescheiben im Toaster oder im heißen Backofen bei 250° (Umluft 230°) 5 Min. rösten.

4 Tomaten auf den Brotscheiben verteilen und sofort servieren.

Variante:
Crostini mit Tunfisch
1 Dose naturell eingelegten Tunfisch (150 g Inhalt) mit 1 EL Crème fraîche und ½ EL Zitronensaft pürieren. 1 EL Mayonnaise untermischen, salzen, pfeffern und auf geröstete Brotscheiben streichen. Mit Petersilienblättchen oder Kapern garniert servieren.

Ziegenkäse mit Balsamico

ZUTATEN FÜR 4 PERSONEN:
1 kleiner Kopf Eichblattsalat
4 Scheiben Ziegenkäse
(Rolle, 350 g)
4 kleine Tomaten (200 g)
1 Bund Basilikum
1 TL Honig
4 EL Aceto balsamico
2 EL trockener Weißwein
(ersatzweise Gemüsebrühe)
Salz · schwarzer Pfeffer
6 EL Olivenöl (nativ extra)

Zubereitungszeit: 20 Min.
Pro Portion: 2518 kJ/602 kcal
27 g E · 52 g F · 8 g K

Macht was her

1 Salat waschen, trockenschleudern und Blätter in Stücke zupfen. Auf Vorspeisenteller verteilen und Ziegenkäsescheiben darauf legen. Tomaten waschen, vierteln, Stielansätze entfernen und Tomaten um den Käse herum anordnen.

2 Für die Sauce Basilikum waschen. Einige Blättchen zur Seite legen, den Rest klein hacken. Mit Honig, Aceto balsamico, Weißwein, Salz, Pfeffer und Olivenöl verrühren. Sauce über die Käsescheiben verteilen, mit den beiseite gelegten Basilikumblättchen garnieren. Dazu Walnussbrot oder knuspriges Baguette servieren.

Getränk: Ein trockener Rosé-Wein (zum Beispiel französischer Tavel von der Côtes du Rhône).

Schafkäseröllchen

ZUTATEN FÜR 4 PERSONEN:
4 tiefgekühlte
Blätterteigscheiben
100 g Schafkäse (Feta)
2 EL Bulgara-Joghurt
2 EL Crème fraîche (ersatzweise
Schmand)
Knoblauchsalz
Pfeffer · Cayennepfeffer
50 g geriebener Emmentaler
1 Zitrone zum Garnieren

Zubereitungszeit: 10 Min.
(+ 20 Min. Backen)
Pro Portion: 1690 kJ/404 kcal
11 g E · 30 g F · 23 g K

Spezialität aus der Türkei

1 Backofen auf 220° (Umluft 200°) vorheizen. Blätterteig auftauen lassen.

2 Inzwischen Schafkäse zerbröckeln und mit Joghurt und Crème fraîche glatt rühren. Mit Knoblauchsalz, Pfeffer und Cayennepfeffer würzen. Geriebenen Käse unterrühren.

3 Blätterteigplatten dünn ausrollen, jede Platte quer halbieren, mit Käsecreme bestreichen und fest aufrollen. Teigrand anfeuchten und fest andrücken.

4 Backblech kalt abspülen, Röllchen mit der Teignaht nach unten darauf legen und im heißen Ofen (Mitte) in 15–20 Min. goldbraun backen. Warm mit Zitronenvierteln servieren.

Tipp!

In der Türkei werden die Röllchen aus Yufkateig bereitet, der in 10 x 10 cm große Quadrate geschnitten wird. Jeweils ein Quadrat mit zerlassener Butter bestreichen und mit einem unbestrichenen bedecken, füllen und aufrollen, in einer Pfanne bei mittlerer Hitze in reichlich Olivenöl rundum braun braten.

Tomaten mit Käse-Oliven-Füllung

ZUTATEN FÜR 4 PERSONEN:
8 mittelgroße Tomaten
1 kleines Bund Basilikum
50 g entsteinte schwarze Oliven
1 Knoblauchzehe
150 g geriebener Hartkäse
schwarzer Pfeffer
Cayennepfeffer · Salz nach
Belieben · 2 TL Olivenöl

Zubereitungszeit: 20 Min.
(+ 20 Min. Backen)
Pro Portion: 1000 kJ/239 kcal
13 g E · 16 g F · 12 g K

Preiswert

1 Tomaten und Basilikum waschen. Von den Tomaten jeweils einen Deckel abschneiden. Das Fruchtfleisch mit einem Teelöffel herauslösen, entkernen, fein hacken.

2 Basilikumblättchen abzupfen, einige zum Garnieren beiseite legen, die restlichen fein hacken. Oliven in Streifen schneiden. Knoblauch schälen, fein hacken.

3 Backofen auf 200° (Umluft 180°) vorheizen. Tomatenfleisch mit Basilikum, Oliven, Knoblauch und Käse mischen und mit Pfeffer, Cayennepfeffer und eventuell Salz pikant abschmecken.

4 Die Masse in die Tomaten füllen, diese nebeneinander in eine feuerfeste Form setzen, mit dem Öl beträufeln. Tomatendeckel darauf setzen.

5 Tomaten im heißen Ofen (Mitte) 20 Min. backen, bis der Käse zerlaufen und gebräunt ist. Mit den Basilikumblättchen bestreut servieren.

Gestürzter Tomaten-Reis-Salat

ZUTATEN FÜR 4 PERSONEN:
250 g Langkornreis
Salz
250 g kleine, feste Tomaten
125 g kleine Champignons
1–2 EL Weißweinessig
5 EL Olivenöl (nativ extra)
weißer Pfeffer
1 EL gehackter Estragon

Zubereitungszeit: 25 Min.
Pro Portion: 1677 kJ/401 kcal
6 g E · 18 g F · 55 g K

Vegetarisch

1 Reis in 700 ml Salzwasser 18 Min. kochen. Inzwischen Tomaten mit kochendem Wasser überbrühen, häuten und Stielansätze entfernen. Tomaten halbieren und entkernen, in nicht zu kleine Stücke schneiden. Champignons putzen, in einer beschichteten Pfanne ohne Fett 2 Min. rösten. Reis abkühlen lassen.

2 Aus Essig, Öl, etwas Salz und Pfeffer eine Vinaigrette rühren, Estragon untermischen.

3 Reis mit Tomaten und Champignons, dann mit der Vinaigrette vermischen. In eine kleine, passende Schüssel füllen, mit einem Fleischklopfer (glatte Seite) fest eindrücken (die Reiskörner aber nicht zerquetschen) und die Oberseite glatt streichen. Auf eine Platte stürzen und servieren.

Pikante Senfeier im Förmchen

ZUTATEN FÜR 4 PERSONEN:
60 g mittelalter Gouda
(ersatzweise Emmentaler)
1 EL Senfkörner
2 Stängel Basilikum
1 EL Butter · 150 g Sahne
Salz · Knoblauchpfeffer
4 Eier

Zubereitungszeit: 20 Min.
(+ 15 Min. Backen)
Pro Portion: 1054 kJ/252 kcal
11 g E · 21 g F · 5 g K

Raffiniert · Preiswert

1 Käse reiben. Senfkörner im Mörser zermahlen. Basilikum waschen, Blättchen fein hacken.

2 Backofen auf 220° (Umluft 200°) vorheizen. Vier ofenfeste Portionsförmchen mit Butter ausstreichen, mit etwas Käse ausstreuen.

3 Sahne mit Basilikum, Senfkörnern, Salz, Knoblauchpfeffer und drei Viertel vom verbliebenen Käse verquirlen, in die Förmchen verteilen.

4 Eier in die Förmchen aufschlagen, mit restlichem Käse bestreuen und im Ofen (oben) 12–15 Min. backen, bis die Oberfläche leicht gebräunt, das Eigelb aber noch flüssig ist.

5 Heiß mit Baguette oder Kornspitz servieren.

Tipp!
Sie können auch noch in Streifen geschnittenen gekochten Schinken in die Förmchen streuen.

Eier-Krabben-Salat

ZUTATEN FÜR 4 PERSONEN:
4 Eier
1 kleiner Kopf Eisbergsalat
(ersatzweise Kopfsalat)
1 Apfel · 1 Banane
1 Dose Tiefseegarnelen (100 g
Inhalt; ersatzweise geschälte
Krabben)
125 g Salatmayonnaise
(aus dem Glas)
1 TL milder Curry
3 EL Zitronensaft
Salz · weißer Pfeffer
½ Kästchen Gartenkresse
(ersatzweise 2 EL gehackte
Kräuter)

Zubereitungszeit: 20 Min.
Pro Portion: 1021 kJ/244 kcal
12 g E · 14 g F · 19 g K

Gelingt leicht

1 Eier in 8 Min. hart kochen, pellen und in Scheiben schneiden. Salat in Blättchen zerteilen, waschen, trockenschleudern. Apfel gründlich waschen, vierteln und das Kerngehäuse ausschneiden, Apfel ungeschält ganz klein würfeln. Banane schälen und klein würfeln. Garnelen in ein Sieb geben, kurz abspülen und abtropfen lassen. Salatblätter, Eierscheiben, Obstwürfel und Garnelen in einer Schüssel anrichten.

2 Aus Mayonnaise, Curry, Zitronensaft, Salz und Pfeffer eine Sauce rühren und über den Salat gießen. Die Kresse abbrausen und mit einer Schere direkt über den Salat schneiden.

Forellenfilets mit Kräuterjoghurt

ZUTATEN FÜR 4 PERSONEN:
1 Bund gemischte Kräuter
(z.B. Petersilie, Schnittlauch,
Dill, Kerbel, Thymian)
4 Radieschen mit Blättern
1 kleine Frühlingszwiebel
200 g Vollmilchjoghurt
50 g Salatmayonnaise
(aus dem Glas)
Salz · weißer Pfeffer
1 TL Zitronensaft
4 geräucherte Forellenfilets

Zubereitungszeit: 20 Min.
Pro Portion: 795 kJ/190 kcal
18 g E · 10 g F · 5 g K

Für Gäste

1 Kräuter und Radieschen waschen, die zarten Radieschenblätter mit den Kräuterblättchen fein hacken. Frühlingszwiebel waschen und mit dem zarten Grün in feine Scheiben schneiden. Alles mit Joghurt und Mayonnaise verrühren, mit Salz, Pfeffer und Zitronensaft abschmecken.

2 Radieschen in feine Stifte schneiden. Forellenfilets auf Teller legen und mit einem Teil der Sauce übergießen. Radieschenstifte darüber streuen, die restliche Sauce extra dazu servieren. Dazu Baguette oder deftiges Roggenbrot reichen.

Tipp!
Geräucherte Forellenfilets gibt es in Folie im Kühlregal. Die Kräutersauce passt auch gut zu milden Matjesfilets.

Feine Lachs-röllchen

ZUTATEN FUR 4 PERSONEN:
1 Kästchen Gartenkresse
150 g Schmand
1 TL Zitronensaft
1 TL scharfer Senf
Salz · weißer Pfeffer
1 Prise Zucker
150 g Räucherlachs in dünnen
Scheiben
Salatblätter zum Anrichten

Zubereitungszeit: 25 Min.
Pro Portion: 586 kJ/140 kcal
8 g E · 11 g F · 2 g K

Für Gäste

1 Kresse abbrausen und mit der Küchenschere abschneiden.
2 Schmand mit Zitronen-saft, Senf, Salz, Pfeffer und Zucker verrühren. Kresse untermengen.
3 Räucherlachsscheiben jeweils mit Kresse-schmand bestreichen und aufrollen. Auf einen Teller legen, mit Klarsichtfolie abdecken und bis zum Servieren kühl stellen.
4 Salatblätter waschen, trockenschwenken und vier Teller damit auskleiden. Räucherlachsröllchen auf den Salatblättern auslegen. Mit frisch geröstetem Toast oder Baguette servieren.

Variante:

Pro Röllchen 1/2 Scheibe Blätterteig auftauen lassen, mit dem Röllchen belegen. Blätterteig gut verschließen und bei 220° (Umluft 200°) 15–20 Min. backen.

Matjestatar auf Kartoffelscheiben

ZUTATEN FUR 4 PERSONEN:
200 g Matjesfilets
1/2 säuerlicher Apfel
1–2 EL Zitronensaft
2 Stangen Staudensellerie
1 Bund Dill · 2 TL Kapern
3 EL Sonnenblumenöl
Salz · weißer Pfeffer
4 längliche, möglichst flache
Kartoffeln
Dillzweige zum Garnieren

Zubereitungszeit: 30 Min.
Pro Portion: 1171 kJ/280 kcal
14 g E · 17 g F · 19 g K

Preiswert

1 Matjesfilets in möglichst kleine Würfel schneiden. Apfel schälen, vierteln, ent-kernen und sehr klein wür-feln. Mit 1 EL Zitronensaft mischen. Sellerie waschen, putzen und in dünne Scheiben schneiden.
2 Dill waschen, Blättchen fein hacken. Matjes mit Apfel, Sellerie, Dill und Kapern mischen. 1 EL Öl untermischen und das Tatar mit Salz, Pfeffer und eventu-ell noch etwas Zitronensaft abschmecken.
3 Kartoffeln schälen und der Länge nach halbie-ren. Restliches Öl in einer Pfanne erhitzen. Kartoffeln hineingeben und bei mittle-rer Hitze zugedeckt 5 Min. braten. Wenden und offen nochmals 5 Min. braten, bis sie weich und gebräunt sind.
4 Die Kartoffeln leicht sal-zen, mit Matjestatar be-decken. Mit Dill garnieren.

Salate

Blattsalate mit Kräutern und Croûtons

ZUTATEN FÜR 4 PERSONEN:
½ kleiner Kopf Eichblattsalat
1 Bund Rucola
50 g Feldsalat
einige Blätter Radicchio
1 Bund Schnittlauch
½ Bund Basilikum
Für Vinaigrette und Croûtons:
2 EL Aceto balsamico
Salz · weißer Pfeffer
1 Msp. scharfer Senf
5 EL Olivenöl
2 Scheiben Toastbrot
1 Knoblauchzehe

Zubereitungszeit: 30 Min.
Pro Portion: 810 kJ/195 kcal
2 g E · 17 g F · 9 g K

Gelingt leicht · Für Gäste

1 Salate in die einzelnen Blätter zerteilen oder verlesen, gründlich kalt waschen (Feldsalat eventuell mehrmals) und gut trockenschwenken.

2 Kräuter waschen, Schnittlauch in Röllchen schneiden, Basilikumblätter abzupfen und ganz lassen.

3 Salate und Kräuter in einer Schüssel mischen.

4 Für die Vinaigrette Essig mit Salz, Pfeffer und Senf gründlich verrühren. 4 EL Öl nach und nach gründlich unterschlagen.

5 Für die Croûtons Toastbrot in 1 cm große Würfel schneiden. Knoblauchzehe schälen.

6 Restliches Öl in einer Pfanne erhitzen. Brotwürfel darin bei mittlerer Hitze unter Rühren knusprig braten. Ganz zum Schluss den Knoblauch durch die Presse dazudrücken und gründlich untermischen. Pfanne vom Herd ziehen.

7 Blattsalate und Kräuter mit der Vinaigrette mischen, auf Teller verteilen und mit den Croûtons bestreuen.

Varianten:
Löwenzahnsalat mit Speck
200 g Löwenzahn waschen, trockenschütteln und in Stücke zupfen. 1 gehäuften TL scharfen Senf mit 1 EL Apfelessig, Salz und Pfeffer verrühren. 2 EL Distelöl unterschlagen. 100 g durchwachsenen Räucherspeck ohne Schwarte in kleine Würfel schneiden und in einer Pfanne bei mittlerer Hitze unter Rühren in 5 Min. knusprig braten. Salatsauce in die Pfanne schütten. Salat in einer Schüssel mit der Salatsauce mischen und servieren.

Blattsalat mit Tomaten und Blüten
1 Kopfsalat vorbereiten. 1 Fleischtomate waschen, würfeln. 3 EL Zitronensaft mit 1 Prise Zucker, Salz und Pfeffer gründlich verrühren. 5 EL Olivenöl unterschlagen. Blüten von Borretsch und Kapuzinerkresse eventuell vorsichtig waschen und abtropfen lassen. Salat mit der Vinaigrette vermischen und mit den Blüten garniert servieren.

Fenchel-Orangen-Salat

ZUTATEN FÜR 4 PERSONEN:
2 saftige Orangen
2 zarte Fenchelknollen (400 g),
mit Grün
1/2 Bund Petersilie
Salz · schwarzer Pfeffer
1/2 EL Weißweinessig
1 1/2 EL Olivenöl
16 schwarze Oliven

Zubereitungszeit: 20 Min.
Pro Portion: 560 kJ/134 kcal
4 g E · 8 g F · 20 g K

Raffiniert · Schnell

1 Orangen schälen, dabei auch die weiße Innenhaut gut abschneiden. Orangen in dünne Scheiben schneiden, Saft auffangen. Fenchel putzen und waschen. Längs halbieren, den Strunk keilförmig herausschneiden, zartes Grün aufheben. Fenchel quer in dünne Scheiben schneiden.

2 Fenchel und Orangen dachziegelartig auf Tellern anrichten.

3 Petersilie waschen, Blättchen mit dem Fenchelgrün fein hacken. Über den Fenchel und die Orangen streuen, mit Salz und Pfeffer würzen.

4 Essig mit Orangensaft und Öl gut verschlagen, über die Zutaten träufeln. Mit Oliven belegt servieren.

Tipp!
Statt Fenchel Chicorée oder Radicchio – in Blätter zerteilt – nehmen oder milde weiße Zwiebeln in Ringen.

Eisbergsalat mit Tomaten-Dressing

ZUTATEN FÜR 4 PERSONEN:
1 Kopf Eisbergsalat
150 g Egerlinge
2 EL Zitronensaft
Für das Dressing:
1 Schalotte (ersatzweise
1 kleine Zwiebel)
2 EL Kapern (aus dem Glas)
4–5 EL Tomatenpüree (aus dem Päckchen oder Glas)
4 EL Zitronensaft
4 EL Olivenöl (nativ extra)
Salz · schwarzer Pfeffer

Zubereitungszeit: 30 Min.
Pro Portion: 682 kJ/163 kcal
3 g E · 14 g F · 9 g K

Kalorienarm · Gelingt leicht

1 Eisbergsalat waschen, in Stücke zerpflücken und gut abtropfen lassen (nicht trockenschleudern).

2 Egerlinge mit Küchenpapier säubern, Stielenden abschneiden, Hüte in feine Blättchen schneiden. Mit Zitronensaft beträufeln.

3 Für das Dressing Schalotte schälen und sehr fein würfeln, die Kapern hacken, beides mit Tomatenpüree, Zitronensaft, Olivenöl, Salz und Pfeffer verrühren.

4 Salat und Pilze locker vermischen und das Dressing darüber träufeln.

Tipp!
Statt Tomatenpüree 2 EL Tomatenmark mit 5 EL Rotwein verrühren. Oder 3 reife Tomaten überbrühen, häuten, entkernen, pürieren.

Endiviensalat mit Kapern-Dressing

ZUTATEN FÜR 4 PERSONEN:
1 kleiner Kopf Endiviensalat
(etwa 200 g)
Für das Dressing:
2 Eier · 1 EL Kapern
½ Bund Petersilie
1 TL scharfer Senf
1 EL Joghurt
1 EL Weißweinessig
Salz · weißer Pfeffer
2 EL Öl

Zubereitungszeit: 30 Min.
Pro Portion: 519 kJ/124 kcal
5 g E · 10 g F · 6 g K

Preiswert · Schnell

1 Salat in die Blätter zerteilen, waschen und trockenschleudern. In mundgerechte Stücke zupfen.

2 Für das Dressing die Eier mit Wasser bedeckt in knapp 8 Min. hart kochen, kalt abschrecken und abkühlen lassen.

3 Inzwischen Kapern abtropfen lassen und grob hacken. Petersilie waschen, Blättchen fein hacken.

4 Eier schälen, Eiweiße ablösen und klein würfeln. Eigelbe mit einer Gabel zerdrücken und mit Senf, Joghurt, Essig und 2 EL kaltem Wasser cremig rühren. Mit Salz und Pfeffer würzen, Öl unterschlagen. Eiweißwürfel, Kapern und Petersilie unterrühren.

5 Salat auf tiefen Tellern anrichten, mit dem Dressing bedecken und servieren. Erst beim Essen locker vermischen.

Gurken-Zucchini-Salat mit Dillsahne

ZUTATEN FÜR 4 PERSONEN:
½ Salatgurke (250 g)
2 junge Zucchini (200 g) · Salz
Für die Dillsahne:
1 großes Bund Dill
1 ½ EL Weißweinessig
(ersatzweise Apfelessig)
4 EL Sahne · Salz
1 Prise gemahlener Kümmel
1 EL Öl

Zubereitungszeit: 20 Min.
Pro Portion: 360 kJ/86 kcal
2 g E · 7 g F · 5 g K

Raffiniert · Schnell

1 Gurke schälen, Zucchini waschen, von den Stielansätzen befreien. Gurke und Zucchini mit dem Sparschäler der Länge nach in dünne, bandnudelartige Streifen schneiden.

2 Streifen mit Salz mischen und 10 Min. Saft ziehen lassen. Dill waschen, Blättchen fein hacken.

3 Essig mit Sahne verrühren und mit Salz und Kümmel würzen. Öl unterschlagen, Dill untermischen.

4 Gurken- und Zucchinistreifen abtropfen lassen, mit Dillsahne mischen und nochmals abschmecken.

Variante:
Möhren mit Thymiansahne
Möhren in Streifen schneiden und 1 Min. in Salzwasser blanchieren. Kalt abschrecken. Sauce mit frischen Thymianblättchen statt Dill und 1 Prise Chilipulver würzen.

Rotweißer Kraut-salat

ZUTATEN FUR 4 PERSONEN:
je 250 g Rot- und Weißkohl
100 g magerer Räucherspeck
ohne Schwarte
1 EL Öl
Für das Dressing:
1 EL Kümmelkörner
200 g Crème fraîche
1 TL scharfer Senf
4 EL Weißweinessig
Salz · Zucker

Zubereitungszeit: 30 Min.
Pro Portion: 1661 kJ/397 kcal
10 g E · 36 g F · 9 g K

Preiswert · Für Gäste

1 Kohl putzen, vierteln und waschen. In feine Streifen hobeln und getrennt in Schüsseln geben. Mit kochend heißem Wasser übergießen, 2 Min. ziehen lassen, das Wasser abgießen und die Kohlstreifen fest ausdrücken.

2 Den Speck in feine Streifen schneiden. In einem Pfännchen das Öl bei mittlerer Hitze heiß werden lassen, die Speckstreifen darin knusprig ausbraten.

3 Inzwischen für das Dressing Kümmel im Mörser zerstoßen, mit Crème fraîche, Senf, Essig, Salz und 1 Prise Zucker verquirlen, unter die Kohl-streifen mischen.

4 Speckstreifen zum Salat geben, rasch durchmi-schen und warm servieren.

Variante: Krautsalat

1 kleinen Weißkohl raspeln, salzen und kräftig durch-kneten. 15 Min. ziehen las-sen. Für die Salatsauce 4 EL Essig mit 4 EL Öl, etwas Kümmel, Salz und Pfeffer vermischen und unter den Weißkohl mischen.

Salatschüssel mit Ziegenkäse

ZUTATEN FUR 4 PERSONEN:
150 g Rucola
2 bunte Paprikaschoten
3 Stangen Staudensellerie
1 Möhre · 1 Bund Radieschen
1 Kästchen Gartenkresse
Für die Vinaigrette:
1 ¹/₂ EL Weißweinessig
Salz · weißer Pfeffer
3 EL Olivenöl (nativ extra)
1 EL Sonnenblumenkerne
Für die Croûtons:
8 Scheiben Baguette
8 Scheiben Ziegenkäse-
Camembert (ersatzweise
Kuhmilch-Camembert)

Zubereitungszeit: 30 Min.
Pro Portion: 1481 kJ/354 kcal
12 g E · 19 g F · 34 g K

Kleiner Imbiss · Schnell

1 Rucola waschen, grob schneiden. Gemüse waschen und putzen, Paprika in Streifen, Sellerie in Scheibchen schneiden. Möhre längs vierteln, quer fein schneiden. Radieschen achteln. Kresse abschneiden. Alles vermischen.

2 Backofen auf 250° (Umluft 220°) vorheizen. Essig mit Salz und Pfeffer verrühren. Öl unterschlagen. Sonnenblumenkerne in trockener Pfanne rösten.

3 Brotscheiben mit Käsescheiben belegen, auf ein Backblech setzen. Im heißen Ofen (Mitte) 5 Min. backen.

4 Salat mit Vinaigrette mischen, auf Tellern anrichten, mit Sonnenblumenkernen bestreuen. Mit den heißen Croûtons servieren.

Rote Bete mit Senf-Vinaigrette

ZUTATEN FUR 4 PERSONEN:
500 g gekochte Rote Bete
(Folienpackung)
Für die Vinaigrette:
1 Bund Frühlingszwiebeln
1 Bund Schnittlauch
je 2 TL scharfer und süßer Senf
2–3 EL Himbeeressig (ersatzweise Weißweinessig)
Salz · weißer Pfeffer
3 EL Distelöl (ersatzweise Sonnenblumenöl)

Zubereitungszeit: 45 Min.
Pro Portion: 586 kJ/140 kcal
2 g E · 11 g F · 11 g K

Preiswert

1 Rote Bete abtropfen lassen, eventuell Schalenreste abziehen.

2 Für die Vinaigrette Frühlingszwiebeln putzen, gründlich waschen und mit dem zarten Grün in feine Ringe schneiden. Schnittlauch waschen, in feine Röllchen schneiden.

3 Senf mit Essig, Salz und Pfeffer verrühren. Öl und 1–2 EL heißes Wasser unterschlagen. Frühlingszwiebeln und Schnittlauchröllchen unterrühren.

4 Die Roten Bete in dünne Scheiben schneiden und auf Tellern auslegen. Die Vinaigrette darüber verteilen und den Salat möglichst sofort servieren.

Spinat-Apfel-Salat mit Linsen

Zutaten für 4 Personen:
250 g gekochte Linsen (aus der Dose)
3 EL Gemüsefond
1 Prise Cayennepfeffer
1/2 TL getrockneter Thymian
200 g zarter Blattspinat
1 säuerlicher Apfel
2 EL Cidreessig (ersatzweise Apfelessig)
2 EL Sahne
Salz · weißer Pfeffer
3 EL Sonnenblumenöl
1 Tomate
1 EL Aceto balsamico

Zubereitungszeit: 30 Min.
Pro Portion: 1104 kJ/264 kcal
10 g E · 13 g F · 29 g K

Vegetarisch · Kleiner Imbiss

1 Linsen abtropfen lassen, mit Gemüsefond, Cayennepfeffer und Thymian vermischen.

2 Spinat verlesen, von dicken Stielen befreien, in kaltem Wasser gründlich waschen und trockenschwenken. Apfel vierteln, ohne Kernhäuse in Stifte schneiden. Essig mit Sahne, Salz und Pfeffer verrühren, das Öl unterschlagen. Spinatblätter und Apfel damit mischen und auf Tellern verteilen.

3 Tomate waschen, ohne Stielansatz sehr klein würfeln, unter die Linsen heben, mit Aceto balsamico und Salz abschmecken und neben dem Salat anrichten.

Möhrensalat mit Datteln

ZUTATEN FÜR 4 PERSONEN:
4 große Kopfsalatblätter
4 Möhren (300 g)
100 g getrocknete Datteln (ersatzweise frische)
Für das Dressing:
15 g frischer Ingwer
1 Zitrone · 1 TL Honig
4 EL Sonnenblumenöl
Salz · weißer Pfeffer

Zubereitungszeit: 30 Min.
Pro Portion: 945 kJ/226 kcal
1 g E · 14 g F · 27 g K

Raffiniert · Für Gäste

1 Salatblätter waschen, trockenschütteln und Salatschälchen damit auslegen. Möhren waschen, schälen und auf der Rohkostreibe grob raspeln. Datteln längs aufschneiden (eventuell die harte Haut abziehen), entsteinen und das Fruchtfleisch in Streifen schneiden. Mit den Möhrenraspeln vermischen.

2 Für das Dressing Ingwer schälen, fein reiben, Zitrone auspressen und den Saft mit Honig, Ingwer, Öl, Salz und Pfeffer verrühren. Möhrensalat mit Datteln anmachen, auf die Salatschälchen verteilen und servieren.

Tipps!
Von frischen Datteln immer die harte Haut abziehen. Der Salat passt gut zu Currygerichten, gebratenen Hähnchenschenkeln oder Putenschnitzeln.

Bohnensalat mit Tomaten

ZUTATEN FÜR 4 PERSONEN:
750 g grüne Bohnen
1 Bund Bohnenkraut · Salz
1 Bund Frühlingszwiebeln
6 getrocknete, in Öl eingelegte
Tomaten · 1 EL Weißweinessig
1 EL Aceto balsamico
weißer Pfeffer
4 EL Olivenöl
½ Bund Basilikum

Zubereitungszeit: 30 Min.
Pro Portion: 1644 kJ/393 kcal
15 g E · 16 g F · 60 g K

Raffiniert

1 Bohnen waschen. Enden abschneiden und eventuell Fäden abziehen. Größere Bohnen halbieren. Bohnenkraut waschen.

2 In einem Topf ½ l Wasser mit Bohnenkraut und etwas Salz zum Kochen bringen. Die Bohnen darin bei mittlerer Hitze zugedeckt in 12 Min. bissfest garen.

3 Frühlingszwiebeln putzen, waschen und samt zartem Grün in feine Ringe schneiden. Tomaten abgetropft in Streifen schneiden.

4 Frühlingszwiebeln mit Essig, Salz und Pfeffer verrühren. Öl unterschlagen. Die Bohnen kalt abschrecken, abtropfen lassen und mit der Sauce vermischen, abschmecken.

5 Basilikum waschen, Blättchen abzupfen und in Streifen schneiden. Mit den Tomatenstreifen unter den Salat mischen.

Petersilienwurzelsalat

ZUTATEN FÜR 4 PERSONEN:
400 g Petersilienwurzeln
Salz
100 g Feldsalat
1 Bund Schnittlauch
Für das Dressing:
2 EL Weißweinessig
2 TL Johannisbeergelee
Salz · weißer Pfeffer
1 Prise gemahlener Kümmel
1 EL Sonnenblumenöl
1 EL saure Sahne

Zubereitungszeit: 35 Min.
Pro Portion: 397 kJ/95 kcal
4 g E · 5 g F · 10 g K

Raffiniert

1 Petersilienwurzeln schälen und in kochendem Salzwasser in 10 Min. weich garen. Abgießen und abkühlen lassen.

2 Feldsalat verlesen und mehrmals gründlich waschen. Dann gut trockenschwenken.

3 Für das Dressing Essig mit Gelee, Salz, Pfeffer und Kümmel verrühren. Öl und Sahne untermischen.

4 Petersilienwurzeln in Scheiben schneiden und mit dem Feldsalat locker unter die Sauce mischen. Schnittlauch waschen, in Röllchen schneiden und darüber streuen.

Tipp!
Schmeckt auch mit Fisch. Gegarten Fisch zerpflücken und untermischen. Oder rohen Fisch braten und warm zum Salat reichen.

Bauernsalat mit Kräuter-Schafkäse

ZUTATEN FUR 4 PERSONEN:
200 g Schafkäse
1 Zweig Oregano
2 Zweige Basilikum
3 Zweige Thymian
1 Bund Schnittlauch
2 EL Olivenöl (nativ extra)
3 EL Zitronensaft
1 dünne Salatgurke
4 mittelgroße Tomaten
4 Frühlingszwiebeln
Für das Dressing:
1 grüne Chilischote
2 EL Weißweinessig
3 EL Olivenöl (nativ extra)
Salz · schwarzer Pfeffer

Zubereitungszeit: 30 Min.
Pro Portion: 1535 kJ/367 kcal
11 g E · 29 g F · 22 g K

Für Gäste · Sommergericht

1 Schafkäse in Würfel schneiden. Die Kräuter waschen, Blättchen abzupfen und hacken, Schnittlauch in Röllchen schneiden. Mit Olivenöl und Zitronensaft vermischen und über den Schafkäse gießen, 15 Min. marinieren.

2 Inzwischen die Salatgurke, Tomaten und Frühlingszwiebeln waschen. Gurke streifig schälen und längs vierteln, in große Stücke schneiden. Tomaten achteln, Stielansätze dabei entfernen. Frühlingszwiebeln schräg in Scheiben schneiden. Gemüse locker mischen und in einer flachen Schüssel ausbreiten.

3 Für das Dressing die Chilischote waschen, putzen, fein würfeln. Hände danach gründlich waschen. Chiliwürfel mit Essig, Olivenöl, Salz und Pfeffer verrühren, über den Salat träufeln. Schafkäse mit der Marinade darüber verteilen.

Chicorée-Birnen-Salat

ZUTATEN FÜR 4 PERSONEN:
200 g Feldsalat
500 g Chicorée · 1 Birne
3 EL Zitronensaft
50 g Haselnüsse
Für das Dressing:
200 g Joghurt · 2 TL milder Senf
1/2 TL rosenscharfes
Paprikapulver
Salz · 1 Prise Zucker
3 EL Weizenkeimöl

Zubereitungszeit: 35 Min.
Pro Portion: 929 kJ/222 kcal
6 g E · 16 g F · 18 g K

Preiswert · Wintergericht

1 Feldsalat mehrmals gründlich waschen und putzen, gut abtropfen lassen. Chicorée waschen, putzen und in 2 cm breite Streifen schneiden.

2 Birne waschen, trockenreiben, ungeschält vierteln, Kerngehäuse ausschneiden. Birnenviertel längs in ganz dünne Scheiben schneiden. Sofort mit Zitronensaft beträufeln. Mit Feldsalat und Chicorée vorsichtig auf einer Platte ausbreiten.

3 Die Nüsse in dünne Blättchen hobeln und in einer trockenen Pfanne bei mittlerer Hitze kurz anrösten, die Pfanne sofort vom Herd nehmen.

4 Für das Dressing Joghurt mit Senf, Paprika, Salz, Zucker und Öl verrühren. Über den Salat gießen und mit Haselnussblättchen bestreut servieren.

Bunter tunesischer Salat

ZUTATEN FÜR 4 PERSONEN:
2 kleine grüne Paprikaschoten
1 Salatgurke
6 Frühlingszwiebeln
4 mittelgroße Tomaten (600 g)
Für das Dressing:
1 Bund Petersilie
1 Zitrone (etwa 6 EL Saft)
4 EL Olivenöl (nativ extra)
Salz · schwarzer Pfeffer

Zubereitungszeit: 20 Min.
Pro Portion: 1083 kJ/259 kcal
8 g E · 15 g F · 31 g K

Kalorienarm · Schnell

1 Paprikaschoten und Gurke waschen. Paprikaschoten putzen und in 1 cm große Würfel schneiden. Gurke schälen und ebenso fein würfeln. Frühlingszwiebeln waschen, putzen und in 1/2 cm dicke Scheiben schneiden. Die Tomaten waschen (nach Belieben auch häuten), ohne Stielansätze klein würfeln.

2 Für das Dressing die Petersilie waschen und grob hacken. Zitrone auspressen, den Saft mit Olivenöl, Salz, Pfeffer und Petersilie verrühren, über die Gemüsewürfel gießen und gründlich vermischen.

Tipps!
In Tunesien wird der Salat auch mit geviertelten hart gekochten Eiern und grünen Oliven auf Romanasalat als Vorspeise angerichtet. Mit abgetropften Ölsardinen auch ein leichter Imbiss.

71

Grüner Kartoffelsalat

ZUTATEN FÜR 4 PERSONEN:
1 kg fest kochende Kartoffeln
1 Bund Frühlingszwiebeln
¼ l kräftige Fleischbrühe
½ EL scharfer Senf
2 EL Weißweinessig
Salz · weißer Pfeffer
4 EL Sonnenblumenöl
½ EL Kapern (aus dem Glas)
150 g Rucola
1 Bund Schnittlauch

Zubereitungszeit: 45 Min.
Pro Portion: 1217 kJ/291 kcal
6 g E · 14 g F · 37 g K

Preiswert

1 Kartoffeln waschen, in wenig Wasser 20–30 Min. kochen, bis sie gerade gar, aber nicht zu weich sind.

2 Für das Dressing Frühlingszwiebeln putzen, waschen und mit Grün in feine Ringe schneiden. Mit Brühe einmal aufkochen.

3 Senf, Essig, Salz und Pfeffer unter die Brühe mischen. Öl unterschlagen.

4 Kartoffeln abgießen, etwas abgekühlt pellen, in Scheiben schneiden und mit dem warmen Dressing vermischen. Am besten noch etwas ziehen lassen.

5 Kapern abtropfen lassen, Rucola waschen und trockenschwenken, in feine Streifen schneiden. Den Schnittlauch waschen, in feine Röllchen schneiden. Beides mit Kapern unter den Kartoffelsalat mischen, noch einmal abschmecken.

Kartoffelsalat mit Radieschen

ZUTATEN FÜR 4 PERSONEN:
500 g kleine neue Kartoffeln
2 Bund Radieschen mit Blättchen
50 g Radieschensprossen (ersatzweise andere Keimlinge)
Für das Dressing:
1 Frühlingszwiebel
1 ganz frisches Eigelb
Salz · weißer Pfeffer
3 EL Zitronensaft
2 EL Gemüsefond (aus dem Glas)
1 TL scharfer Senf
5 EL Distelöl

Zubereitungszeit: 45 Min.
Pro Portion: 1071 kJ/256 kcal
3 g E · 19 g F · 21 g K

Würzig · Für Gäste

1 Kartoffeln gründlich bürsten, in der Schale 20 Min. kochen. Abgießen, ausdampfen lassen und mit der Schale in Scheiben schneiden.

2 Radieschen waschen, putzen und vierteln, zarte Blättchen abzupfen und auf vier Tellern auslegen.

3 Für das Dressing die Frühlingszwiebel waschen, putzen und in ganz feine Scheiben schneiden. Eigelb mit Salz, Pfeffer, Zitronensaft, Gemüsefond und Senf verrühren. Distelöl unterschlagen. Frühlingszwiebel untermischen.

4 Kartoffeln darin wenden und auf die Radieschenblätter setzen. Mit Radieschen umlegen. Kartoffelsalat mit den Sprossen bestreuen.

Feldsalat mit Pilzen und Kürbiskernen

ZUTATEN FÜR 4 PERSONEN:
150 g Feldsalat
200 g kleine Champignons
1 EL Zitronensaft
**2 EL grüne Kürbiskerne(ersatz-
weise Sonnenblumenkerne)**
½ Bund Petersilie
1 Knoblauchzehe
1 EL Butterschmalz
Salz · Pfeffer
Für das Dressing:
2 EL Apfelessig
Salz · weißer Pfeffer
4 EL Sonnenblumenöl

Zubereitungszeit: 30 Min.
Pro Portion: 883 kJ/211 kcal
4 g E · 19 g F · 9 g K

Vorspeise oder Imbiss · Schnell

1 Salat verlesen und mehrmals gründlich waschen,
gut trockenschwenken.

2 Pilze putzen und halbieren oder vierteln. Mit
Zitronensaft vermischen.

3 Kürbiskerne in einer
trockenen Pfanne bei
mittlerer Hitze unter Rühren rösten, bis sie duften.

4 Petersilie waschen,
Knoblauch schälen.
Petersilienblättchen mit
dem Knoblauch fein hacken.

5 Für das Dressing Essig
mit Salz und Pfeffer ver-
rühren. Öl unterschlagen.

6 Butterschmalz in einer
Pfanne erhitzen. Pilze
darin bei starker Hitze unter
Rühren 2 Min. braten. Mit
Salz und Pfeffer würzen,
Petersilie und Knoblauch
untermischen und kurz
weiterbraten. Pfanne vom
Herd ziehen.

7 Feldsalat mit Dressing
mischen, auf Tellern ver-
teilen, mit den Kürbisker-
nen bestreuen. Die Pilze
daneben oder darauf
anrichten, servieren.

Glasnudelsalat mit Rind und Paprika

ZUTATEN FÜR 4 PERSONEN:
75 g Glasnudeln
200 g Rinderfilet
1 große rote Paprikaschote
1 dünne Stange Lauch
1 rote Chilischote
5–6 Stängel Koriander
(ersatzweise Petersilie und
1 Stück unbehandelte Zitronenschale)
2 EL Erdnussöl
3–4 EL Zitronensaft
4 EL Fischsauce (ersatzweise
Geflügelfond aus dem Glas)
1 EL Zucker · Salz

Zubereitungszeit: 30 Min.
Pro Portion: 1405 kJ/336 kcal
12 g E · 21 g F · 27 g K

Asiatisch · Schnell

1 Glasnudeln in lauwar-
mem Wasser einweichen.
2 Filet in feine Streifen
schneiden. Paprikaschote
und Lauch waschen, putzen,
die Paprikaschote in Streifen, Lauch in feine Ringe
schneiden. Chili entkernen,
waschen und in Streifen
schneiden. Koriander
waschen und fein hacken.
3 Öl in einer Pfanne erhitzen. Rindfleisch darin bei
starker Hitze 1 Min. braten.
Paprika und Lauch zugeben
und alles 2 Min. weiterbraten. Nudeln abtropfen lassen und mit Chili zugeben.
Ganz kurz mitbraten, dann
alles in eine Schüssel füllen.
4 Zitronensaft mit Fisch-
sauce, Zucker und Kori-
ander verrühren. Unter den
Salat mischen und salzen.

Nudel-Bohnen-salat mit Borretsch

ZUTATEN FÜR 4 PERSONEN:
200 g Hörnchennudeln
(ersatzweise Gabelspaghetti)
300 g tiefgekühlte Bohnenkerne (ersatzweise aus dem Glas)
Salz · 2 mittelgroße Möhren
100 g Senfgurken
1 Bund Borretsch (mit Blüten)
Für das Dressing:
1 Schalotte
3 EL Weißweinessig
1 TL scharfer Senf
100 ml Gemüsefond (Glas)
Salz · weißer Pfeffer
4 EL Keimöl

Zubereitungszeit: 30 Min.
Pro Portion: 2468 kJ/590 kcal
25 g E · 17 g F · 87 g K

Gelingt leicht · Für Gäste

1 Nudeln mit Bohnenker-
nen in Salzwasser nach
Packungsangabe bissfest
kochen.
2 Möhren waschen, schälen
und auf dem Gemüseho-
bel in feine Streifen raspeln.
Senfgurken in Scheiben
schneiden. Borretsch wa-
schen (Blüten zur Seite legen) und in Streifen schneiden. Alles locker vermischen.
3 Für das Dressing Scha-
lotte schälen und fein
würfeln. Mit Essig, Senf,
Fond, Salz und Pfeffer verrühren. Das Öl unterschlagen, bis die Sauce cremig ist.
4 Nudeln und Bohnen auf
ein Sieb geben, abtropfen
lassen. Mit dem Dressing
vorsichtig unter die übrigen
Zutaten heben. Mit den
Borretschblüten garnieren.

Wildreissalat mit Tomaten und Lachs

ZUTATEN FÜR 4 PERSONEN:
150 g Wildreis
200 g Tomaten
1 Bund Basilikum
100 g Räucherlachs
Für das Dressing:
2 EL Crème fraîche
80 g Sahne
1 TL scharfer Senf
1 EL Zitronensaft
Salz · weißer Pfeffer

Zubereitungszeit: 45 Min.
Pro Portion: 1062 kJ/254 kcal
11 g E · 10 g F · 32 g K

Raffiniert · Gelingt leicht

1 Wildreis mit 300 ml Wasser in einem Topf zum Kochen bringen. Zugedeckt bei schwacher Hitze 40 Min. garen, bis die Körner aufplatzen.

2 Inzwischen Tomaten mit kochendem Wasser überbrühen, kalt abschrecken und häuten. Tomaten ohne Stielansätze klein würfeln. Basilikum waschen, Blättchen in Streifen schneiden. Räucherlachs ebenfalls in Streifen schneiden.

3 Für das Dressing Crème fraîche mit Sahne und Senf verrühren, mit Zitronensaft, Salz und Pfeffer abschmecken.

4 Reis lauwarm abkühlen lassen, mit Tomaten, Dressing und Basilikum verrühren, nachwürzen.

5 Reissalat in einer Schale oder auf Tellern anrichten, mit Räucherlachsstreifen garniert servieren.

Bunter Couscous-Salat

ZUTATEN FÜR 4 PERSONEN:
3 Tomaten
1 Bund Frühlingszwiebeln
1 gelbe Paprikaschote
1 rote Chilischote
1 Zucchino
1 ¹/₂ –2 Bund Petersilie (je nach Größe)
3 EL Zitronensaft
5 EL Olivenöl (nativ extra)
200 g Schnell-Couscous-Grieß (türk. oder griech. Geschäft)
Salz · Pfeffer
150 g Joghurt
1 TL gemahlener Kümmel

Zubereitungszeit: 30 Min.
(+ 30 Min. Quellen)
Pro Portion: 2058 kJ/249 kcal
17 g E · 20 g F · 67 g K

Vegetarisch · Preiswert

1 Tomaten waschen und ohne Stielansätze möglichst klein würfeln. Frühlingszwiebeln putzen, gründlich waschen und mit dem zarten Grün in feine Ringe schneiden. Paprikaschote, Chili und Zucchino waschen, putzen und fein würfeln.

2 Petersilie waschen, Blättchen fein hacken. Alle vorbereiteten Zutaten mit Zitronensaft, Öl und Couscous mischen, mit Salz und Pfeffer abschmecken. Den Salat 30 Min. quellen lassen, bis der Couscous weich ist. Dabei gelegentlich durchrühren.

3 Joghurt mit Kümmel und Salz verrühren. Zum Couscous-Salat servieren.

Suppen und Eintöpfe

Kalte Erdnuss-Suppe mit Kefir

ZUTATEN FÜR 4 PERSONEN:
2 Eier
³/₄ l gekühlter Tomatensaft
175 g gut gekühlter Kefir
(ersatzweise Joghurt)
3 EL Erdnusscreme
2–3 EL Zitronensaft
Salz · weißer Pfeffer
50 g ungesalzene Erdnusskerne
2 EL gehackte Kräuter
(Petersilie, Schnittlauch, Dill;
ersatzweise tiefgekühlt)

Zubereitungszeit: 20 Min.
Pro Portion: 987 kJ/236 kcal
10 g E · 16 g F · 16 g K

Für Gourmets

1 Eier mit Wasser bedeckt in 8 Min. hart kochen. Abschrecken und pellen. Ei-gelbe auslösen, zerdrücken und mit dem Tomatensaft im Mixer oder mit dem Pürierstab glatt mixen. Kefir und Erdnusscreme dazugeben und alles gut vermischen. Mit Zitronensaft, Salz und Pfeffer abschmecken, eventuell noch einige Eiswürfel zum Kühlen unterrühren.
2 Eiweiße klein würfeln. Erdnusskerne grob hacken und in einem Pfännchen bei mittlerer Hitze hellgelb anrösten.
3 Erdnuss-Suppe in vier Suppentassen füllen, mit den Eiweißwürfelchen, Kräutern und Erdnusskernen bestreuen und servieren.

Kalte Joghurt-Gazpacho

ZUTATEN FÜR 4–6 PERSONEN:
¹/₂ Salatgurke
je 1 rote und grüne
Paprikaschote
350 g reife, aber noch feste
Tomaten
1 milde weiße Zwiebel
3 Knoblauchzehen
4 Becher gut gekühlter
Bulgara-Joghurt (je 175 g)
250 g Buttermilch
Salz · weißer Pfeffer
1 Prise Cayennepfeffer
2 EL Zitronensaft

Zubereitungszeit: 35 Min.
Bei 6 Personen pro Portion:
489 kJ/117 kcal
7 g E · 4 g F · 14 g K

Erfrischend · Preiswert

1 Salatgurke waschen, schälen und längs halbieren. Mit einem Teelöffel die Kerne auskratzen, das Gurkenfleisch fein würfeln. Paprikaschoten waschen, putzen und fein würfeln.
2 Tomaten kurz mit kochendem Wasser überbrühen, häuten, halbieren, entkernen und ohne Stielansätze klein würfeln.
3 Zwiebel und Knoblauch schälen und klein hacken. Die Hälfte des Gemüses mit dem Joghurt und der Buttermilch im Mixer pürieren.
4 Mit Salz, Pfeffer, Cayennepfeffer und Zitronensaft abschmecken. Kühl servieren, die restlichen Gemüsewürfel zum Bestreuen extra dazureichen.

Gurkensuppe mit Shrimps

ZUTATEN FÜR 4 PERSONEN:
1 große Salatgurke
4 Tomaten (400 g)
50 g durchwachsener Räucherspeck ohne Schwarte
1 Zwiebel · 2 Knoblauchzehen
2 EL Butter
400 ml Gemüsefond (aus dem Glas; ersatzweise Gemüsebrühe)
Salz · weißer Pfeffer
1–2 EL Zitronensaft
2 EL gehackter Dill
1 Dose Tiefseegarnelen (Shrimps; 100 g Inhalt)
4 EL Fertig-Croûtons (aus der Packung; ersatzweise Backerbsen)

Zubereitungszeit: 35 Min.
Pro Portion: 1121 kJ/268 kcal
14 g E · 14 g F · 22 g K

Gelingt leicht

1 Gurke schälen, längs halbieren, die Kerne entfernen, Gurkenfleisch klein würfeln. Tomaten überbrühen, häuten, entkernen und grob hacken. Speck in feine Streifen schneiden. Zwiebel und Knoblauch schälen, fein würfeln.

2 In einem Topf die Butter erhitzen. Speck, Zwiebel und Knoblauch darin bei mittlerer Hitze 3 Min. braten. Gurke und Tomaten dazugeben, 2 Min. dünsten. Fond und 1/4 l Wasser angießen, mit Salz, Pfeffer und Zitronensaft würzen, 5 Min. köcheln lassen.

3 Dill und Shrimps in der Suppe 5 Min. erhitzen. Mit Croûtons bestreuen.

Kräuterflädle-Suppe

ZUTATEN FÜR 4 PERSONEN:
1 Ei
Salz · Pfeffer
2 EL Sahne
3 EL Mehl
2 EL fein gehackte Kräuter (Petersilie, Schnittlauch, Dill, Basilikum, Sauerampfer)
1 EL Butter zum Backen
1 l Fleischbrühe
1 Prise Muskatnuss

Zubereitungszeit: 15 Min.
Pro Portion: 435 kJ/104 kcal
4 g E · 7 g F · 7 g K

Spezialität aus Schwaben

1 Ei mit Salz, Pfeffer, Sahne und Mehl zu einem glatten Teig verrühren. Kräuter untermischen.

2 Jeweils die Hälfte der Butter in einer kleinen Pfanne erhitzen, aus dem Teig dann nacheinander bei mittlerer Hitze zwei dünne Pfannkuchen backen, aufrollen und etwas abkühlen lassen.

3 Inzwischen in einem Topf die Fleischbrühe erhitzen, mit dem Muskat würzen. Pfannkuchen in schmale Streifen schneiden, auf Suppenteller verteilen und mit der kochend heißen Brühe aufgießen.

Variante:
Für eine leichte gebundene Suppe vorher 2 EL Mehl in Butter anrösten, Brühe aufgießen und die Suppe zum Schluss noch mit Essig abschmecken.

Hackklößchen-suppe mit Dill

ZUTATEN FÜR 4 PERSONEN:
1 mittelgroße Zwiebel
2 Knoblauchzehen
2 Eier · 2 EL Butter
1 Tasse 5-Minuten-Reis
1 ½ l Fleischbrühe
1 TL unbehandelte, abgeriebene Zitronenschale
1 TL gerebelter Oregano
Salz · schwarzer Pfeffer
200 g Lammhackfleisch (ersatzweise Rinderhackfleisch)
3–5 EL Zitronensaft
1 Bund Dill

Zubereitungszeit: 30 Min.
Pro Portion: 1527 kJ/365 kcal
19 g E · 12 g F · 45 g K

Gelingt leicht

1 Zwiebel und Knoblauch schälen, fein hacken. Eier trennen. Butter erhitzen und Zwiebel und Knoblauch darin bei mittlerer Hitze glasig braten. Mit Reis, 4 EL Brühe, Eiweißen, Zitronen-schale, Oregano, Salz und Pfeffer unter das Hack-fleisch mischen. Alles gut verkneten und zu acht Klößchen formen.

2 Restliche Brühe erhitzen und die Klößchen darin bei schwacher Hitze gut 10 Min. ziehen lassen.

3 Eigelbe mit Zitronensaft verquirlen, nach und nach etwas heiße Brühe dazugießen, dann unter die Suppe rühren und erhitzen, aber nicht mehr kochen.

4 Dill waschen, Blättchen klein schneiden und in die Suppe rühren. Suppe auf Teller verteilen.

Tipp!
Die Klößchen schmecken noch pikanter, wenn Sie 2 EL geriebenen Käse unter das Hackfleisch mischen.

Hühnersuppe mit Glasnudeln

ZUTATEN FÜR 4 PERSONEN:
50 g Glasnudeln
4 getrocknete chinesische Morcheln (Mu-Err-Pilze)
100 g Chinakohl (ersatzweise Wirsingblätter)
3 Frühlingszwiebeln
100 g Zuckerschoten
1 Glas konzentrierte Hühnerbrühe mit Fleisch
1 EL Erdnussöl
1–2 EL Sojasauce
½ TL zerdrückte Korianderkörner · ½ TL Kurkumapulver
3 Tropfen Tabasco · Salz

Zubereitungszeit: 30 Min.
Pro Portion: 1376 kJ/329 kcal
13 g E · 6 g F · 60 g K

Spezialität aus China

1 Glasnudeln heiß überbrausen, klein schneiden.
2 Morcheln in warmem Wasser 10 Min. einweichen. Chinakohl waschen, in Streifen schneiden. Frühlingszwiebeln waschen, schräg in 1 cm dicke Scheiben schneiden. Zuckerschoten waschen und putzen. Fleisch aus der Brühe nehmen und klein würfeln.
3 Zwiebeln und Kohl im Öl anbraten. Brühe nach Angabe mit Wasser verdünnt dazugeben. Morcheln und Zuckerschoten unterrühren, 10 Min. zugedeckt köcheln lassen. Glasnudeln und Fleischwürfel dazugeben, 5 Min. ziehen lassen. Mit Sojasauce, Koriander, Kurkuma, Tabasco und Salz würzen, servieren.

Kräutersuppe mit Klößchen

ZUTATEN FÜR 4 PERSONEN:
je 1 Bund Petersilie, Schnittlauch, Basilikum und Brunnenkresse (ersatzweise andere Kräuter)
2 Zwiebeln · 5 EL Butter
50 g Graham-Semmelbrösel (aus dem Reformhaus; ersatzweise Vollkornsemmelbrösel)
1 Ei · 1 Eigelb
Salz · weißer Pfeffer
Muskatnuss · 3 EL Mehl
1 l Gemüsebrühe

Zubereitungszeit: 35 Min.
Pro Portion: 1933 kJ/426 kcal
15 g E · 22 g F · 54 g K

Vegetarisch · Preiswert

1 Kräuter waschen, Blättchen fein hacken. Zwiebeln schälen und sehr fein würfeln.
2 Butter erhitzen, Zwiebelwürfel darin bei mittlerer Hitze in 3 Min. glasig braten. Ein Drittel davon mit etwas Butter herausnehmen und zu den Semmelbröseln geben. Mit dem Ei, Eigelb, Salz, Pfeffer und Muskat gut verrühren, zur Seite stellen.
3 Mehl in den Topf zu den restlichen Zwiebeln rühren, kurz aufschäumen lassen, mit Brühe aufgießen und 5 Min. bei schwacher Hitze köcheln lassen.
4 Bröselteig zu kleinen Klößchen formen und mit den gehackten Kräutern in die Suppe rühren. Offen bei schwacher Hitze 5 Min. ziehen lassen. Suppe abschmecken und servieren.

Fenchel-Zucchini-Suppe

ZUTATEN FÜR 4 PERSONEN:
1 Fenchelknolle (300 g)
1 mittelgroßer Zucchino (250 g)
1 Zwiebel
2 EL Butter
³/₄ l kräftige Hühnerbrühe
50 g Putenbrustaufschnitt
100 g Maiskörner (aus der Dose)
Salz · weißer Pfeffer
1 TL milder oder scharfer Curry
1 EL gehackte Petersilie

Zubereitungszeit: 25 Min.
Pro Portion: 527 kJ/126 kcal
6 g E · 7 g F · 13 g K

Preiswert

1 Gemüse waschen. Fenchel würfeln, Zucchino in Scheiben schneiden. Die Zwiebel schälen, hacken.

2 In einem Topf die Butter erhitzen, Zwiebelwürfel darin bei mittlerer Hitze in 3 Min. glasig braten. Die Fenchelwürfel kurz mit anbraten. Zucchinoscheiben dazurühren, Brühe angießen und alles zugedeckt bei schwacher Hitze 10 Min. köcheln lassen.

3 Putenbrust in Streifen schneiden und mit den Maiskörnern unter die Suppe rühren. Mit Salz, Pfeffer und Curry abschmecken, mit Petersilie bestreuen und servieren.

Tipp!
Die Suppe wird zum Eintopf, wenn Sie 100 g Putenbrustaufschnitt nehmen und zum Schluss 1 Tasse 5-Minuten-Reis mitgaren.

Tomatensuppe mit Kichererbsen

ZUTATEN FÜR 4 PERSONEN:
1 Zwiebel · 2 Knoblauchzehen
2 EL Olivenöl
³/₄ l Tomatensaft
1 kleine Dose Tomaten
(400 g Inhalt)
Salz · schwarzer Pfeffer
Zucker
je ¹/₂ TL getrockneter Thymian
und Oregano
1 Dose Kichererbsen
(400 g Inhalt)
2 EL gehackte Petersilie

Zubereitungszeit: 20 Min.
Pro Portion: 1029 kJ/246 kcal
8 g E · 8 g F · 38 g K

Vegetarisch

1 Zwiebel und Knoblauch schälen, fein würfeln. In einem Topf 1 EL Olivenöl erhitzen, Zwiebel und Knoblauch darin bei mittlerer Hitze glasig dünsten. Tomatensaft und Tomaten dazugeben, mit Salz, Pfeffer, 1 Prise Zucker, Thymian und Oregano abschmecken. Zugedeckt bei schwacher Hitze 5 Min. köcheln lassen.

2 Kichererbsen gut abtropfen lassen. Restliches Öl erhitzen, Kichererbsen darin unter Rühren anrösten.

3 Suppe pürieren oder durch ein Sieb streichen und auf vier Teller verteilen. Mit Kichererbsen und Petersilie bestreuen.

Tipp!
Statt Kichererbsen passen auch fertige Backerbsen aus der Tüte gut dazu.

Zitronensuppe mit Pistazien

ZUTATEN FÜR 4 PERSONEN:
1 Bund Frühlingszwiebeln
1 Möhre
2 Stangen Staudensellerie
1 Bund Petersilie
1 EL Butterschmalz
3/4 l Gemüsefond (aus dem Glas; ersatzweise Hühnerfond)
30 g ungesalzene Pistazien
3 ganz frische Eigelbe
2 EL Crème fraîche
Saft von 1/2 Zitrone
Salz · Pfeffer

Zubereitungszeit: 30 Min.
Pro Portion: 1213 kJ/290 kcal
12 g E · 13 g F · 35 g K

Kalorienarm

1 Frühlingszwiebeln, Möhre, Staudensellerie und Petersilie waschen. Frühlingszwiebeln mit dem zarten Grün in feine Ringe schneiden. Möhre schälen und in feine Stifte raspeln. Sellerie putzen, in feine Scheiben schneiden. Petersilienblättchen abzupfen, beiseite legen, Stiele sehr fein hacken.

2 Butterschmalz in einem Topf erhitzen. Gemüse und Petersilienstiele darin bei mittlerer Hitze einige Minuten andünsten.

3 Fond angießen und zum Kochen bringen. Die Suppe zugedeckt 5 Min. köcheln lassen.

4 Inzwischen Pistazien und Petersilienblättchen fein hacken.

5 Eigelbe mit Crème fraîche und Zitronensaft verquirlen. Suppe vom Herd ziehen, Eigelbmischung mit dem Schneebesen unterschlagen. Mit Salz und Pfeffer abschmecken, mit Pistazien und der Petersilie bestreuen und servieren.

Kartoffel-Gorgonzola-Suppe

ZUTATEN FÜR 4 PERSONEN:
700 g vorwiegend fest kochende Kartoffeln
1 EL Butterschmalz
150 g TK-Erbsen
1 l Gemüsebrühe
200 g Gorgonzola
Salz · Pfeffer
1 EL gehackte Petersilie

Zubereitungszeit: 25 Min.
Pro Portion: 1695 kJ/405 kcal
15 g E · 23 g F · 35 g K

Gelingt leicht

1 Die Kartoffeln schälen, waschen und auf der Rohkostreibe grob raspeln.
2 Butterschmalz in einem großen Topf erhitzen. Kartoffeln darin bei mittlerer Hitze kurz anbraten. Erbsen dazugeben und einige Minuten andünsten. Brühe angießen. Suppe zugedeckt bei mittlerer Hitze 10 Min. köcheln lassen, bis die Kartoffeln weich sind.
3 Inzwischen den Gorgonzola in kleine Würfel schneiden. Unter die Suppe rühren und schmelzen lassen.
4 Die Suppe mit wenig Salz und Pfeffer abschmecken und mit der Petersilie bestreut servieren.

Tipp!
Die Kartoffeln 10 Min. köcheln lassen, pürieren. Die Erbsen zugeben und weitere 5 Min. köcheln.

Scharfe Kartoffel-Thymian-Suppe

ZUTATEN FÜR 4 PERSONEN:
700 g mehlig kochende Kartoffeln
1 Stange Lauch
1 Möhre · 1 Zwiebel
1/2 Bund frischer Thymian
2–3 scharfe grüne Peperoni (aus dem Glas) · 1 EL Butter
3/4 l Gemüsebrühe (ersatzweise Fleischbrühe)
1/4 l Milch · Salz

Zubereitungszeit: 35 Min.
Pro Portion: 1393 kJ/333 kcal
11 g E · 8 g F · 56 g K

Raffiniert · Preiswert

1 Kartoffeln schälen, waschen und klein würfeln. Lauch putzen, längs aufschneiden, gründlich waschen. Möhre putzen. Beides fein hacken. Zwiebel schälen, fein hacken. Thymian waschen, Blättchen abzupfen. Peperoni abtropfen lassen und fein hacken.
2 Butter in einem Topf erhitzen. Lauch, Zwiebel und Thymian darin unter Rühren 2 Min. andünsten. Kartoffeln und Peperoni kurz mitdünsten.
3 Brühe und Milch angießen, aufkochen. Die Suppe zugedeckt bei mittlerer Hitze 8-10 Min. köcheln lassen, bis die Kartoffeln weich sind.
4 Suppe mit dem Pürierstab kurz durchmixen, Kartoffeln dabei nur grob zerkleinern. Salzen und rasch servieren.

Schnelle Minestrone

ZUTATEN FÜR 4 PERSONEN:
1 kleine Zwiebel
2 Knoblauchzehen
250 g weiße Bohnen (aus der Dose) · 2 EL Olivenöl
1 kleine Dose Tomaten (400 g Inhalt)
gut 3/4 l Gemüsebrühe
Salz · schwarzer Pfeffer
1 TL getrockneter Thymian
150 g kleine Hörnchennudeln
150 g tiefgekühlte grüne Bohnen
1 Bund Basilikum
4 EL frisch geriebener Parmesan

Zubereitungszeit: 25 Min.
Pro Portion: 1999 kJ/478 kcal
19 g E · 14 g F · 73 g K

Gelingt leicht

1 Zwiebel und Knoblauch schälen, fein hacken. Die weißen Bohnen abtropfen lassen.

2 In einem Topf das Öl erhitzen, Zwiebel und Knoblauch darin bei mittlerer Hitze anbraten. Tomaten abtropfen lassen, etwas kleiner schneiden, dazugeben und kurz andünsten. Die Brühe angießen, alles mit Salz, Pfeffer und Thymian würzen. Nudeln und grüne Bohnen dazugeben, 10 Min. offen bei schwacher Hitze köcheln lassen. Weiße Bohnen unterrühren, 2 Min. erhitzen, alles mit Salz und Pfeffer abschmecken.

3 Basilikum waschen, Blättchen fein schneiden. Mit dem Käse über die Suppe streuen.

Reistopf mit Meeresfrüchten

ZUTATEN FÜR 4 PERSONEN:
2 Tassen Langkornreis · Salz
1 Zwiebel · 2 Knoblauchzehen
2 EL Olivenöl · 1 kleine Dose Tomaten (400 g Inhalt)
1 Paket tiefgekühlte Gemüsemischung (Balkangemüse)
schwarzer Pfeffer
1/2 TL Safranpulver
4 EL trockener Sherry (ersatzweise Zitronensaft)
400 g Fischfilet (Rotbarsch oder Kabeljau; ersatzweise tiefgekühlt)
150 g tiefgekühlte Shrimps (ersatzweise aus der Dose)
1 EL frische gehackte Kräuter

Zubereitungszeit: 25 Min.
Pro Portion: 2581 kJ/617 kcal
37 g E · 9 g F · 91 g K

Für Gäste

1 Reis mit 4 Tassen Salzwasser aufkochen und offen bei mittlerer Hitze 15 Min. kochen.

2 Zwiebel und Knoblauch schälen, klein würfeln. In einem Topf im Öl bei mittlerer Hitze 4 Min. anbraten. Die Tomaten grob zerteilen, mit der Flüssigkeit dazugeben. Gemüse unterrühren, mit Salz, Pfeffer, Safran und Sherry würzen. 5 Min. zugedeckt köcheln lassen. Fischfilet in Würfel schneiden, mit den Shrimps unter das Gemüse rühren, noch 3 Min. ziehen lassen.

3 Dann den Reis mit den Kräutern unter die Fisch-Gemüse-Mischung heben, sofort servieren.

Paprika-Wurst-Eintopf

ZUTATEN FÜR 4 PERSONEN:
1 kg Paprikaschoten (gemischt)
1 große Dose Tomaten
(800 g Inhalt)
4 Zwiebeln
2 Knoblauchzehen
4 EL Olivenöl
200 ml Gemüsebrühe
je ½ TL gemahlener Pfeffer,
Koriander und Piment
300 g grobe Wurst (z.B.
Stadtwurst, Cabanossi)
Salz
1 TL getrockneter Oregano

Zubereitungszeit: 35 Min.
Pro Portion: 2573 kJ/615 kcal
24 g E · 44 g F · 34 g K

Spezialität aus Griechenland

1 Paprika waschen, putzen und in 3 cm große Stücke schneiden. Tomaten abtropfen lassen, in Stücke schneiden. Zwiebeln und Knoblauch schälen, Zwiebeln in Halbringe schneiden, Knoblauch hacken.

2 In einem breiten Topf das Olivenöl heiß werden lassen. Zwiebeln und Knoblauch darin in 5 Min. sachte bräunen, die Paprikastücke dazugeben und 5 Min. mitbraten. Tomatenstücke unterrühren, Brühe angießen. Die Gewürze dazugeben. Zugedeckt alles bei schwacher Hitze 10 Min. garen.

3 Die Wurst in ½ cm dicke Scheiben schneiden, dazugeben, alles 10 Min. weitergaren. Mit Salz und Oregano abschmecken.

Spargel-Lachs-Eintopf

ZUTATEN FÜR 4 PERSONEN:
je 400 g grüner und weißer
Spargel · 300 g frischer Spinat
2 Frühlingszwiebeln
2 EL Butter · 3 EL Mehl
1 l Gemüsebrühe
350 g Lachsfilet
3 EL Crème fraîche
Salz · weißer Pfeffer

Zubereitungszeit: 35 Min.
Pro Portion: 1744 kJ/417 kcal
27 g E · 18 g F · 38 g K

Kalorienarm

1 Spargel waschen, putzen. Grünen Spargel nicht schälen, weißen Spargel bis knapp unter die Köpfe schälen. Stangen in 3 cm lange Stücke schneiden.

2 Spinat verlesen und waschen. Frühlingszwiebeln waschen, putzen, in feine Scheiben schneiden.

3 In einem Topf die Butter zerlassen und die Frühlingszwiebelscheiben darin 2 Min. anbraten. Mehl darüber streuen und aufschäumen lassen. Brühe angießen und unter Rühren aufkochen. Spargel einrühren und bei schwacher Hitze 8 Min. köcheln lassen. Dann Spinat dazugeben, 2-3 Min. weiterköcheln.

4 Lachsfilet in fingerbreite Streifen schneiden, dazugeben und 3 Min. ziehen lassen. Crème fraîche einrühren, alles mit Salz und Pfeffer abschmecken und servieren.

Sauerkrauttopf mit Paprika

ZUTATEN FÜR 4 PERSONEN:
1 Zwiebel
100 g Räucherspeck
2 rote Paprikaschoten
1 mehlig kochende Kartoffel
1 EL Öl
400 g gekochtes Sauerkraut
400 ml Gemüse- oder
Fleischbrühe
Salz
1 TL Kümmel
1 TL rosenscharfes Paprikapulver
1 Prise Zucker
150 g saure Sahne

Zubereitungszeit: 30 Min.
Pro Portion: 1247 kJ/298 kcal
6 g E · 24 g F · 15 g K

Gelingt leicht

1 Die Zwiebel schälen und mit dem Speck klein würfeln. Die Paprikaschoten waschen, halbieren, putzen und würfeln. Die Kartoffel schälen, waschen und auf der Rohkostreibe fein raspeln.

2 Öl in einem Topf erhitzen. Zwiebel und Speck darin bei mittlerer Hitze unter Rühren braten, bis der Speck glasig ist. Paprikawürfel kurz mitbraten, Sauerkraut untermischen. Die Brühe und die Kartoffel gut untermischen, alles mit Salz, Kümmel, Paprika und Zucker würzen und zugedeckt 10-15 Min. köcheln lassen, bis die Paprika bissfest sind.

3 Die saure Sahne unterziehen, den Eintopf abschmecken und rasch servieren.
Dazu schmeckt frisches Fladenbrot.

Paprika-Mais-Topf mit Schafkäse

ZUTATEN FÜR 4 PERSONEN:
je 1 große rote, gelbe und grüne
Paprikaschote
1 Bund Frühlingszwiebeln
1–2 Knoblauchzehen
1 mehlig kochende Kartoffel
1 Glas Gemüsemais (230 g
Inhalt) · 1 EL Butterschmalz
¼ l Gemüsebrühe (ersatzweise
Fleischbrühe)
1 TL getrocknete Kräuter der
Provence
Salz · weißer Pfeffer
200 g Schafkäse
½ Kästchen Gartenkresse

Zubereitungszeit: 35 Min.
Pro Portion: 1167 kJ/279 kcal
11 g E · 15 g F · 27 g K

Preiswert

1 Paprikaschoten waschen, putzen und in Streifen schneiden. Frühlingszwiebeln putzen, waschen, in feine Ringe schneiden. Knoblauch schälen und fein hacken. Kartoffel schälen, waschen und klein würfeln. Mais abtropfen lassen.

2 Butterschmalz erhitzen. Zwiebeln und Knoblauch darin bei mittlerer Hitze andünsten. Paprika, Mais und Kartoffelwürfel dazugeben.

3 Brühe angießen, Kräuter darüber rebeln, mit Salz und Pfeffer würzen. Zugedeckt bei mittlerer Hitze 10–15 Min. schmoren lassen.

4 Schafkäse würfeln, unter den Eintopf mischen und nur heiß werden lassen. Kresse vom Beet darüber schneiden, servieren.

Kartoffelragout mit Hackfleisch

ZUTATEN FÜR 4 PERSONEN:
½ Staude Stangensellerie
750 g vorwiegend fest
kochende Kartoffeln
2 Zwiebeln
1 Knoblauchzehe
2 EL Butterschmalz
400 g gemischtes Hackfleisch
¼ l Geflügelfond (aus dem
Glas; ersatzweise Gemüsefond)
Salz · schwarzer Pfeffer
1 TL gemahlener Kümmel
1 Bund Petersilie
3 EL Crème fraîche

Zubereitungszeit: 35 Min.
Pro Portion: 1991 kJ/476 kcal
6 g E · 16 g F · 92 g K

Preiswert

1 Sellerie waschen, putzen, in Streifen schneiden. Kartoffeln schälen, waschen, groß würfeln. Zwiebeln und Knoblauch schälen, hacken.

2 Butterschmalz in einem Topf erhitzen. Hackfleisch darin bei starker Hitze unter Rühren krümelig braten. Zwiebeln, Knoblauch und Sellerie kurz mitbraten. Kartoffeln untermischen.

3 Fond angießen, Eintopf mit Salz, Pfeffer und Kümmel würzen. Zugedeckt bei mittlerer Hitze 10–15 Min. köcheln lassen.

4 Inzwischen Petersilie waschen, fein hacken. Crème fraîche unter den Eintopf mischen, eventuell nachwürzen. Mit Petersilie bestreut servieren.

Fisch und Meeresfrüchte

Muscheln in Weinsauce

ZUTATEN FÜR 4 PERSONEN:
2 kg Miesmuscheln,
küchenfertig vorbereitet
2 Zwiebeln
3 Knoblauchzehen
6 EL Olivenöl
1 Lorbeerblatt
1 Zweig Rosmarin
350 ml Weißwein
2 EL Weißweinessig
Salz · schwarzer Pfeffer

Zubereitungszeit: 25 Min.
Pro Portion: 1038 kJ/248 kcal
9 g E · 16 g F · 4 g K

Würzig

1 Muscheln waschen, putzen, geöffnete Muscheln wegwerfen. Zwiebeln und Knoblauch schälen, die Zwiebeln in Streifen schneiden, den Knoblauch mit der flachen Messerklinge leicht andrücken.

2 In einem großen Topf Öl erhitzen, Zwiebeln und Knoblauch bei mittlerer Hitze 3–4 Min. darin dünsten. Lorbeerblatt und Rosmarin zugeben, kurz andünsten.

3 Wein und Essig zugießen und bei starker Hitze aufkochen. Die Muscheln in den Sud geben, leicht salzen und pfeffern, zugedeckt bei starker Hitze 5-7 Min. kochen, ab und zu rütteln. Muscheln auf tiefe Teller verteilen, dabei geschlossene Muscheln wegwerfen. Mit dem Sud (ohne Bodensatz) beträufeln und mit Baguette servieren.

Muscheln auf griechische Art

ZUTATEN FÜR 4 PERSONEN:
2 kg Miesmuscheln,
küchenfertig vorbereitet
2 Zwiebeln
6 Knoblauchzehen
4 EL Olivenöl
1 Dose Pizza-Tomaten
(400 g Inhalt)
300 ml Weißwein
2 EL gehackte Kräuter
(Petersilie, Dill, Thymian)
Salz · schwarzer Pfeffer
100 g fetter Schafkäse (Feta)

Zubereitungszeit: 30 Min.
Pro Portion: 1046 kJ/250 kcal
15 g E · 15 g F · 5 g K

Für Gäste

1 Muscheln waschen, putzen. Geöffnete Muscheln wegwerfen. Zwiebeln und Knoblauch schälen, fein hacken.

2 Öl erhitzen, Zwiebeln und Knoblauch darin bei mittlerer Hitze in 5 Min. goldgelb dünsten. Tomaten einrühren, alles 5 Min. offen köcheln lassen. Wein angießen und die Kräuter zugeben. Auf starke Hitze schalten, Muscheln zugeben, leicht salzen und pfeffern. Zugedeckt 5-7 Min. kochen, zwischendurch einmal umrühren.

3 Den Schafkäse über die Muscheln bröseln, unterrühren und schmelzen lassen. Abschmecken und in tiefen Tellern mit viel Weißbrot servieren.

Tintenfisch aus der Schmorpfanne

ZUTATEN FÜR 4 PERSONEN:
500 g Tintenfischkörper (Calamari), küchenfertig vorbereitet
3 Zwiebeln
5 Knoblauchzehen
2 grüne Paprikaschoten (500 g)
5 EL Olivenöl
3 Gewürznelken · 1 Lorbeerblatt
150 ml Weißwein (ersatzweise Gemüsebrühe)
4 Tomaten (500 g)
Salz · schwarzer Pfeffer

Zubereitungszeit: 30 Min.
Pro Portion: 1535 kJ/367 kcal
23 g E · 19 g F · 22 g K

Spezialität von den Kanaren

1 Tintenfische waschen, wenn nötig das Fischbein entfernen. Tintenfische in Ringe schneiden.

2 Zwiebeln schälen, halbieren, in Halbringe schneiden, Knoblauch schälen und hacken. Paprikaschoten waschen, putzen, in 3 x 3 cm große Stücke schneiden.

3 In einer Schmorpfanne Öl erhitzen. Zwiebeln und Knoblauch darin bei starker Hitze 4 Min. anbraten. Tintenfische und Paprikaschoten kurz mitbraten, Nelken, Lorbeer und Wein zugeben, 5 Min. bei schwacher Hitze zugedeckt garen.

4 Tomaten überbrühen, häuten, halbieren und entkernen. Ohne Stielansätze in große Stücke schneiden, in die Pfanne geben, alles salzen und pfeffern, noch 5 Min. schmoren.

Tintenfisch mit Tomatensauce

ZUTATEN FÜR 4 PERSONEN:
1 Zwiebel
2 Knoblauchzehen
1 grüne Chilischote
1 EL Olivenöl
100 ml trockener Rotwein (ersatzweise Gemüsebrühe)
1 Dose Tomaten (800 g Inhalt)
1 Beutel tiefgekühlte Tintenfischringe (Calamari) in Ausbackteig
3 EL gehackte Kräuter (Thymian, Oregano und Basilikum)
Salz · schwarzer Pfeffer
Frittierfett zum Ausbacken

Zubereitungszeit: 35 Min.
Pro Portion: 3246 kJ/776 kcal
22 g E · 69 g F · 16 g K

Spezialität aus Italien

1 Zwiebel und Knoblauch schälen, fein hacken. Chili waschen, entkernen, in feine Streifen schneiden.

2 Öl erhitzen, Zwiebel und Knoblauch darin bei mittlerer Hitze andünsten. Chili, Wein und Tomaten einrühren, bei schwacher Hitze offen 20 Min. leise köcheln lassen.

3 Inzwischen das Frittierfett erhitzen, bis an einem eingetauchten Holzlöffel Bläschen aufsteigen. Tintenfischringe im Fett in 3–4 Min. goldbraun ausbacken. Herausheben, auf Küchenpapier entfetten.

4 Kräuter unter die Tomatensauce rühren, mit Salz und Pfeffer abschmecken und extra zu den Tintenfischen servieren.

Riesengarnelen in Kokos-Curry-Sauce

ZUTATEN FÜR 4 PERSONEN:
400 g tiefgekühlte gegarte und geschälte Riesengarnelen
2 grüne Chilischoten
4 EL Kokospulver (ersatzweise 100 g Kokospaste; Asienregal)
1–2 TL Speisestärke
2 große Zwiebeln (200 g)
20 g frischer Ingwer
4 EL Erdnussöl
1 TL milder Curry
2 EL helle Sojasauce
Salz · schwarzer Pfeffer

Zubereitungszeit: 30 Min.
Pro Portion: 1276 kJ/305 kcal
23 g E · 21 g F · 8 g K

Schnell

1 Garnelen 10 Min. antauen lassen. Inzwischen die Chilis aufschlitzen, unter fließendem Wasser entkernen, in feine Streifen schneiden. Kokospulver mit Speisestärke in 300 ml warmem Wasser anrühren. Zwiebeln schälen, halbieren, in Halbringe schneiden. Ingwer schälen und fein hacken.

2 In einer Pfanne (oder einem Wok) das Öl bei starker Hitze heiß werden lassen. Die Zwiebeln darin unter Rühren 3 Min. anbräunen. Ingwer und Chilis dazugeben, kurz andünsten. Kokosbrühe dazugießen, die Garnelen einrühren, mit Curry, Sojasauce, Salz und Pfeffer würzen und 5 Min. bei schwacher Hitze ziehen lassen. Mit Reis servieren.

Gebratene Kräuter-Scampi

ZUTATEN FÜR 4 PERSONEN:
12 rohe ungeschälte Scampi-Schwänze (400 g; ersatzweise tiefgekühlte gegarte Riesengarnelenschwänze)
Salz · Pfeffer · 2 Schalotten
2 Knoblauchzehen
125 g Butter · 2 EL Öl
4 EL Cognac nach Belieben
200 ml Fischfond (Glas)
4 EL gehackte Kräuter (Petersilie, Dill, Estragon, Basilikum)

Zubereitungszeit: 35 Min.
Pro Portion: 1899 kJ/454 kcal
21 g E · 35 g F · 4 g K

Für Gäste

1 Scampi mit einem Messer längs durch den Panzer halbieren. Den dunklen Darm auslösen, Scampi trockentupfen, salzen und pfeffern. Schalotten und Knoblauch schälen, fein würfeln.

2 In einer Pfanne 3 EL Butter mit dem Öl bei starker Hitze heiß werden lassen. Scampi darin auf jeder Seite je 2 Min. braten. Aus dem Fett heben, zur Seite stellen.

3 Fett abgießen, 1 EL frische Butter bei mittlerer Hitze schmelzen lassen, Schalotten und Knoblauch darin 3 Min. andünsten, mit Cognac und Fond ablöschen, Kräuter einrühren und restliche Butter zum Binden mit dem Schneebesen einschlagen. Scampi oder Riesengarnelen darin 1 Min. heiß schwenken.

Kabeljau aus dem Ofen

ZUTATEN FÜR 4 PERSONEN:
1 großer Kabeljau (1,2 kg;
ersatzweise Schellfisch),
küchenfertig vorbereitet
1 Zitrone · 4 Tomaten (Dose)
1 gelbe Paprikaschote
3 Stangen Staudensellerie
2 Zwiebeln · 3 Knoblauchzehen
50 g durchwachsener Räucherspeck ohne Schwarte
5 EL Olivenöl
10 entsteinte grüne Oliven
1 EL Butter
Salz · weißer Pfeffer
je 1 TL Thymian und Rosmarin

Zubereitungszeit: 20 Min.
(+ 30 Min. Backen)
Pro Portion: 2204 kJ/524 kcal
51 g E · 29 g F · 15 g K

Spezialität aus Portugal

1 Kabeljau abspülen, trockentupfen und mit Zitronensaft beträufeln, 15 Min. ziehen lassen.

2 Backofen auf 220° vorheizen. Tomaten in Stücke schneiden. Paprika und Sellerie waschen, putzen und klein würfeln. Zwiebeln und Knoblauch schälen, fein hacken, Speck klein würfeln.

3 Olivenöl bei mittlerer Hitze heiß werden lassen, Speck darin ausbraten. Zwiebeln und Knoblauch mit andünsten, übriges Gemüse zugeben, 5 Min. schmoren. Oliven in Scheiben untermischen.

4 Eine große feuerfeste Form buttern, Fisch salzen, pfeffern, hineinlegen, Thymian und Rosmarin darüber streuen, mit der Gemüsemischung über-gießen.

5 Im Ofen (Mitte, Umluft 200°) 25–30 Min. braten, dabei gelegentlich mit dem Schmorsaft übergießen.

Seeteufel in Folie mit Gemüse

ZUTATEN FÜR 4 PERSONEN:
**800 g Seeteufelfilet (ersatz-
weise Rotbarsch)**
2 EL Zitronensaft
1 Fleischtomate · 1 Zucchino
1 Bund Frühlingszwiebeln
2 Knoblauchzehen
2 EL gehackte Basilikumblätter
½ TL getrockneter Thymian
1 EL Olivenöl · Salz · Pfeffer
100 g Crème fraîche

Zubereitungszeit: 30 Min.
(+ 30 Min. Garen)
Pro Portion: 1318 kJ/315 kcal
37 g E · 15 g F · 7 g K

Raffiniert

1 Fischfilet waschen, trockentupfen, mit dem Zitronensaft beträufeln.

2 Gemüse waschen und putzen. Tomate ohne Stielansatz würfeln. Zucchino in Stifte, Frühlingszwiebeln mit Grün in feine Ringe schneiden. Knoblauch schälen, fein hacken.

3 Backofen auf 220° vorheizen. Gemüse, Knoblauch, Kräuter und Öl mit etwas Salz und Pfeffer mischen. Die Hälfte des Gemüses auf ein großes Stück starke Alufolie geben. Fisch darauf legen, salzen, pfeffern und mit restlichem Gemüse belegen. Alufolie gut verschließen.

4 Den Fisch im Ofen (Mitte, Umluft 200°) 30 Min. garen. Fisch und Gemüse aus der Folie nehmen, im abgeschalteten Ofen warm halten.

5 Garflüssigkeit mit Crème fraîche bei starker Hitze 4 Min. einkochen lassen. Abschmecken und zum Fisch servieren. Dazu passen Salzkartoffeln.

Lachs in Kräuter-Senf-Sahne

ZUTATEN FÜR 4 PERSONEN:
**800 g Lachsfilet (ersatzweise
Scholle oder Seelachs)**
1 EL Zitronensaft
**je 1 Bund Dill, Petersilie und
Basilikum · 150 g Crème fraîche**
5 EL Fischfond (aus dem Glas)
2 TL scharfer Senf
Salz · weißer Pfeffer

Zubereitungszeit: 30 Min.
(+ 20 Min. Garen)
Pro Portion: 1803 kJ/431 kcal
45 g E · 23 g F · 11 g K

Gelingt leicht

1 Lachsfilet waschen, trockentupfen, mit Zitronensaft beträufeln. Backofen auf 200° (Umluft 180°) vorheizen.

2 Kräuter waschen, Blättchen fein hacken. Crème fraîche mit Fond, Senf und Kräutern (1 EL zurückbehalten) verrühren, mit Salz und Pfeffer abschmecken.

3 Lachsfilet salzen, pfeffern, in eine feuerfeste Form legen und mit der Kräutercreme bedecken.

4 Lachs im Ofen (Mitte) 20 Min. garen, bis er sich gleichmäßig hellrosa verfärbt hat. Mit den zurückbehaltenen Kräutern bestreuen. Zum Lachs passen Kartoffeln oder Reis.

Schollenfilets mit Knoblauchsauce

ZUTATEN FUR 4 PERSONEN:
8 Schollenfilets (je 80 g; evtl. tiefgekühlt)
2 EL Zitronensaft
3 Knoblauchzehen
1–2 getrocknete Chilis · Salz
1 große, gekochte mehlig kochende Kartoffel (150 g)
75 ml Olivenöl (nativ extra)
1 Msp. Safranpulver
weißer Pfeffer
2 EL Mehl · 4 EL Butter

Zubereitungszeit: 25 Min.
Pro Portion: 1715 kJ/410 kcal
26 g E · 29 g F · 11 g K

Für Gäste · Schnell

1 Fischfilets mit Zitronensaft beträufeln, zur Seite stellen.

2 Knoblauchzehen schälen und grob würfeln. Die Chilis mit etwas Salz im Mörser zerstoßen, Knoblauch dazugeben und zu einem feinen Mus zerstampfen, in ein Schüsselchen füllen. Kartoffel pellen, zerdrücken und mit dem Mus glatt verrühren. Unter ständigem Rühren mit dem Schneebesen Olivenöl dazulaufen lassen, bis die Masse cremig ist. Mit Safran, Salz und Pfeffer würzen.

3 Fischfilets mit Küchenpapier trockentupfen, im Mehl wenden. In einer großen Pfanne die Butter bei mittlerer Hitze schmelzen lassen und die Filets darin pro Seite 3 Min. braten. Die Sauce extra servieren. Dazu Baguette reichen.

Heilbuttschnitten mit Pilzen

ZUTATEN FUR 4 PERSONEN:
600 g schwarzer Heilbutt in Scheiben (Koteletts, Karbonaden; ersatzweise Kabeljau)
5 EL Zitronensaft
250 g Egerlinge (braune Champignons)
3 Schalotten (ersatzweise
1 Zwiebel) · 2 Knoblauchzehen
Salz · schwarzer Pfeffer
2 EL Mehl
4 EL Olivenöl
je 1 TL frischer Thymian und Rosmarin

Zubereitungszeit: 30 Min.
Pro Portion: 1397 kJ/334 kcal
33 g E · 17 g F · 11 g K

Spezialität aus Südfrankreich · Schnell

1 Fisch mit 3 EL Zitronensaft beträufeln, 10 Min. ziehen lassen. Pilze säubern, putzen und in feine Scheiben schneiden. Schalotten und Knoblauch schälen und fein würfeln.

2 Fisch mit Küchenpapier trockentupfen, salzen und pfeffern, in Mehl wenden. In einer Pfanne Öl erhitzen, Fischscheiben darin pro Seite bei mittlerer Hitze 4–5 Min. braten. Aus der Pfanne heben, warm stellen.

3 Im verbliebenen Öl Schalotten, Knoblauch und Pilze 3 Min. bei mittlerer Hitze anbraten. Die Kräuter und den restlichen Zitronensaft untermischen. Mit Salz und Pfeffer würzen, über die Heilbuttschnitten verteilen und servieren.

Rotbarsch in Walnuss-Panade

ZUTATEN FÜR 4 PERSONEN:
4 Rotbarschfilets (je 180 g;
ersatzweise Seelachs)
1 unbehandelte Zitrone
50 g Semmelbrösel
50 g geriebene Walnusskerne
2 kleine Eier
Salz · weißer Pfeffer
100 g Mehl
4 EL Sonnenblumenöl
Zitronenschnitze zum Servieren

Zubereitungszeit: 30 Min.
Pro Portion: 2012 kJ/481 kcal
43 g E · 20 g F · 32 g K

Raffiniert · Schnell

1 Rotbarschfilets trockentupfen. Zitrone heiß waschen, die Hälfte der Schale fein abreiben und mit Semmelbröseln und Walnüssen in einem tiefen Teller mischen. Zitrone auspressen, Fischfilets mit dem Saft beträufeln.

2 Eier in einem tiefen Teller mit Salz und Pfeffer verquirlen. Mehl in einen zweiten tiefen Teller geben.

3 Fischfilets salzen und pfeffern. Zuerst im Mehl wenden, überschüssiges abklopfen. Filets durch die Eier ziehen und in der Nuss-Zitronenmischung wenden. Panade etwas andrücken.

4 Öl in einer großen Pfanne oder in zwei Pfannen erhitzen. Fischfilets hineingeben und bei schwacher bis mittlerer Hitze pro Seite 4 Min. braten. Mit Zitronenschnitzen und Kartoffelsalat als Beilage servieren.

Kabeljau mit Rucola und Kapern

ZUTATEN FÜR 4 PERSONEN:
4 Kabeljaufilets (je 180 g)
2 EL Zitronensaft
1 Bund Rucola (50 g)
2 Knoblauchzehen · 75 g Butter
1 EL Kapern (aus dem Glas)
2 EL Fischfond · Salz
weißer Pfeffer
Cayennepfeffer

Zubereitungszeit: 30 Min.
Pro Portion: 1221 kJ/292 kcal
33 g E · 17 g F · 3 g K

Schnell · Gelingt leicht

1 Kabeljaufilets kalt waschen, trockentupfen. Mit 1 EL Zitronensaft beträufeln.

2 Rucola waschen, trockenschwenken und grob hacken. Knoblauch schälen und fein hacken.

3 Butter in einer Pfanne bei mittlerer Hitze zerlassen. Knoblauch, Rucola und Kapern hineingeben und unter Rühren garen, bis der Rucola zusammengefallen ist.

4 Mit dem Fischfond und restlichem Zitronensaft ablöschen, mit Salz und Pfeffer würzen. Fischfilets salzen, pfeffern und mit Cayennepfeffer würzen, auf den Rucola legen und pro Seite 3 Min. bei mittlerer Hitze garen. Mit der Rucola-Kapernbutter auf vorgewärmten Tellern servieren. Dazu schmecken Salat und Kartoffeln oder einfach Weißbrot.

Seehecht in grüner Sauce

ZUTATEN FÜR 4 PERSONEN:
4 Stücke Seehecht (je 180 g;
evtl. tiefgekühlt)
3 Knoblauchzehen
2 Bund Petersilie
4 EL Olivenöl
1 EL Weißweinessig
200 ml Fischfond (aus dem
Glas; ersatzweise Weißwein)
Salz · schwarzer Pfeffer

Zubereitungszeit: 20 Min.
Pro Portion: 1569 kJ/375 kcal
39 g E · 17 g F · 17 g K

Spezialität aus dem
Baskenland · Schnell

1 Seehecht kurz waschen,
mit Küchenpapier tro-
ckentupfen. Knoblauch
schälen und fein hacken.

2 Petersilie waschen und
die Blättchen von 1 Bund
pürieren. Restliche Blättchen fein hacken. Öl bei
mittlerer Hitze heiß werden
lassen, den Knoblauch darin
in 3–4 Min. goldgelb bra-
ten. Das Petersilienpüree
dazurühren, mit Essig und
Fischfond aufgießen, salzen,
pfeffern und bei schwacher
Hitze sanft köcheln lassen.

3 Den Seehecht in die
Sauce legen und zuge-
deckt 10 Min. unter häufi-
gem Rütteln des Topfes
garen. Zum Schluss die fein
gehackte Petersilie unter die
Sauce rühren und den Fisch
servieren. Als Beilage passen
kleine Pellkartoffeln.

Lachsfilets mit Zwiebeln

ZUTATEN FÜR 4 PERSONEN:
4 Lachsfilets (je 250 g; evtl.
tiefgekühlt)
Salz · schwarzer Pfeffer
1 große Zwiebel (150 g)
4 EL Olivenöl
1 Lorbeerblatt
200 ml Weißwein (ersatzweise
Gemüsebrühe)
1 EL Weißweinessig
1 Eigelb
1 EL fein gehackte Petersilie
4 dicke Scheiben Weißbrot

Zubereitungszeit: 25 Min.
Pro Portion: 3033 kJ/725 kcal
53 g E · 46 g F · 16 g K

Spezialität aus Portugal

1 Lachskoteletts trocken-
tupfen, mit Salz und

Pfeffer würzen. Zwiebel
schälen und fein würfeln.

2 Öl in einer Schmor-
pfanne erhitzen, Zwiebel
bei mittlerer Hitze in 5 Min.
goldgelb braten. Lorbeer
zugeben, Fisch darauf legen,
Wein und Essig zugießen,
salzen und pfeffern.
Zugedeckt bei schwacher
Hitze in 10 Min. garen.

3 Eigelb mit Petersilie verquirlen. Die Brotschei-
ben toasten, auf Teller legen.
Die Lachskoteletts auf den
Brotscheiben anrichten.
Eigelb mit etwas Sud ver-
rühren, in die restliche
Brühe quirlen und vorsichtig erhitzen, bis die Sauce
gebunden ist. Mit Salz und
Pfeffer abschmecken, über
den Fisch gießen und gleich
servieren.

Gemüse-Fisch mit Sauce Hollandaise

ZUTATEN FÜR 4 PERSONEN:
600 g Fischfilets (Scholle, Kabeljau)
2 mittelgroße Möhren
1 Stück Knollensellerie (100 g)
1 Stange Lauch
3 EL gehackte Petersilie
Salz · weißer Pfeffer
4 EL trockener Weißwein
(ersatzweise Fischfond)
1–2 EL Zitronensaft
125 g Butter · 2 Eigelbe
Cayennepfeffer
2–3 EL Schlagsahne
(Sprühdose)

Zubereitungszeit: 40 Min.
Pro Portion: 1832 kJ/438 kcal
29 g E · 32 g F · 6 g K

Raffiniert

1 Filets trockentupfen. Möhren und Sellerie schälen, in Stifte schneiden. Lauch putzen, waschen, in Streifen schneiden.

2 Gemüse mit 2 EL Petersilie in einem Topf mischen, Fischfilets darauf legen, alles salzen und pfeffern. Wein mit 1 EL Zitronensaft darüber gießen.

3 Butter bei mittlerer Hitze zerlassen, Schaum abschöpfen, Butter lauwarm abkühlen lassen.

4 Fisch aufkochen, dann zugedeckt bei mittlerer Hitze in 10 Min. garen.

5 Inzwischen Eigelbe mit 2 EL lauwarmem Wasser im warmen Wasserbad aufschlagen. Butter tropfenweise untermischen. Wenn die Masse dicker wird, die restliche Butter in dünnem Strahl kräftig unterühren.

6 Sauce mit Zitronensaft, Salz und Cayennepfeffer abschmecken. Sahne unterheben. Fisch mit restlicher Petersilie bestreuen, mit der Sauce servieren.

Forellen auf Wirsing

ZUTATEN FUR 4 PERSONEN:
4 Forellen (je 250 g), küchenfertig vorbereitet
1 Knoblauchzehe
1 TL Korianderkörner · Salz
2 EL trockener Sherry
1 kleiner Wirsing (750 g)
1/8 l kräftige Gemüsebrühe
20 frischer Ingwer
2 EL Erdnussöl
1 EL Sesamsamen

Zubereitungszeit: 25 Min.
(+ 20 Min Garen)
Pro Portion: 1987 kJ/475 kcal
50 g E · 23 g F · 14 g K

Spezialität aus China

1 Forellen waschen, auf
beiden Seiten über Kreuz
bis auf die Gräten ein-
schneiden. Knoblauch schälen und fein hacken. Koriander mit 1 TL Salz im Mörser
zerstoßen, Knoblauch dazugeben und zerstampfen. Mit
Sherry verrühren, Fische
damit einreiben.

2 Vom Wirsing die äußeren Blätter entfernen, die
inneren waschen, in 1 cm
breite Streifen schneiden.
Ingwer schälen und in feine
Streifen schneiden. Wirsing
in einen Schmortopf füllen,
Brühe und Ingwer zugeben.
Aufkochen, Fische darauf
legen, zudecken, Herdplatte
abschalten. Bei absinkender
Hitze in 15–20 Min. gar ziehen lassen.

3 Öl mit Sesam erhitzen,
bis die Samen leicht
gebräunt sind. Heiß über
die Forellen verteilen.

Forellen in Weißwein

ZUTATEN FUR 4 PERSONEN:
4 Forellen (je 300 g), küchenfertig vorbereitet
1 Knoblauchzehe
je einige Zweige frischer
Rosmarin, Thymian und
Petersilie
3 EL Olivenöl
Salz · weißer Pfeffer
1/2 l trockener Weißwein

Zubereitungszeit: 15 Min.
(+ 15 Min. Garen)
Pro Portion: 2711 kJ/648 kcal
63 g E · 30 g F · 10 g K

Gelingt leicht · Schnell

1 Forellen innen und außen kalt abspülen,
trockentupfen. Knoblauch
schälen und fein hacken.
Kräuter waschen und die
Blättchen fein hacken.

2 In einer großen Pfanne
das Öl erhitzen. Knob-
lauch und Kräuter darin
andünsten.

3 Die Forellen salzen, pfeffern, dazugeben und kurz
anbraten. Dann mit dem
Wein begießen und bei mittlerer Hitze offen 15 Min. garen. Dabei einmal wenden.

4 Die Forellen auf vorgewärmten Tellern mit der
Sauce servieren. Dazu passen in Öl geschwenkte Kar-
töffelchen oder Weißbrot
und Salat.

Tipp!
Sie können die Forellen auch
im Backofen bei 220° (Um-
luft 200°) 20 Min. garen. Dabei ebenfalls einmal wenden.

war etwas zu tomatig,

Ungarischer Fischtopf

ZUTATEN FÜR 4 PERSONEN:
750 g Seelachsfilet
3 EL Zitronensaft
4 Zwiebeln
600 g vorwiegend fest
kochende Kartoffeln
4 EL Butterschmalz
4 EL edelsüßes Paprikapulver
1 EL rosenscharfes
Paprikapulver
¾ l Gemüsebrühe
Salz · Pfeffer
1 Bund Dill

Zubereitungszeit: 30 Min.
Pro Portion: 2179 kJ/521 kcal
41 g E · 19 g F · 48 g K

Würzig · Schnell

1 Seelachsfilets mit Küchenpapier trockentup-

fen, in 5 cm große Stücke schneiden, mit Zitronensaft beträufeln, zur Seite stellen.

2 Zwiebeln schälen und grob würfeln. Kartoffeln waschen, schälen und klein würfeln. In einem Schmortopf das Butterschmalz bei mittlerer Hitze heiß werden lassen und die Zwiebeln darin langsam in 5–7 Min. goldgelb dünsten. Kartoffeln und beide Paprikasorten einrühren, Gemüsebrühe aufgießen und zugedeckt alles bei schwacher Hitze 25 Min. köcheln. Mit Salz und Pfeffer abschmecken. Fischstücke salzen, hineinlegen, 5 Min. weitergaren.

3 Dill waschen, Blättchen klein schneiden und über den Fischtopf streuen.

Seelachs mit Tomatensauce

ZUTATEN FÜR 4 PERSONEN:
600 g Seelachsfilets
Salz · schwarzer Pfeffer
2 EL Zitronensaft
4 Zwiebeln (350 g)
4 Knoblauchzehen
1 grüne Chilischote
2 EL Olivenöl
370 g Tomaten in Stücken (aus dem Päckchen)
½ TL gerebelter Oregano
Öl für die Form

Zubereitungszeit: 25 Min.
(+ 20 Min. Garen)
Pro Portion: 970 kJ/232 kcal
28 g E · 9 g F · 10 g K

Spezialität aus Griechenland

1 Seelachsfilets trockentupfen, salzen, pfeffern

und mit Zitronensaft beträufeln, aufrollen. Auflaufform einölen, die Filets hineinlegen.

2 Zwiebeln und Knoblauchzehen schälen, in feine Scheiben schneiden. Chili aufschlitzen, entkernen, in feine Streifen schneiden. Den Backofen auf 180° (Umluft 160°) vorheizen.

3 Das Olivenöl erhitzen, Zwiebeln darin bei mittlerer Hitze in 7–10 Min. goldbraun braten, Knoblauch und Chili dazugeben und 1 Min. braten. Tomatenstücke dazugeben, mit Oregano, Salz und Pfeffer abschmecken, aufkochen und über den Fisch gießen.

4 Im Ofen (Mitte) 20 Min. garen, in der Form mit Butterreis servieren.

daher etwas langweilig!

Seelachsfilet auf Florentiner Art

ZUTATEN FUR 4 PERSONEN:
700 g Seelachs(rücken)filet
2 EL Zitronensaft
600 g tiefgekühlter Blattspinat
Salz · Pfeffer · Muskatnuss
1 Dose Tomaten (800 ml)
1 Stange Lauch (300 g)
2 EL Butter · 2 EL Mehl
300 ml Milch · 100 g Sahne
100 g geriebener Hartkäse
(Parmesan, Emmentaler)
2 Eigelbe
1/2 TL getrockneter Thymian
Fett für die Form

Zubereitungszeit: 25 Min.
(+ 20 Min. Backen)
Pro Portion: 2305 kJ/551 kcal
52 g E · 28 g F · 26 g K

Gelingt leicht

1 Fischfilet trockentupfen, mit 1 EL Zitronensaft beträufeln.

2 Spinat nach Packungsangabe auftauen, mit Salz, Pfeffer, Muskat würzen. Backofen auf 250° (Umluft 220°) vorheizen.

3 Tomaten abtropfen lassen, in Scheiben schneiden. Lauch putzen, waschen und in feine Scheiben schneiden. Butter bei mittlerer Hitze schmelzen, Lauch darin andünsten, Mehl einrühren. Milch und Sahne aufgießen und 5 Min. leise köcheln lassen. Käse zugeben, Sauce mit Salz, Pfeffer und Zitronensaft würzen. Topf vom Herd nehmen, die Eigelbe unterrühren.

4 Eine flache Form fetten, Spinat darin ausbreiten, Tomatenscheiben darauf legen, salzen und pfeffern, mit Thymian bestreuen. Fisch salzen, pfeffern, darauf legen und mit Lauch-Käse-Sauce bedecken. Im Ofen (Mitte) 20 Min. überbacken.

Fisch-Schmorgericht

ZUTATEN FÜR 4 PERSONEN:
800 g Fischfilet (Seehecht oder Goldbarsch)
Salz · schwarzer Pfeffer
2 EL Mehl · 4 Zwiebeln
10 Knoblauchzehen
10 EL Olivenöl
2 EL Weißweinessig
1 EL edelsüßes Paprikapulver
1 Prise Cayennepfeffer
je 1 TL Thymian und Kreuzkümmelsamen
2 Lorbeerblätter
300 ml Weißwein

Zubereitungszeit: 30 Min.
Pro Portion: 2476 kJ/592 kcal
41 g E · 36 g F · 14 g K

Spezialität von den Kanaren · Schnell

1 Filet trockentupfen, in Würfel schneiden, salzen, pfeffern und im Mehl wenden. Zwiebeln und Knoblauch schälen, in feine Scheibchen schneiden.

2 Öl erhitzen, Fischwürfel darin bei mittlerer Hitze rundum in 5 Min. hellbraun anbraten, herausheben.

3 Im Bratfett Zwiebeln und Knoblauch braun anbraten. Essig mit 1 Tasse Wasser aufgießen, Bratfond unter Rühren loskochen und die Flüssigkeit fast einkochen lassen. Mit Paprika, Cayenne, Thymian, Kreuzkümmel und Lorbeer würzen.

4 Wein aufgießen, aufkochen und 10 Min. offen köcheln lassen. Die Fischstücke in die Zwiebelsauce rühren und 5 Min. erhitzen.

Fisch-Curry bengalisch

ZUTATEN FÜR 4 PERSONEN:
750 g Fischfilet (Lengfisch, Kabeljau) · Salz
1 Prise Cayennepfeffer
1 TL Kurkumapulver
500 g Zwiebeln
4 Knoblauchzehen
4 EL Erdnussöl
1 TL Koriandersamen
1/2 TL Kreuzkümmel
3 Kardamomkapseln (nur die Kerne)
2 Gewürznelken · 1/4 TL Zimt
200 g Sahnejoghurt
450 g feste Tomaten
2 EL gehackte Petersilie

Zubereitungszeit: 40 Min.
Pro Portion: 1564 kJ/374 kcal
38 g E · 18 g F · 17 g K

Spezialität aus Indien

1 Filet trockentupfen, grob würfeln. 1 TL Salz mit Cayennepfeffer und 1/2 TL Kurkuma vermischen, über die Würfel streuen. Zwiebeln schälen, die Hälfte in Scheiben schneiden. Knoblauch schälen, fein hacken.

2 Zwiebelscheiben mit Knoblauch im Öl bei mittlerer Hitze in 5 Min. hellgelb braten. Restliche Zwiebeln grob zerkleinern, mit Gewürzen und restlichem Kurkuma pürieren. Mit Joghurt unterrühren und 7 Min. offen bei schwacher Hitze schmoren lassen.

3 Tomaten häuten, ohne Stielansätze würfeln, einrühren, 5 Min. dünsten. Fisch dazugeben, zugedeckt 10 Min. weiterdünsten. Mit Petersilie garnieren.

Fleisch

Hackklößchen in Spinatsauce

ZUTATEN FÜR 4 PERSONEN:
1 mittelgroße Zwiebel
1 Knoblauchzehe
2 EL Butter
300 g tiefgekühlter Blattspinat
1/4 l Gemüsebrühe
125 g Sahne
2 EL heller Saucenbinder
Salz · Pfeffer
3 grobe rohe Bratwürste (350 g)
1 Bund gemischte Kräuter (zum Beispiel Petersilie, Schnittlauch, Dill, Basilikum, Sauerampfer)

Zubereitungszeit: 30 Min.
Pro Portion: 2062 kJ/493 kcal
18 g E · 39 g F · 18 g K

Schnell · Preiswert

1 Zwiebel schälen und fein würfeln. Knoblauch häuten. In einem Topf Butter erhitzen, Zwiebel darin bei mittlerer Hitze 3 Min. andünsten. Spinat dazugeben, Knoblauch durch die Presse dazudrücken und die Brühe aufgießen, zugedeckt 10 Min. dünsten. Sahne und Saucenbinder einrühren, aufkochen und mit Salz und Pfeffer würzen.

2 Bratwurstbrät als kleine Klößchen aus der Pelle in die Sauce drücken, zugedeckt bei schwacher Hitze 10 Min. ziehen lassen.

3 Inzwischen die Kräuter waschen, Blättchen fein hacken und in die Sauce rühren. Nachwürzen und mit Reis oder Salzkartoffeln servieren.

Hackröllchen mit Paprika-Salat

ZUTATEN FÜR 4 PERSONEN:
300 g tiefgekühlte dicke Bohnenkerne
3 bunte Paprikaschoten
8 schwarze Oliven
3 EL Weißweinessig
3 EL Olivenöl
Salz · schwarzer Pfeffer
3 Knoblauchzehen · 4 Zwiebeln
600 g mageres Hackfleisch
2 EL Rotwein
1 TL getrockneter Thymian
1 TL rosenscharfes Paprikapulver
200 g Ajvar (aus dem Glas)
Öl zum Formen und Grillen

Zubereitungszeit: 40 Min.
Pro Portion: 3213 kJ/768 kcal
42 g E · 45 g F · 52 g K

Gelingt leicht

1 Bohnen nach Packungsangabe kochen, abtropfen lassen und die Häute abpellen. Paprikaschoten waschen, putzen und in Streifen schneiden. Alles mit Oliven, Essig, Olivenöl, Salz und Pfeffer anmachen.

2 Knoblauch und 1 Zwiebel schälen, fein würfeln, zum Hackfleisch geben, mit Wein, Salz, Pfeffer, Thymian und Paprika verkneten und mit geölten Händen zu fingerdicken Röllchen formen.

3 Grill- oder Bratpfanne bei mittlerer Hitze heiß werden lassen, ölen, Röllchen 8–10 Min. grillen.

4 Restliche Zwiebeln schälen und grob hacken. Den Salat mit Hackröllchen, Zwiebeln und je einem Klecks Ajvar anrichten.

Leber mit Orangensauce

ZUTATEN FUR 4 PERSONEN:
4 Scheiben Schweineleber
(500 g; ersatzweise Kalbsleber)
150 ml Milch · 4 Orangen
1 mittelgroße Zwiebel
3 EL Butter · 3 EL Zucker
1/2 TL getrockneter Thymian
2 EL Sauce double (hell)
Salz · schwarzer Pfeffer
2 EL Mehl

Zubereitungszeit: 25 Min.
Pro Portion: 1606 kJ/384 kcal
31 g E · 16 g F · 39 g K

Schnell · Preiswert

1 Leber mit Küchenpapier trockentupfen, mit Milch übergießen und zur Seite stellen. 1 Orange bis ins Fruchtfleisch schälen, in Scheiben schneiden. Übrige Orangen auspressen. Zwiebel schälen und fein hacken.

2 In einem Topf 1 EL Butter mit Zucker bei mittlerer Hitze leicht bräunen. Zwiebel dazugeben und nussbraun rösten. Orangensaft und Thymian dazugeben, 5 Min. köcheln lassen. Sauce double einrühren, aufkochen, salzen und pfeffern, warm halten.

3 Leber aus der Milch nehmen, trockentupfen und in Mehl wenden. In einer Pfanne restliche Butter bei mittlerer Hitze heiß werden lassen, Leberscheiben darin 3 Min. pro Seite braten. Orangenscheiben dazugeben und kurz erhitzen. Alles salzen, pfeffern und mit der Orangensauce servieren.

Nieren in Schnittlauch-Sahnesauce

ZUTATEN FUR 4 PERSONEN:
500 g Schweinenieren
3 Schalotten
2 Knoblauchzehen
3 EL Butterschmalz
1/8 l trockener Weißwein
(ersatzweise Brühe)
200 g Sahne
2 Bund Schnittlauch
Salz · weißer Pfeffer

Zubereitungszeit: 45 Min.
Pro Portion: 1493 kJ/357 kcal
19 g E · 26 g F · 8 g K

Preiswert

1 Nieren längs halbieren, Fett und Adern entfernen. Nieren kurz waschen, trockentupfen. Nierenhälften quer in dünne Scheiben schneiden. Backofen auf 75° (Umluft 50°) vorheizen.

2 Schalotten und Knoblauch schälen, fein würfeln. In einer Pfanne das Butterschmalz bei starker Hitze heiß werden lassen, Nieren darin portionsweise unter Rühren jeweils 1 Min. anbraten. Herausheben, im Ofen warm stellen. Fett bis auf einen Rest abgießen, Schalotten darin bei mittlerer Hitze 1 Min. anbraten. Knoblauch zugeben, 2 Min. mitbraten. Den Wein aufgießen, 3 Min. einkochen, Sahne dazugießen und um die Hälfte einkochen.

3 Schnittlauch waschen, in feine Röllchen schneiden, mit den Nieren in die Sauce rühren. Mit Salz und Pfeffer abschmecken.

Kalbsrouladen mit Kräuterfüllung

ZUTATEN FÜR 4 PERSONEN:
30 g getrocknete Steinpilze
1 Schalotte · 3 Knoblauchzehen
je 1 Bund Petersilie und
Basilikum · 1 EL Kapern
100 g fetter Speck, ohne
Schwarte
1 TL Zitronensaft
4 dünne Kalbsrouladen
(je 180 g) · Salz · weißer Pfeffer
4 TL scharfer Senf · 2 EL Öl
300 ml Kalbsfond (aus dem
Glas)
1/8 l trockener Weißwein
100 g Crème fraîche

Zubereitungszeit: 25 Min.
(+ 30 Min. Schmoren)
Pro Portion: 3572 kJ/854 kcal
36 g E · 71 g F · 4 g K

Gut vorzubereiten

1 Steinpilze in 200 ml warmem Wasser einweichen. Schalotte und Knoblauch schälen. Kräuter waschen, alles mit Kapern fein hacken. Pilze aus dem Wasser nehmen, mit Speck würfeln, mit Feingehacktem und Zitronensaft mischen.

2 Rouladen leicht klopfen, salzen, pfeffern, mit Senf bestreichen. Füllung darauf geben, zu Rouladen binden.

3 Öl erhitzen, Rouladen darin kräftig anbraten. Pilzeinweichwasser ohne sandigen Bodensatz, Fond und Wein angießen, zugedeckt bei schwacher Hitze 30 Min. schmoren.

4 Die Crème fraîche einrühren, abschmecken und mit Bandnudeln oder Kartoffeln servieren.

Schweinerouladen mit Gemüsefüllung

ZUTATEN FÜR 4 PERSONEN:
4 große dünne Schweine-
schnitzel (je 180 g)
2 Bund Suppengrün
1 EL Butter
1 EL Crème fraîche
Salz · weißer Pfeffer
Muskatnuss · 1 EL Öl
1 kleines Bund Petersilie

Zubereitungszeit: 40 Min.
Pro Portion: 1916 kJ/458 kcal
51 g E · 23 g F · 11 g K

Preiswert

1 Schweineschnitzel mit einem Fleischklopfer etwas flacher drücken.

2 Suppengrün waschen, putzen und sehr fein würfeln. Butter in einem Topf erhitzen. Suppengrün darin bei mittlerer Hitze unter Rühren 5 Min. braten. Crème fraîche hinzufügen und alles 5 Min. bei schwacher Hitze ziehen lassen. Mit Salz, Pfeffer und Muskat abschmecken.

3 Schweineschnitzel mit Salz und Pfeffer würzen, mit dem Gemüse belegen und zu Rouladen binden.

4 Öl in einer Pfanne erhitzen. Rouladen hineingeben und von allen Seiten kräftig anbraten. Dann zugedeckt bei schwacher Hitze in 10 Min. fertig garen, ab und zu wenden.

5 Petersilie waschen, Blättchen fein hacken. Rouladen damit bestreuen und servieren. Dazu passen Bratkartoffeln und Salat.

Ossobuco vom Lamm

ZUTATEN FÜR 4 PERSONEN:
**4 Scheiben Lammkeule
(je 175 g)**
3 Möhren
4 Stangen Staudensellerie
1 Zwiebel · 3 Knoblauchzehen
1 großes Bund Petersilie
3 EL Butterschmalz
Salz · weißer Pfeffer
1 Dose Pizza-Tomaten (400 ml)
**150 ml Lammfond (aus dem
Glas)**
1/8 l trockener Weißwein
**Schale von 1/2 unbehandelten
Zitrone**

Zubereitungszeit: 35 Min.
Pro Portion: 3359 kJ/803 kcal
52 g E · 53 g F · 31 g K

Gut vorzubereiten

1 Fleischscheiben trockentupfen. Gemüse waschen,
Möhren schälen, klein würfeln. Sellerie putzen, in feine
Scheiben schneiden. Zwiebel
und Knoblauchzehen schä-
len, fein hacken. Petersilie
waschen, fein hacken.

2 Butterschmalz in einem
großen Schmortopf
erhitzen. Fleischscheiben
darin bei starker Hitze von
beiden Seiten kräftig anbraten, herausnehmen, salzen
und pfeffern. Im verbliebenen Fett Zwiebel, Möhren,
Sellerie und die Hälfte vom
Knoblauch und von der
Petersilie unter Rühren bei
mittlerer Hitze anrösten.
Tomaten, Fond und Wein
angießen, salzen, pfeffern
und zugedeckt 15 Min.
schmoren lassen.

3 Fleischscheiben in den
Topf geben, 5 Min. erhit-
zen. Die Zitronenschale fein
hacken, mit übrigem Knob-
lauch und Petersilie ver-
mischt über das Gericht
streuen. Dazu Weißbrot
oder Polenta servieren.

Lammkoteletts
auf spanische Art

ZUTATEN FÜR 4 PERSONEN:
8 doppelte Lammkoteletts
(800 g); ersatzweise
4 Schweinekoteletts
2 Zwiebeln · 4 Knoblauchzehen
je 1 TL getrockneter Thymian
und Rosmarin
1/2 TL getrockneter Estragon
6 EL Olivenöl
Salz · schwarzer Pfeffer
1/4 l trockener Rotwein
1 EL Tomatenmark
1/2 TL Zimt
je 6 schwarze und grüne Oliven

Zubereitungszeit: 35 Min.
Pro Portion: 2225 kJ/532 kcal
42 g E · 32 g F · 7 g K

Für Gäste · Würzig

1 Koteletts trockentupfen. Zwiebeln und Knoblauch schälen, fein hacken, mit Thymian, Rosmarin, Estragon, 4 EL Öl, Salz und Pfeffer vermischen. Lammkoteletts darin wenden.

2 Backofen auf 75° (Umluft 50°) vorheizen. Eine schwere Pfanne mit restlichem Öl bei mittlerer Hitze heiß werden lassen. Koteletts aus der Würzmischung heben, trockentupfen und in der Pfanne 5 Min. pro Seite braten. Herausnehmen und im Ofen warm stellen. Würzmischung mit Wein, Tomatenmark und Zimt in die Pfanne geben, bei mittlerer Hitze 5 Min. kochen lassen. Salzen, pfeffern und die Koteletts darin schwenken. Mit Oliven garnieren.

Pfannen-Gyros
mit Tzatziki

ZUTATEN FÜR 4 PERSONEN:
500 g Lammschulter (ersatzweise Schweinenacken) ohne
Knochen
1 TL Zwiebelpulver
1 TL Knoblauchpulver
je 1/2 TL schwarze Pfeffer-,
Kreuzkümmel- und Korianderkörner sowie getrockneter
Oregano, Majoran, Thymian
Salz · 8 EL Olivenöl
1/2 Salatgurke
4 Knoblauchzehen
400 g gut gekühlter griechischer Sahnejoghurt (10%)

Zubereitungszeit: 30 Min.
Pro Portion: 2351 kJ/562 kcal
20 g E · 50 g F · 8 g K

Würzig · Gut vorzubereiten

1 Fleisch trockentupfen und in Streifen schneiden. Gewürze im Mörser zerreiben, mit Salz und Öl verrühren, unter die Fleischstreifen mischen. Bis zum Braten marinieren.

2 Für das Tzatziki die Gurke schälen und auf einer Rohkostreibe grob raspeln. Mit etwas Salz vermischen, 5 Min. ziehen lassen, dann fest ausdrücken. Knoblauch schälen und im Mörser zerstampfen (oder durchpressen). Gurken und Knoblauch unter den Joghurt mischen, nachsalzen.

3 Fleischstreifen mit Marinade in einer heißen Pfanne bei starker Hitze unter Rühren in 7 Min. scharf anbraten und bräunen. Mit Tzatziki servieren.

Kümmelfleisch vom Kalb

ZUTATEN FÜR 4 PERSONEN:
750 g Kalbsschulter (ersatzweise Schweinenacken) ohne
Knochen
Salz · weißer Pfeffer
2 EL Mehl · 3 Zwiebeln
4 EL Butter · 1 Lorbeerblatt
1 TL gemahlener Kümmel
400 g kleine Champignons
(ersatzweise 1 Dose
Champignons, 400 g)
1/8–1/4 l Gemüsebrühe
2 EL Kümmelschnaps nach
Belieben
2 EL gehackter Kerbel
(ersatzweise Petersilie)

Zubereitungszeit: 35 Min.
Pro Portion: 1443 kJ/345 kcal
28 g E · 19 g F · 13 g K

Gelingt leicht

1 Fleisch trockentupfen und in 2 cm große Wür- fel schneiden. Salzen, pfef- fern und in Mehl wenden. Zwiebeln schälen und klein würfeln.

2 Butter erhitzen, Zwie- beln darin bei mittlerer Hitze 2 Min. anbraten. Fleisch, Lorbeer und Küm- mel dazugeben, Fleisch in 7 Min. hell anbraten. Pilze putzen, mit anbraten, Brühe zugießen (Dosenchampig- nons mit Sud dazugeben), zugedeckt bei schwacher Hitze 10 Min. schmoren.

3 Eventuell Kümmel- schnaps dazugießen und noch 5 Min. erhitzen. Abschmecken, mit gehack- tem Kerbel bestreuen. Kümmelfleisch mit Salz- kartoffeln servieren.

Kalbfleisch mit Champignons

ZUTATEN FÜR 4 PERSONEN:
200 g kleine Champignons
1 EL Zitronensaft
1 Zwiebel · 4 EL Butter
75 ml trockener Weißwein
(ersatzweise Brühe)
300 g Sahne · Salz · Pfeffer
2 Tropfen Tabasco
500 g Kalbsschnitzel (ersatzweise Schweineschnitzel)
1 EL Öl · 1 EL gehackter Dill

Zubereitungszeit: 35 Min.
Pro Portion: 1999 kJ/478 kcal
23 g E · 39 g F · 7 g K

Klassiker auf neue Art

1 Pilze putzen, halbieren, mit Zitronensaft be- träufeln. Zwiebel schälen und würfeln. In einer Schmorpfanne 2 EL Butter bei mittlerer Hitze heiß werden lassen, Zwiebel und Pilze darin 5 Min. anbraten, Wein dazugießen, zugedeckt 5 Min. schmoren. In ein Sieb gießen, Sud auffangen und wieder in die Pfanne geben, fast einkochen. Sahne unter- rühren, bei mittlerer Hitze 5 Min. offen einkochen, mit Salz, Pfeffer und Tabasco würzen.

2 Fleisch trockentupfen, schräg in hauchdünne Scheibchen schneiden. In einer Pfanne restliche Butter mit Öl stark erhitzen, das Fleisch darin portionsweise je 3 Min. unter Wenden anbraten, herausheben und mit den Pilzen in die Sauce rühren, 1 Min. erwärmen. Mit Dill bestreut servieren.

Kalbsschnitzelchen mit Zitronensauce

ZUTATEN FÜR 4 PERSONEN:
4 dünne Kalbsschnitzel
(je 125 g; ersatzweise Putenschnitzel) · Zitronenpfeffer
1 Bund Petersilie
2 unbehandelte Zitronen
500 g grüne Tagliatelle
(Bandnudeln) · Salz
2 EL Mehl · 4 EL Butter
200 ml Weißwein · Pfeffer

Zubereitungszeit: 30 Min.
Pro Portion: 3384 kJ/809 kcal
42 g E · 23 g F · 105 g K

Spezialität aus Italien · Schnell

1 Schnitzel quer halbieren,
mit der flachen Seite des
Fleischklopfers ganz dünn
klopfen. Trockentupfen und
mit Zitronenpfeffer würzen.
2 Petersilie waschen, Blättchen hacken. Aus der
Mitte von 1 Zitrone 4 dünne Scheiben schneiden, restliche Zitrone auspressen.
3 Bandnudeln in reichlich
Salzwasser bissfest ko-
chen. Die Schnitzelchen in
Mehl wenden, überschüssi-
ges abklopfen. In einer
Pfanne die Butter stark erhitzen. Schnitzelchen darin
pro Seite 2–3 Min. braten,
auf vorgewärmte Teller
legen und salzen.
4 Zitronensaft, Wein und
Petersilie in die Pfanne
geben, aufkochen, salzen
und pfeffern. Sauce über die
Schnitzelchen gießen, mit
Zitronenscheiben garnieren
und mit Nudeln servieren.

Schnitzelchen mit Schinken und Salbei

ZUTATEN FÜR 4 PERSONEN:
4 dünne Kalbsschnitzel
(je 125 g; ersatzweise Putenschnitzel)
Salz · schwarzer Pfeffer
8 frische, möglichst große
Salbeiblätter
4 Scheiben Parmaschinken
(ersatzweise anderer roher
Schinken)
1 EL Mehl · 2 EL Öl
5 EL Butter
2–3 EL Zitronensaft

Zubereitungszeit: 30 Min.
Pro Portion: 1493 kJ/357 kcal
23 g E · 28 g F · 5 g K

Schnell · Für Gäste

1 Schnitzel trockentupfen,
quer halbieren, salzen
und pfeffern. Die Salbei-
blätter mit Küchenpapier
abwischen, jeweils eines auf
ein halbes Schnitzel legen.
2 Schinkenscheiben quer
halbieren, auf die Salbeiblätter legen und die Schnitzel mit der flachen Seite des
Fleischklopfers ganz flach
klopfen. In Mehl wenden.
3 In einer großen Pfanne
das Öl bei starker Hitze
heiß werden lassen, 3 EL
Butter dazugeben und die
Schnitzel darin pro Seite
2 Min. braten. Aus der Pfanne nehmen, mit Zitronen-
saft beträufeln und die restliche Butter darauf schmelzen lassen. Dazu gedünsteten Brokkoli, Salzkartoffeln
oder Weißbrot servieren.

Kalbfleisch geschmort

ZUTATEN FÜR 4 PERSONEN:
600 g Kalbsschnitzel (ersatz-
weise Putenschnitzel)
Salz · schwarzer Pfeffer
2 EL Mehl
2 Schalotten (ersatzweise
1 kleine Zwiebel)
4 Knoblauchzehen
5 EL Olivenöl
2 EL gehackte Petersilie
1 EL Weißweinessig
150 ml trockener Weißwein
1/2 TL getrockneter Thymian

Zubereitungszeit: 40 Min.
Pro Portion: 1518 kJ/363 kcal
24 g E · 23 g F · 7 g K

Spezialität aus Korfu

1 Schnitzel flach klopfen und in 3 cm große Stücke schneiden. Salzen, pfeffern und in Mehl wenden, überschüssiges abklopfen.

2 Schalotten und Knoblauch schälen, klein würfeln. In einer Schmorpfanne jeweils 1 EL Olivenöl bei mittlerer Hitze heiß werden lassen, die Fleischscheiben darin portionsweise pro Seite je 2 Min. anbräunen, fertige herausnehmen. Zuletzt Schalotten und Knoblauch im Öl hellgelb braten, das Fleisch wieder in die Pfanne geben, Petersilie, Essig und Wein dazugeben, mit Salz, Pfeffer und Thymian abschmecken.

3 Zugedeckt bei schwacher Hitze 15–20 Min. ziehen lassen. Fleisch auf einer Platte servieren und mit der Sauce übergießen.

Filetstreifen auf Rucola

ZUTATEN FÜR 4 PERSONEN:
150 g Rucola · 1 kleine Tomate
1 EL Aceto balsamico · Salz
weißer Pfeffer · 5 EL Olivenöl
700 g Rinderfilet
1 Bund Frühlingszwiebeln
1 Knoblauchzehe · 1 TL einge-
legte grüne Pfefferkörner

Zubereitungszeit: 30 Min.
Pro Portion: 2351 kJ/562 kcal
30 g E · 47 g F · 4 g K

Gelingt leicht

1 Rucola waschen, gut trockenschwenken, kleiner zupfen. Tomate waschen und trocknen, ohne Stielansatz klein würfeln. Tomatenwürfel und Rucola auf vier Teller verteilen.

2 Für das Dressing Aceto balsamico mit Salz und Pfeffer verrühren. 2 EL Öl unterschlagen.

3 Rinderfilet in dünne Scheiben, dann in Streifen schneiden. Frühlingszwiebeln putzen, waschen, in feine Ringe schneiden. Knoblauch schälen und fein hacken.

4 Restliches Öl portionsweise in einer Pfanne erhitzen. Fleischstreifen darin nach und nach bei starker Hitze kräftig anbraten. Danach Zwiebelringe, Knoblauch und grüne Pfefferkörner zugeben, Fleisch salzen und alles noch einmal gut erhitzen. Rucola mit Dressing beträufeln, mit Fleischstreifen belegen und mit Brot servieren.

Andalusische Filets

ZUTATEN FÜR 4 PERSONEN:
je 250 g Schweine-, Kalbs- und Rinderfilet
2 Zitronen
50 g geraspelte Bitterschokolade (60 % Kakaogehalt)
1 TL Instant-Kaffeepulver
1 Döschen Safranpulver
6 EL Olivenöl
2–3 EL Semmelbrösel
150 g Sahne
Salz · schwarzer Pfeffer

Zubereitungszeit: 40 Min.
Pro Portion: 2723 kJ/651 kcal
28 g E · 54 g F · 17 g K

Spezialität aus Spanien

1 Filets putzen und in hauchdünne Scheiben schneiden. Zitronen auspressen, die Hälfte vom Saft in eine Schüssel geben, die Fleischscheiben darin wenden, dann auf ein Sieb geben, abtropfen lassen.

2 Schokolade mit dem Kaffeepulver und Safran vermischen, beiseite stellen.

3 In einer Pfanne 3 EL Olivenöl bei starker Hitze heiß werden lassen, Fleischscheiben portionsweise darin unter Wenden 1 Min. anbräunen, warm stellen.

4 In einer Kasserolle den Rest des Öls erhitzen und die Semmelbrösel darin anrösten. Wenn die Brösel hellbraun sind, Pfanne vom Herd nehmen, das Schokoladengemisch unterrühren, Sahne aufgießen und 5 Min. kochen lassen. Den restlichen Zitronensaft untermischen. Mit Salz und Pfeffer abschmecken. Eine Servierplatte mit der Sauce ausgießen und die Fleischscheiben darauf anrichten. Dazu körnig gekochten Reis, mit Safran und etwas Butter vermischt, servieren.

Chinesisches Rindfleisch

ZUTATEN FÜR 4 PERSONEN:
300 g Rindersteaks
Salz · schwarzer Pfeffer
2 TL Speisestärke
2 Stangen Lauch (600 g)
4 Möhren (250 g)
4 Stangen Staudensellerie
2 rote Chilischoten · 4 EL Öl
4 EL Tomaten-Ketchup »Hot«
2 EL Sojasauce
2 TL Currypaste

Zubereitungszeit: 30 Min.
Pro Portion: 1627 kJ/389 kcal
14 g E · 27 g F · 24 g K

Schnell · Gelingt leicht

1 Fleisch trockentupfen, in Streifen schneiden, mit Salz und Pfeffer würzen, in Speisestärke wenden.

2 Lauchstangen längs aufschneiden, waschen und schräg in Scheiben schneiden. Möhren waschen, schälen und in Streifen schneiden. Staudensellerie waschen, putzen und schräg in Stücke schneiden. Chilischoten längs aufschneiden, unter fließendem Wasser entkernen, in kleine Würfel schneiden.

3 In einer tiefen Pfanne oder im Wok das Öl bei starker Hitze heiß werden lassen, Fleisch darin scharf anbraten. Das Gemüse dazugeben und 3 Min. unter Rühren anbraten. Mit 200 ml Wasser, Ketchup und Sojasauce ablöschen, die Currypaste einrühren und einmal aufkochen. Sofort mit Reis servieren.

Roastbeef mit Kräutersauce

ZUTATEN FÜR 4 PERSONEN:
500 g gebratenes Roastbeef,
vom Metzger in 4 fingerdicke
Scheiben geschnitten
je 1 Bund Petersilie, Dill,
Schnittlauch
1 Kästchen Gartenkresse
3 Zweige Basilikum
2 Knoblauchzehen
150 ml Sangrita pikante
(ersatzweise Tomatensaft)
2 EL Olivenöl
Salz · schwarzer Pfeffer
Tabasco nach Belieben
1 EL Aceto balsamico

Zubereitungszeit: 20 Min.
Pro Portion: 1573 kJ/376 kcal
24 g E · 27 g F · 11 g K

Schnell

1 Roastbeef in Alufolie wickeln und im Ofen bei 100° (Umluft 75°) 15 Min. erhitzen.

2 Kräuter waschen, fein hacken, in eine Schüssel füllen. Knoblauch schälen und dazupressen. Mit Sangrita, Olivenöl, Salz und Pfeffer kräftig verquirlen, nach Belieben noch mit einigen Tropfen Tabasco nachschärfen und mit Aceto balsamico abschmecken.

3 Roastbeefscheiben auf einer Platte anrichten, mit der Sauce übergießen und mit dunklem Bauernbrot und Butter servieren.

Tipp!
Die Sauce passt auch zu kurz erwärmten Scheiben von gekochtem Schinken.

Rumpsteaks mit Olivensauce

ZUTATEN FÜR 4 PERSONEN:
4 Rumpsteaks (je 180 g)
200 g Schalotten
2 EL Olivenöl · 2 EL Butter
50 ml trockener Sherry
(ersatzweise Wasser)
150 ml Kalbsfond (ersatzweise
Gemüsefond)
100 g Crème fraîche
Salz · schwarzer Pfeffer
100 g entsteinte grüne Oliven

Zubereitungszeit: 30 Min.
Pro Portion: 2213 kJ/529 kcal
42 g E · 34 g F · 10 g K

Schnell · Für Gäste

1 Rumpsteaks trocken-
tupfen, den Fettrand bis
zum Fleisch einschneiden,
damit es sich beim Braten
nicht wölbt. Backofen auf
75° (Umluft 50°) vorheizen.
Schalotten schälen und
längs halbieren.

2 In einer schweren Pfanne
Öl bei starker Hitze heiß
werden lassen. Steaks darin
pro Seite 2 Min. braten. Aus
der Pfanne nehmen, zuge-
deckt im Ofen warm halten.

3 Öl aus der Pfanne gießen, Butter darin erhit-
zen, Schalotten bei mittlerer
Hitze 5 Min. anbraten.
Sherry und Fond angießen,
offen um die Hälfte einkochen. Crème fraîche einrühren, salzen und pfeffern.
Oliven halbieren. Steaks aus
dem Ofen nehmen, salzen
und pfeffern, ausgetretenen
Saft mit Oliven zur Sauce
rühren. Steaks mit Sauce
übergießen und servieren.

Entrecôtes mit Kräuterschaum

ZUTATEN FÜR 4 PERSONEN:
600 g Entrecôtes (3–4 cm dick;
ersatzweise Hüftsteaks)
Salz · schwarzer Pfeffer
2 EL Öl · 1 Knoblauchzehe
50 g zimmerwarme Butter
1 EL Zitronensaft
2 EL gehackte Kräuter (Kerbel,
Estragon, Petersilie, Schnittlauch)
1 TL Worcestersauce
4 dicke Scheiben Weißbrot

Zubereitungszeit: 35 Min.
Pro Portion: 2677 kJ/640 kcal
29 g E · 52 g F · 13 g K

Etwas teurer · Für Gäste

1 Steaks mit der flachen
Seite des Fleischklopfers
leicht klopfen, mit Salz und
Pfeffer würzen, mit Öl
bestreichen, beiseite stellen.

2 Für den Kräuterschaum
Knoblauch schälen,
durch die Presse zu der
Butter drücken, mit Zitronensaft, Kräutern, Worcestersauce, Salz und Pfeffer
schaumig rühren.

3 Eine große Grillpfanne,
den Elektro- oder Holz-
ofengrill vorheizen. Die
Steaks bei mittlerer Hitze
7–9 Min. pro Seite grillen,
dabei daneben die Brot-
scheiben auf beiden Seiten
anrösten.

4 Das geröstete Brot mit
dem Kräuterschaum
bestreichen. Das Fleisch auf
das Brot legen und servieren. Dazu passen Kroketten
oder Pommes frites und ein
trockener Sekt.

Schweinesteaks gratiniert

ZUTATEN FÜR 4 PERSONEN:
4 Schweinesteaks (à 125 g)
Salz · weißer Pfeffer
2 EL Mehl
2 EL Butterschmalz
Fett für die Form
2 kleine Äpfel
8 halbe Walnusskerne
4 Scheiben Bergkäse
(ersatzweise Emmentaler)
1 Zwiebel
125 ml trockener Weißwein
50 g Sahne

Zubereitungszeit: 30 Min.
Pro Portion: 2511 kJ/600 kcal
63 g E · 31 g F · 12 g K

Für Gäste

1 Backofen auf 200° (Umluft 180°) vorheizen. Steaks mit Salz und Pfeffer würzen, in Mehl wenden.

2 Das Butterschmalz erhitzen. Die Steaks bei mittlerer Hitze auf beiden Seiten jeweils 4–5 Min. braten. Eine flache Form fetten.

3 Die Steaks aus der Pfanne heben und in die Form legen. Äpfel schälen, Kerngehäuse ausstechen, die Äpfel in dicke Scheiben schneiden und im Bratfett auf beiden Seiten kurz anbraten. Auf die Steaks verteilen, die Walnusshälften darauf legen, mit Käsescheiben bedecken.

4 Die Steaks im heißen Ofen (Mitte) 10 Min. backen, bis der Käse geschmolzen ist.

5 Zwiebel schälen und fein hacken. Im verbliebenen Fett kurz anrösten. Den Wein aufgießen und zur Hälfte einkochen lassen. Sahne unterrühren, mit Salz und Pfeffer würzen. Die Steaks mit der Sauce auf Tellern anrichten.

Scharfe Schweine-koteletts

ZUTATEN FÜR 4 PERSONEN:
4 Schweinekoteletts · Salz
4 EL Olivenöl
2 Zwiebeln · 1 Knoblauchzehe
75 g roher Schinken (Serrano;
ersatzweise Schinkenspeck)
2 rote Chilischoten
2 Fleischtomaten
1 Döschen Safranfäden
2 EL edelsüßes Paprikapulver
1 getrocknete rote Chilischote

Zubereitungszeit: 25 Min.
(+ 25 Min. Garen)
Pro Portion: 1836 kJ/439 kcal
29 g E · 31 g F · 12 g K

Spezialität aus Spanien

1 Koteletts trockentupfen, salzen. Öl bei mittlerer Hitze heiß werden lassen,

Koteletts darin 5 Min. pro Seite anbraten. Zwiebeln und Knoblauch schälen, würfeln. Koteletts aus der Pfanne heben. Knoblauch und Zwiebeln bei mittlerer Hitze im verbliebenen Öl in 7 Min. glasig dünsten.
2 Schinken fein würfeln, frische Chilis entkernen und hacken. Tomaten überbrühen, häuten, halbieren, entkernen und ohne Stielansätze hacken. Schinken mit frischen Chilis, Tomaten, Safran und Paprika zu den Zwiebeln geben. Koteletts darauf legen, 10 Min. zugedeckt schmoren. Salzen, getrocknete Chili darüber bröseln. Zugedeckt weitere 15 Min. garen. Den Deckel abnehmen und die Sauce noch kurz einkochen.

Pikantes Schweinegulasch

ZUTATEN FÜR 4 PERSONEN:
500 g Schweinenacken ohne
Knochen (ersatzweise Putenfleisch aus der Oberkeule)
1 Aubergine (250 g)
2 EL Olivenöl
1 Päckchen Tomatenstückchen
mit Zwiebeln und Knoblauch
(370 g Inhalt) · 50 ml Rotwein
je 1/2 TL getrockneter Oregano,
Rosmarin und Thymian
1 Msp. Cayennepfeffer
1 Dose Kichererbsen (400 ml)
Salz · schwarzer Pfeffer
1 EL gehackte Petersilie

Zubereitungszeit: 20 Min.
(+ 25 Min. Garen)
Pro Portion: 2020 kJ/483 kcal
21 g E · 30 g F · 31 g K

Preiswert

1 Fleisch trockentupfen, zuerst in Scheiben, dann in dünne Streifen schneiden. Aubergine waschen, längs halbieren und ohne Stielansatz quer in Scheiben schneiden.
2 In einem Schmortopf Öl bei mittlerer Hitze heiß werden lassen, Fleisch darin 5 Min. rundum braten, Aubergine dazugeben und noch 5 Min. mit anbräunen. Tomaten und Wein dazugeben, mit Kräutern und Cayennepfeffer würzen, zugedeckt 25 Min. schmoren. Eventuell noch etwas Wasser nachgießen.
3 Kichererbsen abtropfen lassen, untermischen, salzen und pfeffern, 5 Min. erhitzen. Mit Petersilie bestreuen und servieren.

Geflügel und Wild

Hähnchen-Schaschlik

ZUTATEN FÜR 4 PERSONEN:
je 250 g Hähnchenbrustfilet
und Putenleber
75 g durchwachsener Räucherspeck ohne Schwarte
3 Zwiebeln
Salz · Pfeffer · 3 EL Öl
2 EL Paprika, edelsüß
je 100 ml Rotwein und Brühe
1 Päckchen Tomatenstücke
(370 g Inhalt)
1 TL Essig · 1 Prise Zucker
1/2 TL Selleriesalz
2 rote Paprikaschoten
2 EL Butter · 2 Tassen Reis
4 Tassen Hühnerbrühe

Zubereitungszeit: 45 Min.
Pro Portion: 3204 kJ/766 kcal
37 g E · 23 g F · 98 g K

Braucht etwas Zeit

1 Filet und Leber putzen, mit Speck in 3 cm große Stücke schneiden. Zwiebeln schälen, vierteln und aufblättern, kleine Zwiebelstücke hacken. Abwechselnd große Zwiebelstücke, Leber, Filet und Speck auf Spieße stecken, salzen und pfeffern. Im Öl bei mittlerer Hitze 7 Min. rundum anbraten. Paprikaschoten waschen, putzen und klein würfeln.

2 Gehackte Zwiebeln zu den Spießen geben, 5 Min. mitschmoren. Paprika, Wein, Brühe, Tomaten und Essig zugeben, mit Zucker und Selleriesalz würzen. Zugedeckt 20 Min. schmoren. Butter bei mittlerer Hitze zerlassen, Paprikawürfel 3 Min. darin andünsten. Reis einstreuen, 2 Min. andünsten, Brühe aufgießen und bei schwacher Hitze 20 Min. garen. Spieße auf dem Reis servieren.

Gefüllte Hühnerbrüstchen

ZUTATEN FÜR 4 PERSONEN:
4 Hühnerbrüstchen (je 120 – 150 g) ohne Haut und Knochen
1/2 rote Paprikaschote
2 Knoblauchzehen
60 g Mozzarella
Salz · weißer Pfeffer
Cayennepfeffer
1–2 EL Butterschmalz
2 EL gehacktes Basilikum

Zubereitungszeit: 30 Min.
Pro Portion: 941 kJ/225 kcal
27 g E · 12 g F · 2 g K

Raffiniert · Schnell

1 In die Hühnerbrüstchen Taschen einschneiden. Paprikaschote waschen, putzen und sehr fein würfeln. Knoblauch schälen und durch die Presse drücken. Mozzarella abtropfen lassen und sehr klein würfeln.

2 Alles mischen, mit Salz, Pfeffer und Cayennepfeffer pikant abschmecken. Hühnerbrüstchen damit füllen, jeweils mit Zahnstochern verschließen. Hühnerbrüstchen außen mit Salz und Pfeffer würzen.

3 Butterschmalz erhitzen. Hühnerbrüstchen darin bei mittlerer Hitze pro Seite etwa 6 Min. braten. Mit Basilikum bestreuen, mit grünem Salat und Baguette servieren.

Hühnerfleisch mit zwei Saucen

ZUTATEN FÜR 4 PERSONEN:
1 säuerlicher Apfel (Boskop)
1 EL Zitronensaft
1 Bund Schnittlauch
150 g saure Sahne
100 g süße Sahne
2 EL geriebener Meerrettich
Salz · 2 hart gekochte Eier
1 TL scharfer Senf
1 EL Weißweinessig
weißer Pfeffer · 2 EL Öl
1 EL Kapern (aus dem Glas)
1 Bund Petersilie
400 ml Geflügelfond
200 ml trockener Weißwein
700 g Hühnerbrustfilets

Zubereitungszeit: 40 Min.
Pro Portion: 2179 kJ/521 kcal
43 g E · 28 g F · 17 g K

Preiswert

1 Apfel schälen, vierteln, Kerngehäuse entfernen, Apfel fein raspeln. Mit Zitronensaft mischen. Schnittlauch waschen, in Röllchen schneiden. Saure und süße Sahne mit Apfel, Schnittlauch und Meerrettich mischen, salzen.

2 Eier schälen. Eiweiße fein hacken. Eigelbe zerdrücken, mit Senf, Essig, Pfeffer, 2 EL Wasser und Öl verrühren. Kapern untermischen. Petersilie waschen, Blättchen fein hacken. Ebenfalls untermengen.

3 Fond mit Wein zum Kochen bringen, etwas salzen. Hühnerfleisch darin bei schwacher Hitze in 8 Min. gar ziehen lassen. Herausheben, mit den Saucen und Salzkartoffeln servieren.

Geflügelflan auf Nudeln

ZUTATEN FÜR 4 PERSONEN:
375 g Putenfleisch (ersatzweise Hähnchenbrustfilets)
1 Ei · 200 g Sahne
Salz · Cayennepfeffer
400 g grüne Bandnudeln
1 Zwiebel
1/8 l Weißwein (ersatzweise Brühe)
150 ml Geflügelfond
1 EL gehackte Kräuter
Butter für die Förmchen

Zubereitungszeit: 40 Min.
Pro Portion: 2819 kJ/674 kcal
37 g E · 25 g F · 74 g K

Gelingt leicht · Preiswert

1 Backofen auf 200° vorheizen. Geflügelfleisch trockentupfen, im Blitz-hacker pürieren, mit dem Ei, 100 g Sahne, Salz und Cayennepfeffer verrühren. Vier feuerfeste Förmchen (Tassen) ausbuttern, das Püree einfüllen.

2 Eine flache Form 4 cm hoch mit heißem Wasser füllen, die Förmchen hineinstellen und im Ofen (Mitte, Umluft 180°) 25 Min. garen.

3 Die Nudeln nach Angabe bissfest kochen, abgießen und abtropfen lassen. Zwiebel schälen und fein würfeln, mit restlicher Sahne 5 Min. offen kochen. Wein und Fond dazugeben, aufkochen und abschmecken.

4 Flan stürzen, auf den Nudeln anrichten, mit der Sauce übergießen. Mit Kräutern bestreut servieren.

Hühnerfrikassée auf neue Art

ZUTATEN FÜR 4 PERSONEN:
250 g Zuckerschoten
Salz · 150 g Egerlinge (braune Champignons)
1–2 EL Zitronensaft
400 ml Geflügelfond (aus dem Glas) · 500 g Hühnerbrustfilets
1 EL Butter
100 g Crème fraîche
weißer Pfeffer
1 ganz frisches Eigelb
2 TL Kapern (aus dem Glas)

Zubereitungszeit: 40 Min.
Pro Portion: 1251 kJ/299 kcal
29 g E · 16 g F · 8 g K

Gelingt leicht

1 Zuckerschoten waschen, putzen. Reichlich Salzwasser aufkochen. Zuckerschoten darin 2 Min. sprudelnd kochen, kalt abschrecken und abtropfen lassen.

2 Pilze putzen und blättrig schneiden. Mit 1 EL Zitronensaft mischen.

3 Geflügelfond in einem Topf erhitzen. Hühnerbrust trockentupfen und in dem Fond bei schwacher Hitze in 8 Min. gar ziehen lassen. Herausheben und warm halten.

4 Butter in einem Topf schmelzen lassen. Pilze darin bei starker Hitze unter Rühren anbraten. Fond angießen und etwas einkochen lassen. Temperatur herunterschalten, Crème fraîche unterrühren.

5 Hühnerbrust in Scheiben schneiden, mit den Zuckerschoten in die Sauce geben. Mit Salz, Pfeffer und Zitronensaft würzen.

6 Eigelb mit etwas Sauce verrühren, dann den Topf vom Herd ziehen und das Eigelb untermischen. Mit Kapern garnieren und servieren. Dazu passt Reis.

Hähnchen mit Olivenpaste

ZUTATEN FUR 4 PERSONEN:
4 Hähnchenschenkel (je 200 g)
1 Schalotte
10 schwarze Oliven
20 g Pinienkerne
1 Bund Petersilie
2 Knoblauchzehen
1 TL Tomatenmark
2–3 EL Olivenöl
Salz · weißer Pfeffer

Zubereitungszeit: 20 Min.
(+ 30 Min. Garen)
Pro Portion: 1602 kJ/383 kcal
30 g E · 25 g F · 11 g K

Raffiniert · Preiswert

1 Hähnchenschenkel waschen und trockentupfen. Mit einem Löffelstiel unter die Haut fahren und diese vorsichtig vom Fleisch lösen. Für die Füllung Schalotte schälen. Oliven entsteinen. Pinienkerne grob hacken. Petersilie waschen, Blättchen abzupfen. Knoblauch schälen. Alle diese Zutaten im Blitzhacker zerkleinern, mit Tomatenmark und 1 EL Öl mischen, salzen, pfeffern.

2 Backofen auf 220° vorheizen. Die Füllung mit dem Löffelstiel unter die Haut schieben und von außen gut verteilen.

3 Hähnchenkeulen mit dem übrigen Öl einpinseln und in eine feuerfeste Form legen. Im Ofen (Mitte, Umluft 200°) 30 Min. garen, dabei ein- bis zweimal wenden. Dazu schmeckt ein Salat und Baguette.

Hähnchenkeulen auf Möhrenreis

ZUTATEN FUR 4 PERSONEN:
8 Hähnchenunterkeulen
2 EL Butter
Salz · schwarzer Pfeffer
je 1/4 TL Zimt und gemahlener Piment
300 g Möhren · 1 Zwiebel
75 g Mandelstifte
1/2 TL brauner Rohrzucker
200 g Parboiled-Reis
1/2 l Hühnerbrühe
100 ml Weißwein (ersatzweise Brühe)
1 Döschen Safranfäden

Zubereitungszeit: 20 Min.
(+ 25 Min. Garen)
Pro Portion: 2138 kJ/511 kcal
35 g E · 29 g F · 25 g K

Würzig · Raffiniert

1 Keulen trockentupfen. 1 EL Butter erhitzen, Hähnchenkeulen darin bei mittlerer Hitze in 10 Min. rundum anbraten. Mit Salz, Pfeffer, Zimt und Piment würzen, herausheben.

2 Möhren waschen, schälen und in Streifen schneiden. Zwiebel schälen, fein würfeln. Restliche Butter in den Topf geben, Zwiebel und Möhren darin bei mittlerer Hitze 1 Min. andünsten, Mandeln und Zucker zugeben und 2 Min. karamellisieren lassen.

3 Reis einrühren und glasig dünsten. Brühe und Wein aufgießen, Safran zugeben. Keulen darauf legen, zugedeckt bei schwacher Hitze 20–25 Min. köcheln lassen. Abschmecken und servieren.

Putenstreifen mit Kürbiskernsauce

ZUTATEN FÜR 4 PERSONEN:
600 g Putenschnitzel
1 Stück frischer Ingwer
(etwa 1 cm lang)
2 Knoblauchzehen
1 rote Chilischote
1 Bund Basilikum
40 g grüne Kürbiskerne
2 EL Erdnussöl
100 ml Geflügelfond (aus dem Glas)
2 EL trockener Sherry nach Belieben
2 EL Sojasauce
Salz nach Belieben

Zubereitungszeit: 30 Min.
Pro Portion: 1418 kJ/339 kcal
33 g E · 20 g F · 5 g K

Raffiniert · Schnell

1 Putenschnitzel in schmale Streifen schneiden. Ingwer und Knoblauch schälen, sehr fein hacken. Chili putzen, längs halbieren. Kerne unter fließendem Wasser entfernen, Hälften fein hacken. Basilikum waschen, Blättchen abzupfen. Kürbiskerne hacken.

2 Öl in einer Pfanne erhitzen. Putenfleisch darin bei starker Hitze kräftig anbraten, herausnehmen. Restliche vorbereitete Zutaten im verbliebenen Bratfett andünsten.

3 Fleisch wieder hinzufügen, mit Fond und nach Belieben Sherry ablöschen und mit der Sojasauce und nach Belieben Salz würzen. 2 Min. köcheln lassen, dann mit Reis servieren.

Putenröllchen mit Spinat

ZUTATEN FÜR 4 PERSONEN:
250 g Blattspinat · Salz
1 Knoblauchzehe
1 EL Pistazienkerne
1 TL Zitronensaft
1 1/2 EL Olivenöl
4 dünne Putenschnitzel
(je 170 g) · weißer Pfeffer
3 bunte Paprikaschoten
1 EL frische Thymianblättchen
1–2 EL Butterschmalz
200 ml Geflügelfond
2 EL Crème fraîche
2 EL trockener Sherry

Zubereitungszeit: 45 Min.
Pro Portion: 1590 kJ/380 kcal
42 g E · 19 g F · 9 g K

Raffiniert

1 Spinat verlesen, waschen. In Salzwasser 1 Min. kochen. Kalt abschrecken, abtropfen lassen. Knoblauch schälen, mit Pistazien klein hacken, mit Spinat, Zitronensaft und 1/2 EL Öl mischen. Schnitzel klopfen, salzen, pfeffern, mit Spinat belegen, zu Rouladen rollen. Salzen und pfeffern.

2 Paprika waschen, putzen, würfeln. Mit Thymian im restlichen Öl andünsten, bei mittlerer Hitze zugedeckt 15 Min. dünsten.

3 Röllchen im Schmalz bei mittlerer Hitze rundum 10 Min. braten. Warm stellen. Fond mit Crème fraîche und Sherry stark einkochen, würzen. Mit dem Gemüse zu den Röllchen servieren.

Hähnchen mit Tomaten und Oliven

ZUTATEN FÜR 4 PERSONEN:
4 Hähnchenschenkel (800 g)
1 unbehandelte Zitrone
2 rote Chilischoten
2 Knoblauchzehen
4 Zweige frischer Rosmarin
3 EL Olivenöl · Salz
600 g Tomaten
1/8 l trockener Weißwein
50 g schwarze Oliven

Zubereitungszeit: 30 Min.
(+ 30 Min. Garen)
Pro Portion: 2614 kJ/625 kcal
64 g E · 31 g F · 18 g K

Preiswert · Gut vorzubereiten

1 Hähnchenschenkel trockentupfen. Zitrone heiß waschen, abtrocknen und die Schale dünn abschneiden, fein hacken. Zitrone auspressen. Chilis putzen, längs halbieren. Kerne unter fließendem Wasser entfernen, die Chilis fein hacken. Knoblauch schälen, durch die Presse drücken. Rosmarin waschen, Nadeln abzupfen und fein schneiden.

2 Zitronenschale und 1 EL Saft, Chilis, Knoblauch, Rosmarin und Öl mischen und salzen. Die Hähnchenschenkel damit einreiben.

3 Tomaten mit kochendem Wasser überbrühen, häuten. Tomaten ohne Stielansätze klein würfeln.

4 Einen Schmortopf heiß werden lassen. Hähnchenkeulen darin rundum bei starker Hitze braun anbraten. Tomaten und Wein dazugeben, Oliven untermischen und die Sauce mit Salz abschmecken.

5 Die Hähnchenkeulen zugedeckt bei mittlerer Hitze 30 Min. schmoren lassen. Mit Reis servieren.

Putenflügel in Limettensauce

ZUTATEN FÜR 4 PERSONEN:
12 fleischige Putenflügel (1 kg)
2 grüne Chilischoten
4 Knoblauchzehen
je 1 TL Korianderkörner und
Kreuzkümmelsamen
2 TL grobes Meersalz
2 Limetten
80 ml brauner Rum (42%)
6 EL Olivenöl · 1 Zwiebel
2 EL brauner Zucker
150 ml Hühnerbrühe
2 EL gehacktes Koriandergrün

Zubereitungszeit: 15 Min.
(+ 45 Min. Garen)
Pro Portion: 2255 kJ/539 kcal
29 g E · 37 g F · 13 g K

Gut vorzubereiten

1 Putenflügel trockentupfen. Chilis längs aufschneiden, entkernen, klein schneiden. Knoblauch schälen. Chilis, Knoblauch und Gewürze mit dem Salz im Mörser zerstampfen.
2 Limetten waschen, 2 TL Schale abreiben, Limetten auspressen. Limettenschale, 1 EL Saft, 4 EL Rum und 3 EL Öl zur Paste rühren, Flügel darin wenden.
3 Restliches Öl erhitzen, Flügel darin bei mittlerer Hitze 10 Min. anbraten. Zwiebel schälen, würfeln und mit Zucker zugeben, anschmoren. Marinade, Brühe, restlichen Rum und Limettensaft dazugeben, 45 Min. zugedeckt schmoren. Mit Koriandergrün bestreut servieren.

Entenbrust in Blätterteig

ZUTATEN FÜR 4 PERSONEN:
4 tiefgekühlte Blätterteig-scheiben
2 Entenbrüste (je 500 g) ohne
Knochen, Haut und Fett
2 Knoblauchzehen
3 Bund Basilikum
1 kleine Tomate
1 EL Kapern (aus dem Glas)
2 EL Olivenöl
Salz · weißer Pfeffer
Mehl zum Ausrollen
1 Ei
1 EL Milch

Zubereitungszeit: 25 Min.
(+ 25 Min. Backen)
Pro Portion: 2857 kJ/683 kcal
51 g E · 41 g F · 25 g K

Raffiniert · Gelingt leicht

1 Blätterteig auftauen lassen. Entenbrüste halbieren. Knoblauch schälen. Basilikum waschen, Blättchen abzupfen. Tomate waschen und ohne Stielansatz würfeln. Alles mit Kapern und Öl im Mixer pürieren, salzen und pfeffern. Entenbrüste damit bestreichen.
2 Backofen auf 200° vorheizen. Blätterteigscheiben auf Mehl doppelt so groß ausrollen. Ei trennen. Entenbrüste jeweils in die Mitte des Teiges legen, Teigränder mit Eiweiß bestreichen, Teig zusammenfalten.
3 Die Päckchen im Ofen (Mitte, Umluft 180°) 25 Min. backen. Nach 10 Min. Eigelb mit Milch verrühren, die Päckchen damit bestreichen.

123

Gänsebrust mit Linsengemüse

ZUTATEN FUR 4 PERSONEN:
1 Dose Linsen (770 g Inhalt)
1 kleine Dose Tomaten
(400 g Inhalt)
1/8 l Gemüsebrühe
1/2 TL getrockneter Thymian
Cayennepfeffer
1 Gänsebrust (etwa 400 g)
Salz · weißer Pfeffer
1 EL Öl · 2 EL Orangenlikör
1 Bund Basilikum
1 EL Aceto balsamico

Zubereitungszeit: 20 Min.
(+ 25 Min. Garen)
Pro Portion: 3179 kJ/760 kcal
60 g E · 18 g F · 91 g K

Gelingt leicht

1 Linsen abtropfen lassen, mit Tomaten samt Saft und der Brühe in einen Topf geben, mit Thymian und Cayennepfeffer würzen, zugedeckt erhitzen.

2 Gänsebrust salzen und pfeffern. Backofen auf 180° vorheizen.

3 Das Öl in einer feuerfesten Pfanne (Griffe!) erhitzen. Gänsebrust mit der Hautseite nach unten bei starker Hitze kräftig anbraten. Auf der anderen Seite ebenfalls braten.

4 Mit Orangenlikör flambieren, im Ofen (unten, Umluft 160°) 25 Min. garen.

5 Basilikum waschen, fein hacken. Mit dem Aceto balsamico zu den Linsen geben, salzen. Gänsebrust zugedeckt 10 Min. ruhen lassen, schräg aufschneiden, dazu servieren.

Entenbrust mit Orangensauce

ZUTATEN FUR 4 PERSONEN:
700 g Flugentenbrustfilets
1 EL Butterschmalz
2 Schalotten
2 Knoblauchzehen · 3 Orangen
1 TL Kräuter der Provence
Salz · schwarzer Pfeffer

Zubereitungszeit: 15 Min.
(+ 45 Min. Garen)
Pro Portion: 1297 kJ/310 kcal
34 g E · 14 g F · 17 g K

Gelingt leicht

1 Filets trockentupfen, die Haut rautenförmig einschneiden. In einer Schmorpfanne Schmalz bei starker Hitze heiß werden lassen, Filets darin auf der Hautseite kurz anbraten, dann bei schwächster Hitze zugedeckt 25 Min. dünsten.

2 Schalotten und Knoblauch schälen, fein hacken. 2 Orangen auspressen. 1 Orange bis ins Fruchtfleisch schälen, Filets zwischen den Trennhäuten herausschneiden, Saft auffangen und zum ausgepressten Saft geben.

3 Filets wenden, mit Kräutern, Salz und Pfeffer würzen. Schalotten und Knoblauch zugeben, 20 Min. zugedeckt garen. Filets herausnehmen, warm halten.

4 Orangensaft in die Pfanne gießen, Orangenfilets dazugeben und Flüssigkeit offen bei mittlerer Hitze 5 Min. einkochen, abschmecken. Fleisch anrichten, mit der Sauce servieren.

Kaninchen in Sherrysauce

ZUTATEN FÜR 4 PERSONEN:
1 kg Kaninchenteile, küchenfertig vorbereitet · Salz
weißer Pfeffer · Muskatnuss
2 Knoblauchzehen
1 Bund Petersilie
2 Lorbeerblätter
400 g Fleischtomaten
4 EL Olivenöl
50 ml trockener Sherry
100 ml Kalbsfond
1 EL Pinienkerne

Zubereitungszeit: 20 Min.
(+ 35 Min. Garen)
Pro Portion: 2280 kJ/545 kcal
55 g E · 29 g F · 13 g K

Für Gäste

1 Kaninchenteile mit Salz, Pfeffer und Muskat würzen. Knoblauch schälen, halbieren. Petersilie fein hacken. Lorbeerblätter zerkrümeln. Tomaten waschen, häuten, halbieren, Kerne und Stielansätze entfernen.

2 Öl in einem Schmortopf stark erhitzen. Kaninchenteile darin portionsweise gut anbraten, wieder herausnehmen.

3 Knoblauch und Petersilie im verbliebenen Fett bei mittlerer Hitze andünsten. Mit Sherry und Kalbsfond ablöschen. Kaninchen und Tomaten hinzufügen, mit Salz, Pfeffer und Muskat abschmecken. Kaninchen zugedeckt bei schwacher Hitze 35 Min. schmoren.

4 Pinienkerne trocken anrösten, über das Fleisch streuen und servieren.

Hasenrücken mit Cassis-Sauce

ZUTATEN FÜR 4 PERSONEN:
2 ungespickte Hasenrücken
(je 400–500 g; evtl. tiefgekühlt)
Salz · schwarzer Pfeffer
4 EL Öl
200 g schwarze Johannisbeerkonfitüre
75 ml Orangensaft
1 EL Zitronensaft
4 EL Cassis (ersatzweise
Weinbrand) · 2 TL scharfer Senf
1 TL frisch geriebener Ingwer
je 1 Msp. Cayennepfeffer und
gemahlene Nelken

Zubereitungszeit: 20 Min.
(+ 30 Min. Garen)
Pro Portion: 2581 kJ/617 kcal
46 g E · 26 g F · 45 g K

Für Gäste

1 Backofen auf 250° (Umluft 220°) vorheizen. Hasenrücken salzen und pfeffern. Öl in einen Bräter gießen, Rücken (Fleischseite nach unten) hineinlegen und im heißen Ofen (oben) 10 Min. anbraten, Hitze auf 200° (Umluft 180°) schalten, Braten wenden und 20 Min. braten, öfter mit Bratfett begießen. Fleisch im abgeschalteten Ofen 10 Min. nachziehen lassen.

2 Konfitüre mit Orangen- und Zitronensaft, Cassis, Senf und Ingwer bei mittlerer Hitze erwärmen, mit Cayennepfeffer und Nelken abschmecken.

3 Fleischstränge vom Rücken auslösen, in Scheiben schneiden, anrichten. Die Sauce extra servieren.

Hirschspießchen mit Speckpflaumen

ZUTATEN FUR 4 PERSONEN:
400 g zartes Hirschfleisch (Keule)
2 TL Wacholderbeeren
je 1 TL getrockneter Rosmarin und Thymian · 5 EL Pflanzenöl
8 Scheiben Frühstücksspeck (Bacon)
16 getrocknete weiche Pflaumen ohne Stein
3 Schalotten
Salz · schwarzer Pfeffer
1/4 l Rotwein
2–3 EL Johannisbeergelee

Zubereitungszeit: 30 Min.
Pro Portion: 2130 kJ/509 kcal
28 g E · 30 g F · 21 g K

Für Gäste

1 Fleisch trockentupfen und in 2 cm große Würfel schneiden. Wacholderbeeren und Kräuter zerdrücken, über das Fleisch streuen, mit 2 EL Öl gut vermischen.

2 Speckscheiben quer halbieren, jeweils eine Pflaume in eine Speckscheibenhälfte einwickeln. Spieße ölen, abwechselnd Fleischwürfel und Speckpflaumen auf die Spieße stecken.

3 In einer großen Pfanne restliches Öl erhitzen. Die Spießchen bei mittlerer Hitze rundum 8–10 Min. braten. Inzwischen die Schalotten schälen und fein würfeln.

4 Spießchen aus der Pfanne nehmen, salzen und pfeffern, zugedeckt warm halten. Die Schalotten im Bratfett 2 Min. dünsten. Wein und Gelee einrühren, aufkochen, abschmecken. Sauce extra zu den Spießchen servieren. Dazu passen Butternudeln oder kleine Kartoffeln.

Rehfilets mit dunkler Biersauce

ZUTATEN FÜR 4 PERSONEN:
60 g roher Schinkenspeck ohne Schwarte
2 Schalotten
3 EL Butter
2 EL Mehl
1/2 l dunkles Bier (Altbier), ersatzweise halb Malzbier, halb Wasser
4 Rehfilets (je 125 g) oder Rehsteaks
2 EL Pflanzenöl zum Braten
Salz · schwarzer Pfeffer
1 Msp. Nelkenpulver
brauner Zucker
einige Petersilienzweige

Zubereitungszeit: 30 Min.
Pro Portion: 1929 kJ/461 kcal
31 g E · 29 g F · 7 g K

Gelingt leicht · Für Gäste

1 Den Schinkenspeck in ganz kleine Würfel schneiden. Schalotten schälen und fein würfeln.

2 In einer Kasserolle die Butter zerlassen und aufschäumen lassen. Schalotten und das Mehl einrühren und bei mittlerer bis starker Hitze in etwa 7 Min. nussbraun anrösten. Die Schinkenwürfel zugeben und kurz andünsten. Das Bier nach und nach aufgießen und unter Rühren aufkochen lassen. Ohne Deckel bei schwacher Hitze um ein Drittel einköcheln lassen.

3 In dieser Zeit die Rehfilets trockentupfen, ganz leicht klopfen. In einer Pfanne das Öl stark erhitzen. Die Filets pro Seite 3 Min. scharf anbraten, dann erst

salzen und pfeffern. Die Pfanne vom Herd nehmen und die Rehfilets zugedeckt 3 Min. nachziehen lassen.

4 Die Sauce mit Nelkenpulver, 1/2–1 TL Zucker, Salz und Pfeffer abschmecken. Die Filets auf Tellern anrichten und die Sauce seitlich angießen. Mit Petersilie garniert servieren. Dazu passen Spätzle und Preiselbeeren aus dem Glas.

Variante: Rehsteaks mit Käse überbacken

Den Backofen auf 250° (Umluft 230°) vorheizen. Rehsteaks wie im nebenstehenden Rezept in heißem Öl braten, nach dem Wenden aber noch 1 EL Butter in die Pfanne geben und die Steaks darin schwenken. Mit

Salz und Pfeffer würzen und auf eine hitzefeste Platte legen. 100 g milden Edelpilzkäse in dicke Scheiben schneiden und auf die Steaks verteilen. Im heißen Backofen (oben) etwa 7 Min. überbacken, bis der Käse schmilzt. Inzwischen das Fett aus der Pfanne gießen und den Bratfond mit einem Schuss Sherry oder Wermut loskochen, mit Salz und gemahlenem Piment würzen. Die Sauce um die Steaks herum träufeln und servieren. Als Beilage Kroketten oder Weißbrot und einen bunten Salat der Saison reichen.

Gemüse, Pilze, Hülsenfrüchte

Kürbis mit Minze

ZUTATEN FÜR 4 PERSONEN:
500 g Tomaten
1 Stück Kürbis (1 kg)
1 Zwiebel · 2 Knoblauchzehen
1/2 Bund Minze · 1 EL Olivenöl
1/8 l Gemüsefond (aus dem Glas)
1 EL Zitronensaft · Salz
1 kräftige Prise Cayennepfeffer
1 Prise Zucker

Zubereitungszeit: 30 Min.
Pro Portion: 561 kJ/134 kcal
4 g E · 4 g F · 23 g K

Für Gäste

1 Tomaten mit kochendem Wasser überbrühen und häuten. Dann ohne Stielansätze in kleine Würfel schneiden. Kürbis schälen, entkernen und ebenfalls würfeln. Zwiebel und Knoblauch schälen und fein hacken. Minze waschen, Blättchen abzupfen.

2 Öl in einem Topf erhitzen. Zwiebel und Knoblauch darin andünsten. Kürbis hinzufügen und rundum anbraten. Tomaten mit Gemüsefond, Zitronensaft und Minzeblättchen dazugeben. Alles mit Salz, Cayennepfeffer und Zucker abschmecken.

3 Kürbisragout zugedeckt bei mittlerer Hitze in 10 Min. bissfest garen. Das Gemüse schmeckt zu Kartoffeln, Gnocchi oder auch mit Nudeln sehr gut.

Petersilienwurzeln in Rosmarinsahne

ZUTATEN FÜR 4 PERSONEN:
600 g Petersilienwurzeln
Salz · 1 Schalotte
3–4 Zweige frischer Rosmarin
1 EL Butter
100 ml trockener Weißwein
100 ml Geflügelfond (aus dem Glas) · 100 g Sahne
weißer Pfeffer
1 Prise Muskatnuss

Zubereitungszeit: 30 Min.
Pro Portion: 765 kJ/183 kcal
6 g E · 11 g F · 13 g K

Für Festtage

1 Petersilienwurzeln schälen, die Enden abschneiden. In einen Topf 5 cm hoch Wasser füllen, mit 1 kräftigen Prise Salz zum Kochen bringen. Petersilienwurzeln darin zugedeckt in 8–10 Min. bissfest garen. Dann abtropfen lassen.

2 Schalotte schälen und fein hacken. Rosmarin waschen, Nadeln fein schneiden.

3 Butter in einem breiten Topf schmelzen. Schalotte und Rosmarin darin bei mittlerer Hitze glasig dünsten. Wein, Fond und Sahne mischen und nach und nach zur Schalottenmischung gießen, dabei jeweils etwas einkochen lassen.

4 Wenn die Sauce sämig wird, die Petersilienwurzeln in Scheiben schneiden und untermischen. Mit Salz, Pfeffer und Muskat abschmecken. Zu Steaks mit Nudeln servieren.

Rosenkohl mit Nussbröseln

ZUTATEN FÜR 4 PERSONEN:
750 g Rosenkohl
Salz
40 g Butter
50 g fein geriebene Haselnüsse
1 Prise gemahlener Kümmel

Zubereitungszeit: 35 Min.
Pro Portion: 765 kJ/183 kcal
7 g E · 12 g F · 16 g K

Preiswert · Gelingt leicht

1 Vom Rosenkohl die äußeren Blätter und die Strünke entfernen, Rosenkohl waschen. Blättchen möglichst einzeln ablösen.
2 In einem Topf 5 cm hoch Wasser einfüllen, mit Salz zum Kochen bringen. Rosenkohlblätter darin 6 Min. sprudelnd kochen, bis sie weich sind. Dann abgießen und gut abtropfen lassen.
3 Butter in einer Pfanne zerlassen. Haselnüsse dazugeben und unter Rühren bei mittlerer Hitze 2 Min. braten, bis sie leicht braun sind. Rosenkohlblätter untermischen und wieder heiß werden lassen. Mit Salz und Kümmel abschmecken. Sofort zu Frikadellen oder zu gebratenen Fischfilets servieren.

Tipp!
Rosenkohl schmeckt besonders fein, wenn man die Blätter ablöst. Schneller geht es, wenn Sie die Röschen vor dem Garen nur vierteln.

Mangold-Paprika-Gemüse

ZUTATEN FÜR 4 PERSONEN:
1 Staude Mangold (800 g)
1 Bund Frühlingszwiebeln
1 rote Paprikaschote
1 Knoblauchzehe
1–2 EL Olivenöl
50 ml trockener Weißwein
2 EL Crème fraîche
1 EL Zitronensaft
Salz · Cayennepfeffer

Zubereitungszeit: 30 Min.
Pro Portion: 611 kJ/146 kcal
4 g E · 10 g F · 11 g K

Preiswert

1 Mangold in die einzelnen Blätter zerlegen und gut waschen. Die Blätter abschneiden und grob hacken. Stiele in dünne Streifen schneiden. Frühlingszwiebeln putzen, gründlich waschen und mit dem zarten Grün in feine Ringe schneiden. Paprikaschote waschen und in Würfel schneiden. Knoblauch schälen und klein hacken.
2 Öl in einer Pfanne erhitzen. Knoblauch und Frühlingszwiebeln darin unter Rühren glasig dünsten. Paprika und Mangoldstiele dazugeben und 2 Min. braten. Mangoldblätter dazugeben, Wein angießen, Gemüse zugedeckt bei mittlerer Hitze 5 Min. dünsten.
3 Crème fraîche und Zitronensaft unterrühren und alles mit Salz und Cayennepfeffer abschmecken. Passt sehr gut zu Nudeln und Lammkoteletts.

Scharfes Spinatgemüse

ZUTATEN FÜR 4 PERSONEN:
800 g frischer Blatt- oder
Wurzelspinat
Salz
1 Bund Petersilie
2 Knoblauchzehen
2 getrocknete Chilischoten
2 EL Olivenöl

Zubereitungszeit: 20 Min.
Pro Portion: 598 kJ/143 kcal
8 g E · 8 g F · 15 g K

Mediterran

1 Spinat verlesen, dicke Stiele entfernen, Spinat in stehendem kaltem Wasser gründlich waschen.

2 In einem großen Topf reichlich Salzwasser zum Kochen bringen. Spinat darin in 2 Min. zusammenfallen lassen, dann in einem Sieb kalt abschrecken und gut abtropfen lassen.

3 Petersilie waschen und von den groben Stielen befreien. Knoblauch schälen. Mit Petersilie und Chilischoten sehr fein hacken.

4 In einer Pfanne Olivenöl erhitzen. Die Petersilienmischung darin bei mittlerer Hitze unter Rühren andünsten. Den Spinat dazugeben und erhitzen. Salzen und servieren.

Tipp!
Da festerer und gröberer Wurzelspinat oft sehr sandig ist, muss er wirklich gründlich, am besten mehrmals hintereinander gewaschen werden.

Griechischer Spinat-Reis

ZUTATEN FÜR 4 PERSONEN:
750 g frischer Blattspinat
3 mittelgroße Zwiebeln
2 Knoblauchzehen
je 1 Bund Petersilie und Dill
3 EL Olivenöl
125 g Langkornreis
Saft und abgeriebene Schale
von 1/2 unbehandelten Zitrone
Salz · schwarzer Pfeffer

Zubereitungszeit: 35 Min.
Pro Portion: 1251 kJ/299 kcal
9 g E · 11 g F · 46 g K

Gelingt leicht

1 Spinat gründlich waschen, grobe Stiele entfernen und die Blätter grob hacken. Zwiebeln und Knoblauch schälen, beides fein hacken. Kräuter waschen, Blättchen fein hacken. In einem Topf 2 EL Olivenöl erhitzen, Zwiebeln darin bei schwacher Hitze glasig dünsten. Spinat und ganz wenig Wasser dazugeben, zugedeckt in 3 Min. zusammenfallen lassen.

2 Reis, gehackte Kräuter und Zitronenschale dazugeben, mit Salz und kräftig mit Pfeffer würzen. 1/4 l Wasser aufgießen und umrühren. Zugedeckt 20 Min. bei schwacher Hitze köcheln. Den Topf vom Herd nehmen und das Gericht kurz ausdampfen lassen. Umrühren, mit Zitronensaft und dem restlichen Olivenöl beträufeln und servieren.

lecker! 99. etwas Fleisch dazu, wenn ohne Speckwürfel!

Kartoffelgemüse mit Möhren

ZUTATEN FÜR 4 PERSONEN:
800 g kleine fest kochende Kartoffeln · 500 g Möhren
Salz · 1/2 TL Kümmelkörner
1 mittelgroße Zwiebel
2 EL Butter · 2 EL Mehl
1/2 l Milch
weißer Pfeffer · Muskatnuss
200 g roher Schinkenspeck
2 EL Kapern (aus dem Glas)
1 EL gehackte Salbeiblättchen

Zubereitungszeit: 30 Min.
Pro Portion: 2543 kJ/608 kcal
25 g E · 35 g F · 49 g K

Für Gäste · Preiswert

1 Kartoffeln und Möhren waschen, schälen und unzerteilt in Salzwasser mit Kümmel 15-20 Min. garen.

2 Inzwischen Zwiebel schälen, fein würfeln und in der Butter bei mittlerer Hitze andünsten, Mehl darüber stäuben. Den Topf vom Herd nehmen, die Milch dazugießen, wieder auf dem Herd aufkochen, dabei ständig mit dem Schneebesen rühren. Mit Salz, Pfeffer und Muskat würzen. Schinkenspeck klein würfeln, dazugeben und bei schwacher Hitze 15 Min. ziehen lassen.

3 Wasser von den Kartoffeln und Möhren abgießen. Kleine Kartoffeln ganz lassen, größere vierteln, die Möhren in 3 cm lange Stücke schneiden, mit den Kapern unter die Sauce mischen und erhitzen. Mit gehacktem Salbei bestreuen.

Glasierte Möhren und Kohlrabi

ZUTATEN FÜR 4 PERSONEN:
1 Kohlrabi
400 g Möhren
1 Bund Petersilie
1 EL Sonnenblumenkerne
40 g Butter · 1 EL Zucker
2 EL trockener Sherry (ersatzweise Gemüsebrühe)
Salz · weißer Pfeffer

Zubereitungszeit: 20 Min.
Pro Portion: 747 kJ/185 kcal
5 g E · 10 g F · 22 g K

Preiswert

1 Kohlrabi schälen und in 1 cm dicke Stäbchen schneiden. Möhren waschen, schälen, längs vierteln und in 3 cm lange Stücke schneiden.

2 Petersilie waschen, Blättchen fein hacken.

3 Sonnenblumenkerne in einer trockenen Pfanne bei mittlerer Hitze rösten, bis sie leicht gebräunt sind und würzig duften.

4 Butter in einer zweiten Pfanne zerlassen. Zucker hinzufügen und unter Rühren bei mittlerer Hitze schmelzen lassen. Gemüse dazugeben und alles unter Rühren 2 Min. braten.

5 Sherry angießen und das Gemüse zugedeckt bei mittlerer Hitze 10 Min. weitergaren, bis es bissfest ist. Mit Salz und Pfeffer würzen, Petersilie untermischen. Mit den Sonnenblumenkernen bestreuen und servieren.

Bohnenpüree mit Löwenzahn

ZUTATEN FÜR 4 PERSONEN:
700 g Löwenzahn (ersatzweise Mangoldblätter)
Salz
600 g tiefgekühlte dicke Bohnen (oder aus dem Glas)
1 EL Olivenöl
50 ml trockener Weißwein
weißer Pfeffer · 1 Prise Zucker
50 g Sahne · 1 EL Butter
Muskatnuss

Zubereitungszeit: 25 Min.
Pro Portion: 1401 kJ/335 kcal
15 g E · 11 g F · 47 g K

Vegetarisch

1 Löwenzahn waschen und putzen, in 5 cm lange Stücke schneiden.

2 Löwenzahn in reichlich Salzwasser 2 Min. sprudelnd kochen, kalt abschrecken, abtropfen lassen.

3 Die dicken Bohnen mit etwa 200 ml Wasser in einen Topf geben, salzen und erhitzen. Zugedeckt bei mittlerer Hitze in 15 Min. sehr weich kochen.

4 Öl in einem Topf erhitzen. Löwenzahn dazugeben und andünsten. Mit Wein aufgießen, mit Salz, Pfeffer und Zucker würzen. Zugedeckt warm halten.

5 Dicke Bohnen im Topf mit dem Pürierstab fein pürieren. Sahne und Butter unterrühren. Püree mit Salz, Muskat und Pfeffer würzen und mit dem Löwenzahngemüse servieren.

Tipps!

Dicke Bohnen gibt es vor allem in Süddeutschland nur ganz selten frisch. Werden sie auf dem Markt angeboten, müssen Sie gut 2 kg Schoten kaufen, um 600 g dicke Bohnenkerne zu bekommen.

Ratatouille

ZUTATEN FÜR 4 PERSONEN:
1 Bund Frühlingszwiebeln
2 Auberginen · 2 Zucchini
1 kleine Dose Tomaten (400 g Inhalt)
je 1 rote und gelbe
Paprikaschote
2 Knoblauchzehen
5 EL Olivenöl
1/4 TL unbehandelte, abgeriebene Zitronenschale
Salz · weißer Pfeffer
je einige Zweige frischer
Thymian und Rosmarin

Zubereitungszeit: 35 Min.
Pro Portion: 1113 kJ/266 kcal
5 g E · 18 g F · 27 g K

Schmeckt auch kalt

1 Frühlingszwiebeln putzen, waschen und in

Ringe schneiden. Auberginen und Zucchini waschen, 2 cm groß würfeln. Tomaten abtropfen und klein schneiden. Paprika waschen, putzen, würfeln. Knoblauch schälen und in Scheiben schneiden.

2 In einem Schmortopf 3 EL Öl erhitzen. Auberginen darin bei starker Hitze braten. Frühlingszwiebeln, Zucchini und Paprika mit dem übrigen Öl dazugeben und einige Minuten andünsten. Die Tomaten mit Saft hinzufügen. Mit Zitronenschale, Salz und Pfeffer würzen. Kräuterblättchen zugeben.

3 Das Gemüse zugedeckt bei schwacher Hitze 15 Min. schmoren, nochmal abschmecken.

Ortolano (Buntes Gemüse)

ZUTATEN FÜR 4 PERSONEN:
500 g Brokkoli
4 kleine Zucchini · Salz
4 Zwiebeln · 4 EL Olivenöl
Pfeffer
1 große Dose Tomaten
(800 g Inhalt)
1 Knoblauchzehe
2 Zweige frisches Basilikum
100 g frisch geriebener
Parmesan

Zubereitungszeit: 30 Min.
Pro Portion: 1493 kJ/357 kcal
19 g E · 22 g F · 26 g K

Spezialität aus Italien

1 Gemüse waschen, putzen. Brokkoli in Röschen zerteilen, Zucchini in 3 cm lange Stücke schnei-

den. Beides in kochendem Salzwasser 7 Min. garen, abtropfen lassen. Den Backofen auf 225° (Umluft 200°) vorheizen. Zwiebeln schälen, halbieren, die Hälften durch den Strunk in dicke Spalten schneiden. Olivenöl erhitzen, Zwiebeln darin leicht anbräunen, aus der Pfanne heben, mit dem Gemüse vermischen, in eine Auflaufform füllen, salzen, pfeffern.

2 Tomaten abtropfen lassen und in der Pfanne kurz anschmoren, grob zerdrücken, Knoblauch schälen, dazupressen, alles salzen, pfeffern. Basilikum streifig schneiden, unter die Tomaten mischen, über das Gemüse geben. 10 Min. im Ofen (Mitte) backen, mit Parmesan servieren.

Rote-Bete-Gemüse

ZUTATEN FÜR 4 PERSONEN:
750 g kleine Rote Bete
100 g durchwachsener
Räucherspeck ohne Schwarte
1 EL Öl (ersatzweise Butterschmalz)
250 g Sahne · 5 Pimentkörner
1/2 zerstoßener Sternanis
1/4–1/2 TL Zimt
(ersatzweise statt der Gewürze
1 TL Pastetengewürz)
1 EL herbe Orangenmarmelade
(mit Schalenstreifen)
Salz · schwarzer Pfeffer

Zubereitungszeit: 40 Min.
Pro Portion: 1661 kJ/397 kcal
11 g E · 32 g F · 18 g K

Würzig · Raffiniert

1 Rote Bete waschen,
gründlich abbürsten und
schälen, dabei dünne Plastikhandschuhe tragen.
Knollen vierteln. Speck in
feine Streifen schneiden.

2 In einem flachen
Schmortopf Öl stark
erhitzen, Speck darin anbraten, dann Rote Bete dazu-
geben und anschmoren.
Sahne angießen, Gewürze
und Orangenmarmelade
dazugeben, salzen und pfeffern.

3 Zugedeckt bei ganz
schwacher Hitze 20 bis
30 Min. schmoren. Rote
Bete geben beim Schmoren
genügend Flüssigkeit ab,
aber sie dürfen nur ganz
schwach schmoren, sonst
hängen sie am Topfboden
an. Gemüse zu feinen
Fleischgerichten servieren.

Knoblauch-
Ingwer-Bohnen

ZUTATEN FÜR 4 PERSONEN:
1 kg grüne Bohnen · Salz
1 Bund Frühlingszwiebeln
1 Stück frischer Ingwer
(etwa walnussgroß)
2 Knoblauchzehen
2 EL Erdnussöl
2 EL Sojasauce
100 ml Geflügelfond (aus
dem Glas)
1 EL Schnittlauchröllchen

Zubereitungszeit: 35 Min.
Pro Portion: 623 kJ/149 kcal
6 g E · 7 g F · 19 g K

Raffiniert

1 Bohnen waschen. Die
Enden abschneiden,
eventuell auch die Fäden
abziehen. Bohnen halbieren.

2 In einem Topf reichlich
Wasser mit 1 kräftigen
Prise Salz aufkochen. Bohnen darin 3 Min. sprudelnd
kochen, kalt abschrecken
und abtropfen lassen.

3 Frühlingszwiebeln put-
zen, gründlich waschen,
in feine Ringe schneiden.
Ingwer schälen, fein hacken.
Knoblauch schälen, in
dünne Scheiben schneiden.

4 Öl in einer Pfanne erhitzen. Ingwer und Knob-
lauch darin andünsten.
Bohnen und Frühlingszwie-
beln kurz mitbraten.

5 Sojasauce und Geflügel-
fond dazugeben und
zugedeckt bei mittlerer
Hitze 6 Min. dünsten, bis
die Bohnen bissfest sind.
Abschmecken und mit dem
Schnittlauch bestreuen.

Möhren-Pilz-Curry

ZUTATEN FUR 4 PERSONEN:
1 rote Zwiebel
2 Knoblauchzehen
1 Stück Ingwer (etwa walnuss-groß)
400 g Möhren
300 g kleine Champignons oder Egerlinge
2 EL Öl
1 Dose Kokosmilch (400 g Inhalt)
1-2 EL grüne Currypaste (aus dem Asienladen)
2 EL Zitronensaft
Salz
1 EL frische Korianderblättchen
2 EL gehackte Haselnüsse

Zubereitungszeit: 30 Min.
Pro Portion: 665 kJ/159 kcal
5 g E · 11 g F · 10 g K

Spezialität ais Thailand

1 Zwiebel, Knoblauch und Ingwer schälen. Zwiebel halbieren und in Streifen schneiden, Knoblauch und Ingwer fein hacken.

2 Möhren schälen, putzen und in 1/2 cm dicke Scheiben schneiden. Pilze mit feuchtem Küchenpapier sauber abreiben, die Stiel-enden abschneiden.

3 Das Öl in einer Pfanne oder im Wok erhitzen. Zwiebel, Knoblauch, Ingwer und Möhren darin bei mitt-lerer Hitze 2-3 Min. braten. Pilze dazugeben und alles weitere 5 Min. braten. Ko-kosmilch mit Currypaste dazurühren, mit Zitronen-saft und Salz abschmecken und offen 3-4 Min. köcheln lassen. Mit Koriander und den Haselnüssen bestreuen. Noch mal abschmecken und mit Reis servieren.

Wintergemüse-Topf

ZUTATEN FÜR 4 PERSONEN:

50 g durchwachsener Räucher-speck ohne Schwarte
1 Stange Lauch · 2 Möhren
2 fest kochende Kartoffeln
1 Stück Knollensellerie (200 g)
1/2 Kopf Wirsing
250 g Rosenkohl
1/2 l Gemüsebrühe
1/2 TL Kümmelkörner
Salz · weißer Pfeffer
100 g Crème fraîche
1 EL Zitronensaft
1 EL geriebener Meerrettich
(aus dem Glas)

Zubereitungszeit: 40 Min.
Pro Portion: 1573 kJ/376 kcal
13 g E · 20 g F · 40 g K

Preiswert

1 Speck klein würfeln. Lauch putzen, waschen und in Ringe schneiden. Möhren, Kartoffeln und Sellerie schälen, waschen, in 2 cm große Würfel schneiden. Wirsing in die einzelnen Blätter zerlegen, waschen, in Streifen schneiden. Rosenkohl putzen, waschen und halbieren.

2 Speck bei mittlerer Hitze ausbraten. Das Gemüse dazugeben und anbraten.

3 Brühe angießen, alles mit Kümmel, Salz und Pfeffer würzen, zugedeckt bei mittlerer Hitze 20 Min. garen. Dabei gelegentlich umrühren.

4 Crème fraîche mit Zitronensaft und Meerrettich verrühren, unter das Gemüse mischen.

Mangold-Käse-Klößchen

ZUTATEN FÜR 4 PERSONEN:

500 g Mangoldblätter
Salz
350 g Doppelrahm-Frischkäse
2 Eier
150 g frisch geriebener Parmesan
100 g Hartweizengrieß
weißer Pfeffer
Muskatnuss
75 g Butter

Zubereitungszeit: 35 Min.
Pro Portion: 3175 kJ/759 kcal
29 g E · 60 g F · 29 g K

Vegetarisch

1 Mangold waschen und in kochendem Salzwasser in 2 Min. zusammenfallen lassen. Dann kalt ab-schrecken und sehr gut ausdrücken. Ganz fein hacken.

2 Frischkäse mit Mangold, Eiern, 100 g Parmesan und Grieß zu einem Teig mischen, der gut zusammenhält, und mit Salz, Pfeffer und Muskat abschmecken. 10 Min. quellen lassen.

3 Aus dem Teig mit angefeuchteten Teelöffeln Klößchen formen.

4 In einem breiten Topf reichlich Salzwasser zum Kochen bringen. Klößchen darin bei schwacher Hitze in 5 Min. gar ziehen lassen.

5 Inzwischen Butter zerlassen und leicht bräunen. Klößchen aus dem Wasser heben und in vorgewärmte Teller geben. Mit der Butter beträufeln, mit dem restlichen Parmesan bestreuen.

Scharfe Gemüsepflänzchen

ZUTATEN FUR 4 PERSONEN:
1 Stange Lauch (250 g)
250 g Möhren
1 rote Chilischote
1 Bund Petersilie
75 g Schafkäse · 75 g Mehl
2 Eier · Salz
2 EL Butterschmalz
200 g Joghurt · Pfeffer
2 Knoblauchzehen

Zubereitungszeit: 35 Min.
Pro Portion: 1372 kJ/328 kcal
14 g E · 16 g F · 36 g K

Schmeckt auch kalt

1 Lauch putzen und waschen. Möhren schälen. Beides würfeln und in der Küchenmaschine fein zerkleinern.

2 Chilischote der Länge nach halbieren, putzen, kalt abspülen und fein hacken. Petersilie waschen, Blättchen fein hacken.

3 Schafkäse mit einer Gabel zerdrücken, Gemüse, Chili, Petersilie, Mehl, Eier und Salz untermischen.

4 Schmalz in einer Pfanne erhitzen. Aus dem Teig acht Pflänzchen formen, hineinsetzen und etwas flach drücken. Bei mittlerer Hitze pro Seite 5 Min. braten, bis sie knusprig sind.

5 Joghurt mit Salz und Pfeffer cremig rühren. Knoblauch durch die Presse dazudrücken. Gemüsepflänzchen mit dem Joghurt servieren. Dazu schmeckt Kartoffelpüree oder Brot.

Schwarzwurzeln in Kümmelsahne

ZUTATEN FUR 4 PERSONEN:
1 kg Schwarzwurzeln
2 EL Zitronensaft
Salz · 1 EL Butter
1 gestrichener EL Mehl
200 ml Gemüsefond (aus dem Glas) · 100 g Sahne
1 EL Orangenlikör nach Belieben
1 TL gemahlener Kümmel
weißer Pfeffer
1 Bund Schnittlauch

Zubereitungszeit: 30 Min.
Pro Portion: 1309 kJ/313 kcal
9 g E · 10 g F · 48 g K

Preiswert · Für Gäste

1 Die Schwarzwurzeln unter fließendem Wasser sehr gründlich abbürsten.

2 In einem Topf 1 l Wasser mit dem Zitronensaft und Salz aufkochen. Schwarzwurzeln darin zugedeckt bei mittlerer Hitze in 15 Min. garen.

3 Dann kurz kalt abschrecken, schälen, auf eine Platte legen und im Backofen bei 50° warm halten.

4 Schon während die Schwarzwurzeln garen, Butter mit Mehl verkneten. In einem Topf Gemüsefond mit Sahne und eventuell Orangenlikör zum Kochen bringen. Mehlbutter einrühren, Sauce aufkochen, mit Salz, Kümmel und Pfeffer abschmecken.

5 Schnittlauch in Röllchen schneiden. Unter die Sauce mischen, über die Schwarzwurzeln gießen.

Wirsingtopf mit Lamm und Bulgur

ZUTATEN FÜR 4 PERSONEN:

1 mittelgroßer Wirsingkohl
(700 g) · Salz
100 g Bulgur
200 g Lammfleisch (aus der
Keule)
1 Chicorée
1 Bund Petersilie
1 EL Butterschmalz
1/4 l Fleischbrühe (ersatzweise
Lammfond aus dem Glas)
weißer Pfeffer
1 TL Paprika, rosenscharf
1 TL Tomatenmark
2 EL Crème fraîche
2 EL fein geriebene Mandeln

Zubereitungszeit: 40 Min.
Pro Portion: 1489 kJ/356 kcal
18 g E · 17 g F · 39 g K

Preiswert

1 Wirsing waschen, putzen, vierteln. Den Strunk jeweils herausschneiden und die Viertel in Streifen schneiden. Reichlich Salzwasser aufkochen. Den Wirsing darin 5 Min. sprudelnd kochen. Dann in einem Sieb kalt abschrecken und abtropfen lassen.

2 Gleichzeitig den Bulgur in einem Topf mit der doppelten Menge Wasser und mit Salz zum Kochen bringen. Bei schwacher Hitze in 20 Min. zugedeckt ausquellen lassen.

3 Lammfleisch von Sehnen befreien, Fleisch sehr fein hacken oder durch den Fleischwolf drehen. Chicorée waschen, längs in Streifen schneiden, dann fein hacken. Petersilie waschen, Blättchen abzupfen und sehr fein hacken.

4 Lammfleisch in Butterschmalz unter Rühren bei starker Hitze kräftig anbraten. Chicorée kurz mitbraten. Wirsing ebenfalls mitdünsten. Brühe angießen, Gemüse mit Salz, Pfeffer, Paprika und Tomatenmark abschmecken. Zugedeckt bei mittlerer Hitze 10 Min. schmoren. Gelegentlich umrühren.

5 Die Crème fraîche, Bulgur und Mandeln unterrühren, das Gemüse nochmals salzen und pfeffern. Mit der restlichen Petersilie bestreuen und servieren.

Variante: Wirsingröllchen
Vom Wirsing 16 Blätter ablösen und in Salzwasser 3 Min. sprudelnd kochen. Kalt abschrecken. Restlichen Wirsing fein hacken. Bulgur garen, mit dem Lammhack, Chicorée, Petersilie, Mandeln, 2 kleinen Eiern mischen und mit Salz, Pfeffer und Paprika würzen. Masse auf den Blättern verteilen, diese zu Rouladen aufrollen und mit Küchengarn zubinden. Im Butterschmalz andünsten. Übrigen Wirsing mit 3/8 l Brühe und der Crème fraîche dazugeben, 30 Min. zugedeckt schmoren.

Blätterteigtaschen mit Gemüsefüllung

ZUTATEN FÜR 4 PERSONEN:
5 Scheiben tiefgekühlter
Blätterteig (300 g) · 1 kleine
Dose Sauerkraut (285 g Inhalt)
1 kleine rote Paprikaschote
1 Knoblauchzehe
1 Bund Petersilie
50 g geräucherter Schinken
2 EL Sonnenblumenkerne
2 EL saure Sahne
2 kleine Eier
Salz · weißer Pfeffer
1 Prise Zucker · 1 Eigelb
1 EL Milch (ersatzweise Sahne)
Mehl zum Ausrollen

Zubereitungszeit: 25 Min.
(+ 25 Min. fürs Backen)
Pro Portion: 2623 kJ/627 kcal
18 g E · 42 g F · 48 g K

Raffiniert

1 Blätterteigscheiben nebeneinander legen und auftauen lassen.

2 Inzwischen für die Füllung das Sauerkraut ausdrücken und fein schneiden. Paprikaschote waschen, putzen und in kleine Würfel schneiden. Knoblauch schälen und fein hacken. Petersilie waschen, Blättchen fein hacken. Schinken vom Fettrand befreien und sehr klein würfeln.

3 Sauerkraut mit Paprika, Knoblauch, Petersilie, Schinken, Sonnenblumenkernen, saurer Sahne und Eiern verrühren und mit Salz, Pfeffer und Zucker pikant würzen.

4 Den Backofen auf 200° (Umluft 180°) vorheizen. Blätterteigscheiben auf wenig Mehl etwas ausrollen. Einmal durchschneiden.

5 Die Teigstücke zur Hälfte mit Füllung belegen, dabei jeweils einen 1 cm breiten Rand frei lassen. Die Ränder mit Wasser bestreichen, die Taschen zusammenklappen und die Ränder mit einer Gabel gut zusammendrücken.

6 Ein Backblech mit kaltem Wasser abspülen und nicht abtrocknen. Die Teigtaschen darauf legen. Eigelb mit Milch verquirlen und die Taschen damit bestreichen.

7 Blätterteigtaschen im heißen Ofen (Mitte, Umluft 180°) 25 Min. backen. Mit einer großen Schüssel gemischtem Salat servieren.

Tipp!
Wenn es einmal noch schneller gehen soll, nur die Füllung zubereiten und einfach in einer Pfanne wie Rührei in etwas Olivenöl unter Rühren 5 Min. braten.

Varianten:
Für die Füllung statt Sauerkraut 300 g mehlig kochende Kartoffeln weich garen, abkühlen lassen und reiben. Oder 300 g gemischte Gemüse wie Möhren, Kohlrabi und Sellerie schälen und fein raspeln.
Statt Schinken schmecken auch Salami oder Tunfisch. Nach Belieben mit eingelegtem grünem Pfeffer würzen.

Überbackene Paprikaviertel

ZUTATEN FÜR 4 PERSONEN:
2 Scheiben altbackenes Weißbrot
50 g roh geräucherter Schinken
2 Knoblauchzehen
1 Bund Petersilie
4 EL Olivenöl
50 g frisch geriebener Parmesan oder Pecorino
Salz · weißer Pfeffer
4 mittelgroße Paprikaschoten

Zubereitungszeit: 20 Min.
(+ 20 Min. fürs Backen)
Pro Portion: 1000 kJ/239 kcal
9 g E · 18 g F · 9 g K

Mediterran

1 Den Backofen auf 220° (Umluft 200°) vorheizen. Weißbrot in feine Krümel zerbröseln. Schinken vom Fettrand befreien und klein würfeln. Knoblauchzehen schälen, Petersilie waschen, beides sehr fein hacken.

2 Brot mit Schinken, Knoblauch, Petersilie, Öl und Käse mischen und mit Salz (vorsichtig, denn der Käse ist schon salzig) und Pfeffer abschmecken.

3 Die Paprika waschen und halbieren. Trennwände und Kerne rauszupfen. Die Paprika in Viertel schneiden, salzen und mit der Käsemasse füllen. In eine feuerfeste Form setzen.

4 Paprika im heißen Ofen (Mitte) 20 Min. backen, bis die Oberfläche schön gebräunt ist. Die Paprikaviertel mit Rucolasalat und frischem Brot servieren.

Pilz-Auberginen mit Polenta-Talern

ZUTATEN FUR 4 PERSONEN:
150 g 5-Minuten-Polenta · Salz
1 Bund Frühlingszwiebeln
2 Knoblauchzehen
1 große Aubergine
400 g Champignons
1 EL Zitronensaft
4–5 EL Olivenöl
1 Packung passierte Tomaten
(500 g Inhalt)
1 TL getrocknete Kräuter
der Provence · weißer Pfeffer

Zubereitungszeit: 35 Min.
Pro Portion: 1590 kJ/380 kcal
8 g E · 18 g F · 51 g K

Vegetarisch · Preiswert

1 Polenta mit knapp ³/₄ l Wasser und Salz aufkochen, zugedeckt bei schwa-

cher Hitze 5 Min. quellen lassen. 1 cm dick auf ein befeuchtetes Holzbrett streichen, auskühlen lassen.

2 Frühlingszwiebeln putzen, waschen, in feine Ringe schneiden. Knoblauch schälen, hacken. Aubergine waschen und würfeln. Pilze putzen, vierteln. Mit Zitronensaft mischen.

3 Auberginenwürfel in 2 EL Öl bei starker Hitze rundum braun braten. Frühlingszwiebeln, Knoblauch und Pilze mitbraten.

4 Tomaten, Kräuter, Salz, Pfeffer dazugeben, bei mittlerer Hitze zugedeckt 10 Min. schmoren.

5 Polenta zu Talern ausstechen, im restlichen Öl knusprig braten. Zum Ragout servieren.

Pilzpuffer mit Zitronensauce

ZUTATEN FUR 4 PERSONEN:
1 1/2 altbackene Brötchen
600 g Champignons
1 Knoblauchzehe
1 Bund Petersilie
1 Ei
1 Eigelb
75 g frisch geriebener
Emmentaler
Salz · weißer Pfeffer
3 EL Sonnenblumenöl
1 Schalotte
200 g Crème fraîche
Saft und abgeriebene Schale
von 1/2 unbehandelten Zitrone

Zubereitungszeit: 40 Min.
Pro Portion: 2071 kJ/495 kcal
16 g E · 40 g F · 24 g K

Raffiniert

1 Brötchen in lauwarmem Wasser einweichen, ausdrücken und zerpflücken.

2 Pilze putzen, im Blitzhacker fein zerkleinern. Knoblauch schälen, dazudrücken. Petersilie waschen, hacken. Mit dem Brötchen, Ei, Eigelb und Emmentaler zu den Pilzen geben, salzen, pfeffern.

3 Öl in einer Pfanne erhitzen. Aus der Pilzmasse darin zwölf Puffer bei mittlerer Hitze pro Seite 4 Min. braten, warm halten.

4 Inzwischen Schalotte schälen und hacken. In der Pfanne glasig dünsten. Crème fraîche, Zitronensaft und -schale dazugeben und unter Rühren einkochen lassen. Salzen, pfeffern, zu den Puffern servieren.

Austernpilze mit Salbei

ZUTATEN FUR 4 PERSONEN:
800 g Austernpilze
10 frische Salbeiblätter
3 Knoblauchzehen
2 EL Olivenöl
2 EL Butter
Salz · schwarzer Pfeffer
Saft von 1 Zitrone

Zubereitungszeit: 30 Min.
Pro Portion: 728 kJ/174 kcal
5 g E · 14 g F · 13 g K

Gelingt leicht

1 Austernpilze von den harten Strünken abschneiden, mit Küchenpapier säubern. Salbeiblättchen mit Küchenpapier abreiben. Knoblauch schälen und in dünne Scheiben schneiden.

2 In einer großen Pfanne Olivenöl mit Butter erhitzen. Pilze darin bei starker Hitze auf beiden Seiten braun braten. Nach dem Wenden die Salbeiblätter und den Knoblauch dazugeben und mitbraten. Mit Salz und Pfeffer würzen, mit Zitronensaft beträufeln und servieren. Dazu passen Nudeln oder – als schneller Imbiss – frisches Baguette.

Tipps!
Die Austernpilze zuerst auf der glatten Seite anbraten, dann saugen sie nicht so viel Öl auf.
Statt Salbei mitzubraten, können Sie auch grob gehackte glatte Petersilie oder Basilikum zum Schluss darüber streuen.

Spargel-Steinpilz-Ragout

ZUTATEN FUR 4 PERSONEN:
30 g getrocknete Steinpilze
1,2 kg weißer Spargel
Salz · 1 Prise Zucker
2 Schalotten
1 Hand voll frischer Kerbel (ersatzweise Petersilie)
1 EL Butter
200 g Crème fraîche
1–2 EL Zitronensaft
weißer Pfeffer

Zubereitungszeit: 40 Min.
Pro Portion: 1125 kJ/269 kcal
5 g E · 23 g F · 13 g K

Für Festtage

1 Pilze in 125 ml Wasser 15 Min. einweichen, abtropfen lassen und würfeln. Wasser filtern.

2 Spargel putzen und von oben nach unten gründlich schälen. Spitzen abschneiden, Stangen in 3 cm lange Stücke schneiden.

3 Reichlich Wasser mit Salz und Zucker zum Kochen bringen. Spargelstücke darin 5 Min. garen. Spitzen dazugeben, 5 Min. mitgaren. Abtropfen lassen.

4 Schalotten schälen, Kerbel waschen, beides fein hacken.

5 Schalotten in der Butter glasig dünsten. Pilze mitgaren. Mit dem Pilzwasser ablöschen. Crème fraîche einrühren, mit Zitronensaft, Salz und Pfeffer würzen, einmal aufkochen. Spargel und Kerbel dazugeben und heiß werden lassen. Sofort mit Reis servieren.

Knusprige Linsenbällchen

ZUTATEN FÜR 4 PERSONEN:
250 g Tellerlinsen
400 ml Gemüsefond (aus dem Glas)
2 Bund Schnittlauch
1 kleine rote Paprikaschote
200 g Joghurt
50 ml kohlensäurehaltiges Mineralwasser
Salz · weißer Pfeffer
1 TL Tomatenmark
80 g fein geriebene Haselnüsse
1 Ei
1 TL gemahlener Kreuzkümmel
3 EL Sonnenblumenöl

Zubereitungszeit: 40 Min.
Pro Portion: 1627 kJ/389 kcal
25 g E · 11 g F · 51 g K

Gut vorzubereiten

1 Linsen im Gemüsefond in 20 Min. bei mittlerer Hitze weich kochen.

2 Inzwischen Schnittlauch waschen, in Röllchen schneiden. Paprikaschote waschen, putzen und sehr klein würfeln.

3 Joghurt mit Mineralwasser cremig schlagen. Schnittlauch und Paprikawürfel untermischen, mit Salz und Pfeffer würzen.

4 Die gegarten Linsen im Mixer fein pürieren. Mit Tomatenmark, Nüssen und Ei zu einem Teig mischen und mit dem Kreuzkümmel, Salz und Pfeffer pikant würzen. Aus der Masse etwa tischtennisballgroße Bällchen formen.

5 Öl in einer Pfanne erhitzen. Bällchen darin rundum in 10 Min. knusprig braten.

6 Paprikajoghurt zu den heißen Linsenbällchen servieren.

Rote Linsen mit Gemüse

ZUTATEN FUR 4 PERSONEN:
250 g rote Linsen
500 g Brokkoli
150 g Champignons
2 Zwiebeln · 2 EL Butter
2 Gewürznelken
3 Pimentkörner · 1 Lorbeerblatt
1/2 l Gemüsebrühe
Salz · schwarzer Pfeffer
2 EL gehackte Petersilie

Zubereitungszeit: 35 Min.
Pro Portion: 1723 kJ/412 kcal
26 g E · 9 g F · 62 g K

Preiswert

1 Linsen auf ein Sieb geben, mit heißem Wasser überbrausen und abtropfen lassen. Brokkoli waschen, putzen, Röschen ablösen, Stängel schälen und schräg in 1 cm dicke Scheiben schneiden. Champignons mit Küchenpapier abreiben, nur waschen, wenn sie sehr sandig sind. In feine Blättchen schneiden. Zwiebeln schälen, halbieren und in Halbringe schneiden.

2 In einem breiten Topf Butter zerlassen, Zwiebeln darin bei mittlerer Hitze hellgelb braten. Brokkoli, Champignons, die Gewürze und die Brühe dazugeben. 5 Min. köcheln lassen, dann die Linsen unterrühren und 10 Min. weitergaren, bis die Linsen gar sind, aber noch nicht zerfallen. Mit Salz und Pfeffer abschmecken, mit Petersilie bestreuen und servieren.

Gebratene Linsen

ZUTATEN FUR 4 PERSONEN:
1 Dose Linsen (800 g Inhalt)
4 Eier · 1 Bund Petersilie
8 Scheiben Frühstücksspeck (Bacon)
4 Scheiben Toastbrot
3 EL Butter
Salz · schwarzer Pfeffer
1 Zitrone

Zubereitungszeit: 30 Min.
Pro Portion: 2748 kJ/657 kcal
38 g E · 30 g F · 63 g K

Spezialität aus Spanien

1 Linsen in einem Sieb abspülen und abtropfen lassen. Den Backofen auf 75° (Umluft 50°) vorheizen.

2 Eier mit Wasser bedeckt in 8 Min. hart kochen. Petersilie waschen, Blättchen hacken. In einer Pfanne Speckscheiben bei starker Hitze auf beiden Seiten knusprig braten. Aus der Pfanne heben und im Ofen warm halten. Toastscheiben in der Pfanne auf beiden Seiten rösten, diagonal halbieren, im Ofen warm halten.

3 Butter in die Pfanne geben und die Linsen darin bei mittlerer Hitze 6 Min. braten, bis sie etwas Farbe annehmen. Petersilie unterrühren, mit Salz und Pfeffer würzen. Eier kalt abschrecken, pellen und in Scheiben schneiden. Zitrone auspressen und den Saft unter die Linsen rühren.

4 Linsen mit Eierscheiben, Toast und Speck garnieren und heiß servieren.

145

Weiße Bohnen in Spinatsahne

ZUTATEN FUR 4 PERSONEN:
500 g frischer Blattspinat
1 Knoblauchzehe
1/2 unbehandelte Zitrone
1 EL Butterschmalz
1 EL Pinienkerne · 150 g Sahne
Salz · weißer Pfeffer
Muskatnuss
2 Dosen gegarte weiße Bohnen
(je 250 g Inhalt)

Zubereitungszeit: 35 Min.
Pro Portion: 1251 kJ/299 kcal
13 g E · 14 g F · 34 g K

Preiswert

1 Spinat verlesen, von dicken Stielen befreien und in stehendem kaltem Wasser gründlich waschen. Abtropfen lassen und mit- telfein hacken. Knoblauch schälen und fein schneiden. Zitronenhälfte heiß waschen, abtrocknen und die Schale fein abschälen, in dünne Streifen schneiden.

2 Butterschmalz in einem breiten Topf erhitzen. Pinienkerne darin bei mitt- lerer Hitze anrösten. Knob- lauch dazugeben und glasig dünsten. Spinat hinzufügen und zugedeckt in 2 Min. zu- sammenfallen lassen.

3 Dann die Sahne angie- ßen, das Gemüse mit Salz, Pfeffer, Muskat und Zitronenschale würzen und offen 5 Min. köcheln lassen.

4 Bohnen abgetropft in der Spinatsahne heiß werden lassen. Dazu passen Lamm- koteletts oder Rindersteaks.

Rote Chili-Bohnen

ZUTATEN FUR 4 PERSONEN:
2 Dosen rote Kidney-Bohnen
(je 400 g Inhalt)
2 rote Paprikaschoten
2 grüne Chilischoten
2 Zwiebeln · 3 Knoblauchzehen
2 EL Olivenöl · 500 g Tomaten
1/2 TL gemahlener Kreuz-
kümmel
1/2 TL gerebelter Oregano
Salz · schwarzer Pfeffer
Fett für die Form

Zubereitungszeit: 15 Min.
(+ 30 Min. Backen)
Pro Portion: 1201 kJ/287 kcal
13 g E · 9 g F · 43 g K

Spezialität aus Südamerika

1 Bohnen überbrausen, abtropfen lassen. Back- ofen auf 200° vorheizen.

2 Paprika waschen, putzen, in Streifen schneiden. Chilis putzen, würfeln.

3 Zwiebeln und Knob- lauch schälen und in feine Scheiben schneiden. Zwiebeln und Knoblauch in 1 EL Öl anbraten, Paprika und Chilis 5 Min. mit- schmoren. Die Tomaten waschen und in dünne Scheiben schneiden.

4 Eine Auflaufform fetten, die Hälfte der Tomaten einfüllen, Bohnengemüse darüber verteilen, mit Kreuzkümmel und Oregano würzen, mit restlichen Tomatenscheiben abdecken, jede Schicht salzen, pfeffern. Übriges Öl darüber träu- feln. Im heißen Ofen (Mitte, Umluft 180°) 30 Min. backen.

Kichererbsen-Tomaten-Eintopf

ZUTATEN FUR 4 PERSONEN:
300 g Lammkeule ohne
Knochen (ersatzweise
Schweineschulter)
1 kleine Dose Tomaten
(400 g Inhalt)
1 Zwiebel · 2 Knoblauchzehen
2 EL Olivenöl
1 TL getrockneter Thymian
Salz · Cayennepfeffer
2 Dosen gegarte Kichererbsen
(je 350 g Inhalt)
1 EL Crème fraîche

Zubereitungszeit: 30 Min.
Pro Portion: 1891 kJ/452 kcal
21 g E · 21 g F · 47 g K

Gelingt leicht

1 Lammkeule in Streifen
schneiden. Tomaten

abtropfen lassen, würfeln.
Zwiebel und Knoblauch
schälen, fein hacken.
2 Das Öl in einem Topf
erhitzen. Das Fleisch
darin in zwei Portionen bei
starker Hitze anbraten.
Zwiebel und Knoblauch im
verbliebenen Fett glasig
dünsten. Tomaten, Thymian
und Fleisch dazugeben, mit
Salz und Cayennepfeffer
würzen und offen 10 Min.
köcheln lassen.
3 Kichererbsen abtropfen
lassen, im Eintopf heiß
werden lassen. Crème
fraîche unterrühren, alles
mit Salz und Cayennepfeffer
abschmecken und mit fri-
schem Brot servieren.

Bohnen-Mais-Gemüse

ZUTATEN FUR 4 PERSONEN:
1 mittelgroße Stange Lauch
(200 g)
1 grüne Paprikaschote (200 g)
1 Dose Maiskörner (300 g
Inhalt)
1 kleine Dose rote Kidney-
Bohnen (400 g Inhalt)
2 EL Butter
1/4 TL Selleriesalz
1 Prise Cayennepfeffer
Salz nach Belieben
2 EL gehackte Petersilie

Zubereitungszeit: 20 Min.
Pro Portion: 728 kJ/174 kcal
8 g E · 3 g F · 33 g K

Preiswert

1 Vom Lauch die dunkel-
grünen Blätter und den

Wurzelansatz entfernen.
Den hellgrünen Teil kreuz-
förmig einschneiden und
den Lauch gründlich
waschen. In 1/2 cm dicke
Scheiben schneiden. Paprikaschote waschen, halbie-
ren, putzen, klein würfeln.
Maiskörner und Bohnen auf
einem Sieb abtropfen lassen.
2 In einem Topf bei mittlerer Hitze Butter schmel-
zen lassen und die Lauch-
ringe darin unter öfterem
Rühren 5 Min. andünsten.
Paprika dazugeben und
noch 3 Min. dünsten.
3 Bohnen und Mais untermischen, mit Selleriesalz
und Cayennepfeffer pikant
würzen, 5 Min. dünsten.
Eventuell leicht salzen. Mit
gehackter Petersilie bestreu-
en und servieren.

Nudeln, Kartoffeln, Reis, Getreide

Kartoffeln mit Tomaten

ZUTATEN FÜR 4 PERSONEN:
800 g vorwiegend fest kochende Kartoffeln
500 g Tomaten · 6 EL Olivenöl
1 Bund Basilikum
je einige Zweige frischer Rosmarin und Thymian
2 Knoblauchzehen
Salz · weißer Pfeffer

Zubereitungszeit: 25 Min.
(+ 20 Min. fürs Backen)
Pro Portion: 1176 kJ/281 kcal
5 g E · 15 g F · 30 g K

Kinderleicht · Vegetarisch

1 Kartoffeln gründlich waschen oder schälen und in wenig Wasser zugedeckt 15–20 Min. vorkochen. Dann längs halbieren.

Tomaten waschen und quer halbieren. Stielansätze entfernen.

2 Den Backofen auf 200° vorheizen. Eine große feuerfeste Form leicht einölen.

3 Die Kräuter waschen, Blättchen fein hacken. Zum restlichen Öl geben. Knoblauch schälen, dazupressen, alles verrühren.

4 Kartoffeln und Tomaten mit den Schnittflächen nach oben in die Form legen, mit Salz und Pfeffer würzen und mit dem Kräuteröl beträufeln.

5 Kartoffeln und Tomaten im heißen Ofen (Mitte, Umluft 180°) 20 Min. garen. Dazu passt eine große Schüssel gemischter Salat.

Pellkartoffeln mit Rucola-Nuss-Quark

ZUTATEN FÜR 4 PERSONEN:
1 kg vorwiegend fest kochende, möglichst gleich große Kartoffeln
1 Bund Rucola · 1 Möhre
1–2 EL Walnusskerne
500 g Schichtkäse
100 g Sahne · 1 EL Walnussöl (ersatzweise Olivenöl, kaltgepresst)
Salz · weißer Pfeffer

Zubereitungszeit: 35 Min.
Pro Portion: 1979 kJ/473 kcal
19 g E · 27 g F · 41 g K

Preiswert

1 Kartoffeln unter fließendem Wasser gründlich bürsten, in einen Topf geben und 2 cm hoch Wasser angießen. Wasser zum Kochen bringen. Kartoffeln zugedeckt bei mittlerer Hitze in 20–30 Min. weich kochen.

2 Inzwischen für den Quark Rucola waschen, trockenschwenken und fein hacken. Möhre waschen, schälen und fein raspeln. Walnüsse grob hacken.

3 Schichtkäse mit Sahne und Öl verrühren. Rucola, Möhre und Walnüsse untermischen und den Quark mit Salz und Pfeffer abschmecken.

4 Kartoffeln etwas ausdampfen lassen, in eine Schüssel füllen und mit dem Quark servieren.

Nudeln mit Scampi und Spinat

ZUTATEN FUR 4 PERSONEN:
300 g tiefgekühlter Blattspinat
200 g rohe, ungeschälte
Scampi (Tiefseegarnelen;
ersatzweise gegarte geschälte
Riesengarnelenschwänze)
1 Schalotte · 1 Knoblauchzehe
400 g Tagliatelle · Salz
1 EL Butter · 1 EL Zitronensaft
2 EL Crème fraîche
weißer Pfeffer

Zubereitungszeit: 35 Min.
Pro Portion: 2138 kJ/511 kcal
27 g E · 11 g F · 76 g K

Gelingt leicht

1 Spinat mit wenig Wasser bei mittlerer Hitze in 10 Min. auftauen, dann sehr gut abtropfen lassen.

2 Scampi schälen, den dunklen, fadenförmigen Darm am Rücken entfernen. Scampi in Stücke schneiden. Schalotte und Knoblauch schälen, fein hacken.

3 Nudeln in reichlich Salzwasser bei starker Hitze in 8 Min. bissfest garen.

4 Schalotte und Knoblauch in Butter bei mittlerer Hitze kurz anbraten. Scampistücke unter Rühren 1 Min. braten, bis sie sich rötlich färben. Zitronensaft, Crème fraîche und Spinat untermischen, alles unter Rühren 2 Min. garen (Riesengarnelenschwänze nur $1/2$ Min.), salzen, pfeffern.

5 Nudeln abgießen, unter die Spinat-Scampi-Mischung rühren und servieren.

Bandnudeln mit Kurkuma-Garnelen

ZUTATEN FUR 4 PERSONEN:
250 g gegarte, geschälte
Garnelen bzw. Riesengarnelenschwänze
1 EL Zitronensaft
1 Bund Frühlingszwiebeln
400 g Bandnudeln · Salz
1 EL Sonnenblumenöl
150 ml Fischfond (aus
dem Glas) · 150 g Sahne
1 TL gemahlener Kurkuma
weißer Pfeffer
1 EL Schnittlauchröllchen

Zubereitungszeit: 30 Min.
Pro Portion: 2464 kJ/589 kcal
29 g E · 19 g F · 75 g K

Für Gäste

1 Garnelen abgetropft mit Zitronensaft mischen.

2 Frühlingszwiebeln putzen, gründlich waschen und mit dem zarten Grün in feine Ringe schneiden.

3 Nudeln in reichlich Salzwasser bei starker Hitze in 8 Min. bissfest garen.

4 Inzwischen das Öl in einer Pfanne erhitzen. Frühlingszwiebeln darin andünsten. Fischfond und Sahne angießen und aufkochen. Die Sauce mit dem Kurkuma, Salz und Pfeffer abschmecken. Falls nötig, etwas einkochen lassen. Die Garnelen in die Kurkumasahne geben und heiß werden lassen.

5 Die Nudeln gut abtropfen lassen, in die Pfanne geben, gründlich unterrühren. Mit dem Schnittlauch bestreut servieren.

Spaghetti carbonara mit Erbsen

ZUTATEN FUR 4 PERSONEN:
100 g Frühstücksspeck (Bacon)
2 Knoblauchzehen
1 EL Butter
50 ml Weißwein (ersatzweise Brühe)
400 g Spaghetti
100 g tiefgekühlte Erbsen
Salz
100 g frisch geriebener Parmesan
2 ganz frische Eier
200 g Sahne
schwarzer Pfeffer
Muskatnuss

Zubereitungszeit: 25 Min.
Pro Portion: 3500 kJ/837 kcal
36 g E · 39 g F · 82 g K

Klassiker auf neue Art

1 Den Backofen auf 75° vorheizen, eine große Schüssel darin vorwärmen.

2 Speck in feine Streifen schneiden, Knoblauch schälen und klein hacken. Butter erhitzen und den Speck darin bei mittlerer Hitze knusprig braten, Knoblauch mit andünsten. Wein aufgießen und fast einkochen. In die Schüssel geben, warm halten.

3 Spaghetti und Erbsen in reichlich Salzwasser in 8 Min. bissfest garen.

4 50 g Käse mit Eiern, Sahne, Salz, Pfeffer und Muskat verrühren. Spaghetti mit den Erbsen abtropfen lassen, mit den Speckwürfeln und der Eier-Käsesauce vermischen. Übrigen Käse extra dazureichen.

Penne mit Rucola und Tomaten

ZUTATEN FUR 4 PERSONEN:
150 g Rucola
2 Zwiebeln
2 Knoblauchzehen
2 EL Olivenöl
1 Dose Tomaten (800 g Inhalt)
400 g Penne · Salz
schwarzer Pfeffer
1/2 TL Paprika, edelsüß
Muskatnuss
75 g geriebener Hartkäse
(Pecorino oder Parmesan)

Zubereitungszeit: 30 Min.
Pro Portion: 2472 kJ/591 kcal
25 g E · 17 g F · 85 g K

Gelingt leicht

1 Rucola waschen und klein schneiden. Zwiebeln und Knoblauch schälen, in kleine Würfel schneiden.

2 In einer Kasserolle das Öl bei mittlerer Hitze heiß werden lassen, Zwiebeln und Knoblauch darin hellgelb anbraten, die Tomaten mit Saft dazugeben und 10 Min. offen bei mittlerer Hitze einkochen.

3 Inzwischen die Penne in reichlich kochendem Salzwasser nach Packungsangabe bissfest garen. Rucola zu den Tomaten geben, nur ganz kurz (1/2 Min.) erhitzen, mit Salz, Pfeffer, Paprika und Muskat abschmecken. Die Nudeln abgießen, in eine Schüssel füllen, die Sauce darüber geben. Mit Käse bestreuen und servieren.

Penne mit scharfem Brokkoli

ZUTATEN FUR 4 PERSONEN:
Salz
4 Knoblauchzehen
2 getrocknete Chilischoten
400 g Penne
300 g tiefgekühlter Brokkoli
1/2 Bund Petersilie
4 EL Olivenöl

Zubereitungszeit:20 Min.
Pro Portion: 1958 kJ/468 kcal
15 g E · 11 g F · 77 g K

Spezialität aus Süditalien

1 Für die Nudeln und den Brokkoli reichlich Salzwasser aufsetzen.

2 In der Zeit Knoblauchzehen schälen und in dünne Scheiben schneiden. Chilischoten im Mörser zerkrümeln. Oder zwischen den Fingern, dann aber die Hände anschließend ganz gründlich waschen oder Handschuhe anziehen.

3 Nudeln ins kochende Wasser geben und in etwa 8 Min. bissfest kochen. Nach 3 Min. Kochzeit den Brokkoli hinzufügen.

4 Inzwischen Petersilie waschen, die Blättchen abzupfen und fein hacken. Öl in einer Pfanne erhitzen. Knoblauch darin bei schwacher Hitze einige Minuten dünsten. Chilis und Petersilie dazugeben.

5 Nudeln und Brokkoli in ein Sieb abschütten, in die Pfanne zum scharfen Öl geben und gründlich mischen. Alles mit Salz abschmecken und rasch servieren.

Tipp!
Frisch geriebenen Parmesan dazu reichen.

Käsenudeln aus der Pfanne

ZUTATEN FÜR 4 PERSONEN:
250 g Penne · Salz
2 Möhren · 1 Zwiebel
2 Stangen Lauch
100 g gekochter Schinken
1 EL Öl
200 ml Fleischbrühe
2 TL Tomatenmark
Cayennepfeffer
125 g Mozzarella
1/2 Bund Basilikum

Zubereitungszeit: 30 Min.
Pro Portion: 1933 kJ/462 kcal
21 g E · 17 g F · 55 g K

Preiswert

1 Nudeln in reichlich Salzwasser in 8 Min. bissfest kochen, kalt abschrecken, abtropfen lassen.

2 Möhren waschen, schälen, Zwiebel schälen, beides klein würfeln. Lauch putzen, gründlich waschen und mit dem zarten Grün in feine Ringe schneiden. Schinken würfeln.

3 Öl in einer Pfanne erhitzen. Gemüse darin unter Rühren bei mittlerer Hitze anbraten. Schinken dazugeben und ebenfalls kurz anbraten.

4 Fleischbrühe aufgießen, mit Tomatenmark, Salz und Cayennepfeffer pikant würzen und zugedeckt 5 Min. bei mittlerer Hitze garen.

5 Inzwischen Mozzarella abtropfen lassen und würfeln. Basilikum waschen, Blätter in Streifen schneiden.

6 Nudeln in die Pfanne geben und heiß werden lassen. Die Hälfte des Basilikums untermischen. Mozzarella auf den Zutaten verteilen, zugedeckt in 2 Min. zerlaufen lassen. Mit dem übrigen Basilikum bestreuen und servieren.

Mohn-Nudeln

ZUTATEN FÜR 4 PERSONEN:
Salz
400 g breite Bandnudeln
75 g Mohn (frisch gemahlen oder vakuumverpackt)
100 g Butter

Zubereitungszeit: 15 Min.
Pro Portion: 3342 kJ/799 kcal
19 g E · 40 g F · 92 g K

Macht was her

1 Für die Nudeln reichlich Salzwasser aufsetzen.

2 Mohn, wenn er noch ungemahlen ist, in einer sauberen Kaffeemühle mahlen.

3 Nudeln ins kochende Wasser geben und offen bei starker Hitze in 8 Min. oder nach Packungsangabe bissfest kochen.

4 Während die Nudeln kochen, die Butter erhitzen, Mohn darin bei mittlerer Hitze 3–4 Min. anrösten. Nudeln in ein Sieb abschütten und gut abtropfen lassen. Dann auf Teller verteilen und mit der heißen Mohnbutter übergießen. Sofort servieren.

Kümmelkartoffeln mit Lauch

ZUTATEN FÜR 4 PERSONEN:
750 g vorwiegend fest
kochende Kartoffeln
1 Stange Lauch
1–2 EL Butterschmalz
Salz · weißer Pfeffer
1 TL Kümmelkörner

Zubereitungszeit: 25 Min.
Pro Portion: 757 kJ/181 kcal
3 g E · 7 g F · 27 g K

Preiswert

1 Kartoffeln schälen, waschen und trockentupfen. Dann in feine Scheiben hobeln.

2 Lauch putzen, längs aufschneiden, waschen und mit dem zarten Grün in feine Ringe schneiden.

3 Butterschmalz in einer Pfanne erhitzen. Die Kartoffeln darin bei mittlerer Hitze 5 Min. braten.

4 Lauch hinzufügen, alles mit Salz, Pfeffer und dem Kümmel würzen und offen noch 10 Min. braten, bis die Kartoffeln schön gebräunt und weich sind. Dabei immer wieder durchrühren, damit sie gleichmäßig garen. Die Kartoffeln schmecken als Beilage zu Gemüse oder Fleisch.

Tipp!
Sie können die Kartoffeln auch in 1 cm große Würfel schneiden und braten. Die Garzeit bleibt dieselbe.

Kartoffelnudeln mit Pilzragout

ZUTATEN FÜR 4 PERSONEN:
750 g Champignons
(ersatzweise Egerlinge)
1 EL Zitronensaft
1 Zwiebel
1 Knoblauchzehe
4 Wacholderbeeren
2 Gewürznelken
8 weiße Pfefferkörner
3 EL Butterschmalz
4 EL trockener Weißwein
125 g Sahne · Salz
1 kg Kartoffelnudeln (Schupfnudeln; vakuumverpackt)
1 EL gehackte Petersilie

Zubereitungszeit: 20 Min.
Pro Portion: 1343 kJ/621 kcal
16 g E · 22 g F · 92 g K

Vegetarisch

1 Pilze putzen, blättrig schneiden, mit Zitronensaft mischen. Zwiebel und Knoblauch schälen und fein hacken. Gewürze im Mörser zermahlen.

2 1 EL Butterschmalz in einem Topf erhitzen. Zwiebel und Knoblauch darin glasig dünsten. Pilze hinzufügen und unter Rühren kräftig anbraten. Mit Wein und Sahne aufgießen, mit den Gewürzen und Salz abschmecken. Offen bei sehr schwacher Hitze köcheln lassen.

3 Übriges Butterschmalz in zwei Pfannen erhitzen. Kartoffelnudeln darin bei mittlerer Hitze in 5 Min. goldbraun braten. Mit Petersilie bestreut zu den Pilzen servieren.

Spaghetti mit Tomaten-Sardellen-Sauce

ZUTATEN FUR 4 PERSONEN:
1 kleine Dose Tomaten (400 g Inhalt)
8 Sardellen
1 Bund Basilikum
Salz · 400 g Spaghetti
1 EL Olivenöl
1 EL Pinienkerne
1 EL Kapern (aus dem Glas)
weißer Pfeffer

Zubereitungszeit: 15 Min.
Pro Portion: 1866 kJ/466 kcal
16 g E · 7 g F · 81 g K

Würzig

1 Tomaten abtropfen lassen und klein würfeln. Sardellen fein hacken. Basilikum waschen, Blättchen abzupfen, halbieren.

2 Reichlich Salzwasser zum Kochen bringen. Nudeln darin bei starker Hitze in 8 Min. bissfest garen.

3 Öl in einem Topf erhitzen. Pinienkerne darin unter Rühren anrösten. Tomaten, Sardellen und Kapern hinzufügen und andünsten. Basilikum untermischen, Sauce mit Salz und Pfeffer würzen und offen bei mittlerer Hitze sehr heiß werden lassen.

4 Nudeln abgießen, sofort mit der Sauce mischen und auf vorgewärmten Tellern servieren.

155

Kartoffel-Gnocchi mit Hühnerragout

ZUTATEN FÜR 4 PERSONEN:
2 Hühnerbrustfilets
4 Stangen Staudensellerie
2 Knoblauchzehen
2 EL Olivenöl
1 kleine Dose geschälte Tomaten (400 g Inhalt)
Salz
1 getrocknete Chilischote
1 kg Kartoffelgnocchi (vakuumverpackt, Kühltheke)
1 Bund Basilikum

Zubereitungszeit: 35 Min.
Pro Portion: 1498 kJ/358 kcal
34 g E · 9 g F · 35 g K

Kinderleicht

1 Hühnerfilets würfeln. Sellerie putzen, waschen, klein schneiden. Knoblauch schälen, klein hacken.

2 Das Öl in einem Topf erhitzen, Filetwürfel darin bei starker Hitze anbraten. Knoblauch und Sellerie dazugeben, glasig dünsten. Tomaten etwas zerkleinern und mit dem Saft untermischen.

3 Sauce mit Salz würzen, Chilischote dazubröseln. Zugedeckt bei mittlerer Hitze 20 Min. köcheln lassen.

4 Inzwischen die Gnocchi in reichlich Salzwasser nach Packungsaufschrift garen.

5 Basilikumblättchen abzupfen und in Streifen schneiden. Gnocchi gut abtropfen lassen, mit dem Ragout auf vorgewärmten Tellern anrichten. Basilikum darüber streuen.

Kartoffelpuffer mit Birnenmus

ZUTATEN FÜR 4 PERSONEN:
1 kg Birnen
Saft von 1 1/2 Zitronen
1/8 l trockener Weißwein
50 g Zucker
1 Prise gemahlene Nelken
1 TL Zimt · 1 kg mehlig
kochende Kartoffeln
1 Ei · 3–4 EL Mehl · Salz
2 EL Butterschmalz

Zubereitungszeit: 40 Min.
Pro Portion: 1836 kJ/439 kcal
7 g E · 9 g F · 83 g K

Preiswert

1 Birnen schälen, vierteln, entkernen und in Schnitze schneiden. Mit Zitronensaft, Wein, Zucker, Nelken und Zimt zugedeckt bei schwacher Hitze in 20 Min. weich garen, mit dem Kartoffelstampfer musen und abkühlen lassen.

2 Kartoffeln schälen, waschen und auf der Rohkostreibe oder in der Küchenmaschine fein zerkleinern. Wenn sich Flüssigkeit bildet, wegschütten.

3 Kartoffeln mit Ei und Mehl mischen, salzen.

4 In einer Pfanne 1 EL Butterschmalz erhitzen. Vom Kartoffelteig jeweils 1 EL in die Pfanne setzen und flach drücken. Kartoffelpuffer portionsweise im restlichen Butterschmalz bei mittlerer Hitze auf jeder Seite 3 Min. backen. Gebackene Puffer warm halten. Die Puffer mit dem Birnenmus servieren.

Geschöpfte Klöße mit Hacksteaks

ZUTATEN FÜR 4 PERSONEN:
750 g mehlig kochende
Kartoffeln
Salz
1 Paket tiefgekühlte
Hacksteaks
2 EL Mehl
4 EL Butter
3 EL Semmelbrösel

Zubereitungszeit: 30 Min.
Pro Portion: 2259 kJ/540 kcal
5 g E · 17 g F · 110 g K

Gelingt leicht

1 Kartoffeln waschen, schälen und vierteln. In einem Topf knapp mit Salzwasser bedecken und 25 Min. zugedeckt kochen.

2 Inzwischen die Hacksteaks nach Packungsangabe braten, im Ofen bei 75° (Umluft 50°) warm halten (eine Servierplatte mit vorwärmen).

3 Kartoffelkochwasser abgießen, Mehl über die Kartoffeln streuen und gut zerstampfen (nicht mit dem Stabmixer, die Masse soll noch etwas stückig sein).

4 In einem Pfännchen die Butter bei mittlerer Hitze schmelzen. Einen Löffel ins Fett tauchen und damit von der Kartoffelmasse große Klöße abstechen, auf die vorgewärmte Platte setzen. In der restlichen Butter die Semmelbrösel nussbraun rösten und über die Püreeklöße gießen. Sofort zu den Hacksteaks servieren.

Hühnerpilaw

ZUTATEN FÜR 4 PERSONEN:
400 g Hähnchenbrustfilet
1 Bund Frühlingszwiebeln
1 gelbe Paprikaschote
2 Knoblauchzehen
250 g Tomaten
3 EL Sonnenblumenöl
1 Döschen Safranpulver
1/8 l Geflügelfond (aus dem Glas)
1 getrocknete Chilischote
40 g Rosinen
250 g Langkornreis
40 g Pinienkerne
Salz · schwarzer Pfeffer
1 1/2 TL gemahlener Kreuzkümmel · 1/2 Bund Petersilie
200 g Joghurt

Zubereitungszeit: 45 Min.
Pro Portion: 2004 kJ/479 kcal
29 g E · 10 g F · 69 g K

Spezialität aus der Türkei

1 Hähnchenfleisch in 1 cm große Würfel schneiden. Frühlingszwiebeln putzen, gründlich waschen und mit dem zarten Grün in feine Ringe schneiden. Paprikaschote waschen, putzen und in Streifen schneiden. Knoblauch schälen und fein hacken. Tomaten mit kochendem Wasser überbrühen, kalt abschrecken und häuten. Tomaten ohne Stielansätze klein würfeln.

2 Öl in einer Pfanne erhitzen. Hühnerfleisch darin mit den Paprikastreifen, Frühlingszwiebelringen und Knoblauch unter Rühren bei starker Hitze 4 Min. anbraten.

3 Safran im Geflügelfond anrühren, zum Fleisch gießen und aufkochen.

4 Chilischote zerkrümeln, mit Rosinen, Reis, Pinienkernen, Tomaten und knapp 1/2 l Wasser dazugeben und alles mit Salz, Pfeffer und 1/2 TL Kreuzkümmel würzen. Den Pilaw zugedeckt bei schwacher Hitze 25 Min. garen, bis der Reis gar ist. Dabei gelegentlich durchrühren und bei Bedarf noch etwas Wasser angießen.

5 Vor dem Servieren die Petersilie waschen, fein hacken, den Pilaw damit bestreuen und servieren. Joghurt in einem Schüsselchen verrühren, mit dem restlichen Kreuzkümmel bestäuben, zum Pilaw reichen. Dazu passt eine große Schüssel gemischter Salat.

Variante:
Pilaw vegetarisch
Hähnchenfleisch durch 1 große Aubergine ersetzen, diese mit dem Sparschäler schälen, klein schneiden und würfeln. Je 1 rote und gelbe Paprikaschote putzen, in Streifen schneiden und statt Frühlingszwiebeln 1 große Stange Lauch putzen und in Ringe schneiden. Gemüse in etwa 5 EL Öl anbraten, mit Gemüsefond aus dem Glas aufgießen und wie beschrieben fertig stellen. Dazu passt ebenfalls Joghurt, mit Salz und Kreuzkümmel gewürzt. Oder Joghurt und Ajvar (scharfe Paprikapaste aus dem Glas).

Würziger Curryreis mit Spinat

ZUTATEN FÜR 4 PERSONEN:

1 Zwiebel

3 Knoblauchzehen

1 getrocknete rote Chilischote nach Belieben

2 EL Öl

250 g gemischtes Hackfleisch

1 EL Curry

250 g Langkornreis

400 ml Gemüse- oder Fleischbrühe

250 g tiefgekühlter gehackter Blattspinat (Minis)

Salz . schwarzer Pfeffer

Zubereitungszeit: 35 Min.
Pro Portion: 1929 kJ/461 kcal
19 g E · 20 g F · 51 g K

Preiswert

1 Zwiebel und Knoblauch schälen und fein hacken. Chilischote zerkrümeln.

2 Öl in einer Pfanne mit Deckel erhitzen. Zwiebel und Knoblauch darin bei mittlerer Hitze unter Rühren glasig dünsten. Hackfleisch dazugeben und krümelig braten.

3 Curry und Chilischote dazugeben und gut unterrühren. Reis untermischen, Brühe und Spinat ebenfalls dazugeben.

4 Reis zugedeckt bei schwacher Hitze 18 bis 20 Min. garen, bis er bissfest ist. Dabei immer mal wieder durchrühren und bei Bedarf noch etwas Flüssigkeit nachgießen. Mit Salz und Pfeffer abschmecken und in vorgewärmten Tellern servieren. Dazu schmeckt Joghurt mit geraspelter Gurke und Kreuzkümmel.

Safranrisotto

ZUTATEN FUR 4 PERSONEN:
1 Zwiebel
1–2 Knoblauchzehen
3 EL Butter
400 g Risottoreis (Arborio)
1 EL gehackte Petersilie
400 ml Gemüsefond (aus dem Glas)
1/4 l trockener Weißwein
1 Döschen Safranpulver
Salz · weißer Pfeffer
300 g tiefgekühlte Erbsen
40 g frisch geriebener Parmesan

Zubereitungszeit: 40 Min.
Pro Portion: 2748 kJ/657 kcal
14 g E · 19 g F · 103 g K

Spezialität aus der Lombardei

1 Zwiebel und Knoblauch schälen, fein würfeln. In der Hälfte der Butter glasig dünsten. Den ungewaschenen Reis kurz mitdünsten. Petersilie untermischen.

2 Gemüsefond mit Wein und 450 ml Wasser mischen. In einem Viertel davon Safran auflösen und zum Reis geben. Reis salzen und pfeffern, offen bei mittlerer Hitze garen, bis die Flüssigkeit verdampft ist. Gelegentlich umrühren.

3 Das zweite Viertel der Flüssigkeit hinzufügen und ebenfalls einkochen lassen. Mit übriger Flüssigkeit und Erbsen zugedeckt bei mittlerer Hitze noch 10 Min. garen.

4 Restliche Butter und Parmesan untermischen, salzen und pfeffern.

Prosecco-Risotto

ZUTATEN FUR 4 PERSONEN:
300 g Champignons
3 Frühlingszwiebeln
3 EL Butter
400 g Risottoreis (Arborio)
1 EL Kapern (aus dem Glas)
400 ml Geflügelfond (aus dem Glas) · 400 ml Prosecco
Saft und Schale von
1/2 unbehandelten Zitrone
Salz · weißer Pfeffer
50 g frisch geriebener Parmesan

Zubereitungszeit: 40 Min.
Pro Portion: 2564 kJ/613 kcal
17 g E · 13 g F · 88 g K

Für Gäste

1 Pilze putzen, von den Enden befreien und würfeln. Frühlingszwiebeln putzen, waschen, in Ringe schneiden.

2 Pilze und Frühlingszwiebeln in der Hälfte der Butter glasig dünsten. Reis mit Kapern kurz mit dünsten.

3 Fond mit 350 ml Prosecco, 250 ml Wasser und Zitronensaft mischen. Ein Viertel davon zum Reis geben. Mit Zitronenschale, Salz und Pfeffer würzen und offen köcheln lassen, bis die Flüssigkeit verdampft ist.

4 Das zweite Viertel Flüssigkeit hinzufügen, einkochen. Mit der übrigen Flüssigkeit zugedeckt bei mittlerer Hitze noch 10 Min. weitergaren.

5 Restliche Butter, Prosecco und Parmesan untermischen, salzen und pfeffern.

Polenta mit Tomaten und Käse

ZUTATEN FÜR 4 PERSONEN:
400 g Tomaten
1 Zwiebel
2 Knoblauchzehen
1 EL Olivenöl
1 Döschen Safranpulver
250 g Mozzarella
1 Bund Basilikum
250 g 5-Minuten-Polenta
Salz · schwarzer Pfeffer

Zubereitungszeit: 35 Min.
Pro Portion: 1653 kJ/395 kcal
19 g E · 13 g F · 49 g K

Vegetarisch

1 Tomaten mit kochendem Wasser überbrühen, kalt abschrecken und häuten. Dann ohne Stielansätze in kleine Würfel schneiden. Zwiebel und Knoblauch schälen und fein hacken.

2 Öl in einem Topf erhitzen, Zwiebel und Knoblauch darin bei mittlerer Hitze glasig dünsten. Tomaten und Safran dazugeben und offen 10 Min. köcheln lassen.

3 Inzwischen den Mozzarella abtropfen lassen und würfeln. Basilikum abzupfen und in feine Streifen schneiden.

4 Polenta mit knapp 1 l Wasser und Salz zum Kochen bringen, zugedeckt bei schwacher Hitze 5 Min. garen. Tomaten und Mozzarella unterrühren, mit Salz und Pfeffer abschmecken und mit dem Basilikum bestreut servieren.

Polenta mit Kräuterspeck

ZUTATEN FÜR 4 PERSONEN:
200 g durchwachsener Räucherspeck
1 Bund gemischte Kräuter
1 Bund Frühlingszwiebeln
2 Knoblauchzehen
1/4 l trockener Weißwein oder Fleischbrühe
250 g 5-Minuten-Polenta
Salz . schwarzer Pfeffer
2 EL Butter
4 dünne Scheiben Fontina (ersatzweise Raclette-Käse)

Zubereitungszeit: 30 Min.
Pro Portion: 2887 kJ/690 kcal
15 g E · 45 g F · 48 g K

Gelingt leicht

1 Speck in kleine Würfel schneiden. Kräuter waschen und hacken. Frühlingszwiebeln waschen, putzen und in feine Ringe schneiden. Knoblauch schälen und hacken.

2 Speck mit Kräutern, Zwiebeln und Knoblauch in einer Pfanne bei mittlerer Hitze glasig und leicht braun braten. Mit dem Wein ablöschen.

3 Polenta mit knapp 1 l Wasser, 1 TL Salz und Pfeffer zum Kochen bringen, zugedeckt bei schwacher Hitze 5 Min. garen.

4 Backofen auf 250° (Umluft 220°) vorheizen. Polenta mit Butter mischen und in feuerfeste Suppenteller füllen. Speck und je 1 Scheibe Käse darauf verteilen. 5 Min. im heißen Ofen (Mitte) überbacken.

161

Gemüse-Hirse mit Huhn

ZUTATEN FÜR 4 PERSONEN:
250 g Hühnerbrustfilet
1/2 unbehandelte Zitrone
1 Bund Petersilie
1 Knoblauchzehe
3 EL Olivenöl · 200 g Hirse
1 Bund Frühlingszwiebeln
1 Fleischtomate
30 g Mandelblättchen
300 g tiefgekühlte grüne
Bohnen
Salz · Pfeffer
4 EL saure Sahne

Zubereitungszeit: 45 Min.
Pro Portion: 1644 kJ/393 kcal
22 g E · 19 g F · 38 g K

Gelingt leicht · Preiswert

1 Filet in dünne Streifen schneiden. Zitronen-schale dünn abschälen, fein hacken. Zitrone auspressen. Petersilie waschen, Blättchen fein hacken. Knoblauch schälen, durchpressen. Alles mit 1 EL Öl und dem Huhn mischen.

2 Hirse waschen, abtropfen lassen. Frühlingszwiebeln putzen, waschen, in feine Ringe schneiden. Tomate waschen, ohne Stielansatz würfeln.

3 1 EL Öl erhitzen. Früh-lingszwiebeln mit Mandelblättchen darin bei mittlerer Hitze andünsten. Hirse, Tomate, unaufgetaute Bohnen und 400 ml Wasser dazugeben, salzen, pfeffern, zugedeckt bei mittlerer Hitze 15–20 Min. garen.

4 Hühnerfleischstreifen in restlichem Öl bei starker Hitze unter Rühren 3 Min. braten, salzen. Auf die Hirse geben und mit saurer Sahne garnieren.

Quinoa-Taler mit Rote-Bete-Sauce

ZUTATEN FÜR 4 PERSONEN:
150 g Quinoa (Naturkostladen; ersatzweise Hirse))
Salz · 1 EL Sonnenblumenkerne
1 Zwiebel · 1 Bund Petersilie
1 Ei · weißer Pfeffer
1 gekochte Rote Bete (150 g)
2–3 EL Öl
100 ml Gemüsefond (aus dem Glas)
1 EL Crème fraîche
1 TL Zitronensaft
2 TL geriebener Meerrettich (aus dem Glas)

Zubereitungszeit: 35 Min.
Pro Portion: 1410 kJ/337 kcal
11 g E · 16 g F · 41 g K

Vegetarisch

1 Quinoa mit 350 ml Wasser und Salz in einem Topf aufkochen, bei schwacher Hitze 15 Min. garen. Etwas abkühlen lassen.

2 Sonnenblumenkerne grob hacken. Zwiebel schälen, fein hacken. Petersilie waschen, hacken.

3 Quinoa mit Sonnenblumenkernen, Zwiebel, Petersilie und Ei mischen, salzen und pfeffern.

4 Rote Bete schälen und klein würfeln. (Dabei am besten dünne Plastikhandschuhe tragen.)

5 Öl in einer Pfanne erhitzen. Aus der Quinoamasse Taler formen, im Öl pro Seite bei mittlerer Hitze 3 Min. braten.

6 Taler warm halten. Rote Bete ins Fett geben und kurz andünsten. Mit Gemüsefond aufgießen und erhitzen. Alles mit dem Pürierstab pürieren. Mit Crème fraîche, Zitronensaft und Meerrettich mischen, salzen und pfeffern. Zu den Talern servieren.

Paprikaschoten mit Spinatfüllung

ZUTATEN FÜR 4 PERSONEN:
200 g Haferkörner (ersatzweise Dinkel) · Salz
4 rote Paprikaschoten
2 mittelgroße Tomaten
2 Frühlingszwiebeln
2 EL Butter
35 g gehackte Mandeln
300 g tiefgekühlter Blattspinat
Muskatnuss
75 g geriebener Käse

Zubereitungszeit: 45 Min.
Pro Portion: 1510 kJ/361 kcal
19 g E · 20 g F · 48 g K

Vegetarisch · Preiswert

1 Hafer mit 1/2 l Salzwasser bei schwacher Hitze 30 Min. garen.

2 Paprikaschoten waschen, halbieren, putzen, in heißem Wasser 4–5 Min. sprudelnd kochen, abtropfen lassen. Tomaten häuten, entkernen, würfeln.

3 Frühlingszwiebeln waschen, putzen, klein schneiden. In einem Topf Butter erhitzen, Zwiebeln darin 2 Min. andünsten. Mandeln darüber streuen, Spinat dazugeben, 15 Min. garen. Mit Salz und Muskat würzen.

4 Backofen auf 220° (Umluft 200°) vorheizen. Hafer abtropfen lassen, mit Tomaten, Spinat und 50 g Käse mischen, in die Schoten füllen. Mit restlichem Käse bestreuen, in einer feuerfesten Form im Ofen (oben) 10 Min. überbacken.

Grünkernklöße auf Tomatensauce

ZUTATEN FÜR 4 PERSONEN:
2 Knoblauchzehen
150 g Grünkernschrot
5 EL Olivenöl
1/4 l Gemüsebrühe
je 1/2 TL gemahlener Kreuzkümmel, Koriander und Piment
50 g Haferflocken
2 Eier · 2 EL Semmelbrösel
Salz · schwarzer Pfeffer
1 Zwiebel
1 Bund Suppengemüse
1 Dose Tomaten (800 g Inhalt)
1 getrocknete Chilischote
2 EL gehackte Petersilie
Mehl zum Wenden

Zubereitungszeit: 45 Min.
Pro Portion: 1912 kJ/457 kcal
18 g E · 24 g F · 62 g K

Vegetarisch

1 Knoblauch schälen, klein hacken. Mit dem Grünkern in 1 EL Öl andünsten. Brühe dazugeben, aufkochen und mit Gewürzen 5 Min. quellen lassen. Flocken einrühren, abkühlen lassen. Eier und Semmelbrösel untermischen, salzen, pfeffern.

2 Zwiebel schälen, klein hacken, Gemüse waschen, putzen, fein würfeln. Alles in 2 EL Öl 3 Min. dünsten. Tomaten und Chili dazurühren, zugedeckt kurz köcheln lassen.

3 Schrotmasse zu kleinen Klößen formen, in Mehl wenden, in 2 EL Öl bei mittlerer Hitze 5 Min. braten. Auf die Sauce setzen und 5 Min. ziehen lassen. Mit der Petersilie bestreuen.

Bulgur, Kichererbsen und Lammkoteletts

ZUTATEN FUR 4 PERSONEN:
8 doppelte Lammkoteletts
je 1 TL Knoblauchsalz
und -pfeffer
5 EL Olivenöl
1 Zwiebel
1 Dose Kichererbsen
(400 g Inhalt)
2 EL Butterschmalz
1/2 TL Cayennepfeffer
200 g Bulgur (2 Tassen voll)
Salz · schwarzer Pfeffer
3 EL gehackte Petersilie
1 TL Zitronensaft

Zubereitungszeit: 35 Min.
Pro Portion: 3426 kJ/819 kcal
58 g E · 38 g F · 64 g K

Spezialität aus Marokko

1 Lammkoteletts trocken-tupfen, mit Knoblauch-salz und -pfeffer und 3 EL Olivenöl einreiben. Zwiebel schälen, fein hacken.

2 Kichererbsen abtropfen lassen. In einem Topf Butterschmalz erhitzen, Zwiebel und Cayennepfeffer darin andünsten. Bulgur einrühren, 300 ml Wasser aufgießen und zugedeckt bei schwacher Hitze 10 Min. köcheln lassen. Noch Wasser nachgießen.

3 Eine schwere Pfanne stark erhitzen, Koteletts darin pro Seite 1 Min. an-braten. Dann bei mittlerer Hitze in 5 Min. rosa oder in 8–10 Min. durchbraten, die Pfanne vom Herd nehmen und die Koteletts 2–3 Min. ruhen lassen, salzen und pfeffern.

4 Kichererbsen unter den Bulgur heben. Mit restli-chem Olivenöl, Petersilie, Salz, Pfeffer und Zitronen-saft abschmecken.

Aufläufe und Gratins

Taco-Auflauf

ZUTATEN FÜR 4 PERSONEN:
1 Zwiebel · 2 Knoblauchzehen
1 EL Olivenöl · 1 große Dose
Tomaten (800 g Inhalt)
Salz · schwarzer Pfeffer
1 TL gerebelter Oregano
1 TL Tabasco
6 hart gekochte Eier
2 Tüten Tacos (Mais-Snack, je
75 g; ersatzweise Kartoffelchips)
175 g geriebener Käse
Fett für die Form

Zubereitungszeit: 15 Min.
(+ 20 Min. Backen)
Pro Portion: 2200 kJ/526 kcal
26 g E · 32 g F · 36 g K

Preiswert · Schnell

1 Backofen auf 220° (Umluft 200°) vorheizen.
Zwiebel und Knoblauch

schälen und klein würfeln.
In einer Kasserolle Öl erhitzen, Zwiebel und Knob-
lauch bei mittlerer Hitze
darin 3 Min. anbraten.
Tomaten, Salz, Pfeffer, Oregano und Tabasco zugeben,
offen 10 Min. dünsten, ab
und zu umrühren. Eier pellen, in Scheiben schneiden.
2 Flache Auflaufform fetten, Boden mit einer
Lage Tacos bedecken, mit
etwas Sauce beträufeln,
etwas Käse darüber streuen
und einige Eierscheiben
darauf legen. Lagen wiederholen, bis alle Zutaten auf-
gebraucht sind. Mit Sauce
und Käse abschließen.
3 Im Backofen (Mitte)
15–20 Min. backen. Mit
einem bunt gemischten
Salat servieren.

Überbackener Schafkäse

ZUTATEN FÜR 4 PERSONEN:
50 g Butter
400 g Schafkäse
1 Päckchen Tomatenstückchen
(370 g Inhalt)
4 Eier
Salz · schwarzer Pfeffer
4 eingelegte milde Peperoni
1 TL edelsüßes Paprikapulver

Zubereitungszeit: 15 Min.
(+ 20 Min. Backen)
Pro Portion: 1916 kJ/458 kcal
22 g E · 36 g F · 14 g K

Spezialität aus Bulgarien ·
Preiswert

1 Den Backofen auf 225°
(Umluft 200°) vorheizen.
Vier ofenfeste Portions-
förmchen mit etwas Butter

ausstreichen. Den Käse grob
zerbröseln und darin ver-
teilen. Tomatenstückchen
darauf geben, etwa die
Hälfte der restlichen Butter
in Flöckchen darüber ver-
teilen. Im heißen Ofen
(oben) 8–10 Min. backen.
Die Eier mit etwas Salz und
Pfeffer verquirlen.
2 Dann auf jedes Förmchen 1 ganze Peperoni
legen und die Eier über die
Tomaten gießen. Übrige
Butter in Flöckchen darauf
legen, mit etwas Paprika-
pulver bestreuen. Ofentem-
peratur auf 200° (Umluft
180°) reduzieren. Schafkäse
10–12 Min. weiterbacken,
bis die Oberfläche nuss-
braun geworden ist. Heiß
mit Sesam-Fladenbrot
servieren.

Baguette-Auflauf mit Mozzarella

ZUTATEN FÜR 4 PERSONEN:
150 g Crème fraîche
450 ml Milch
4 Eier
1/2 TL italienische Kräuter
Salz · schwarzer Pfeffer
2 Kugeln Mozzarella (je 125 g)
150 g roher Schinken in
Scheiben
1 Baguette vom Vortag
Butter für die Form

Zubereitungszeit: 20 Min.
(+ 30 Min. Backen)
Pro Portion: 3001 kJ/875 kcal
38 g E · 53 g F · 62 g K

Preiswert

1 Backofen auf 200° (Um-
luft 180°) vorheizen. Die
Crème fraîche mit 150 ml

Milch, Eiern, Kräutern, Salz
und Pfeffer verquirlen.
2 Auflaufform mit Butter
ausstreichen. Mozzarella
abtropfen lassen und in
dünne Scheiben schneiden.
Schinken ohne Schwarte in
Streifen, das Baguette in
1 cm dicke Scheiben schneiden. Die Brotscheiben kurz
in die übrige Milch tauchen
und dachziegelartig in die
Form schichten, dabei die
Schinkenstreifen dazwi-
schenstreuen. Mit der Eiermischung begießen und mit
den Mozzarellascheiben
belegen.
3 Den Auflauf im Ofen
(Mitte) 25–30 Min.
backen, bis die Oberfläche
schön gebräunt ist. In der
Form auftragen. Dazu einen
bunten Salat servieren.

Kartoffelauflauf mit Hackfleisch

ZUTATEN FÜR 4 PERSONEN:
800 g fest kochende Kartoffeln
Salz
1 TL Kräuter der Provence
(Estragon, Oregano, Thymian,
Basilikum, Bohnenkraut, Anis,
Lavendel, Ysop)
1/2 TL Knoblauchsalz
1 Zwiebel
500 g gemischtes Hackfleisch
(ersatzweise Beefsteakhack)
1 Ei · Pfeffer
1 TL edelsüßes Paprikapulver
1/8 l Gemüsebrühe
Butter für die Form

Zubereitungszeit: 25 Min.
(+ 35 Min. Backen)
Pro Portion: 1866 kJ/466 kcal
24 g E · 24 g F · 33 g K

Preiswert

1 Kartoffeln waschen und
ungeschält in Salzwasser
20 Min. kochen, pellen und
in Scheiben schneiden. Mit
Kräutern und Knoblauch-
salz vermischen. Den Backofen auf 200° vorheizen.
2 Zwiebel schälen und sehr
fein hacken, zum Hack-
fleisch geben und mit Ei,
Salz, Pfeffer und Paprika
verkneten.
3 Eine flache, feuerfeste
Form ausbuttern, am
Rand entlang einen Ring
aus dem Hackfleisch for-
men. Die gewürzten Kartoffeln dachziegelartig in die
Mitte geben, alles mit der
Gemüsebrühe übergießen.
Im heißen Ofen (Mitte,
Umluft 180°) 30–35 Min.
backen, bis die Oberfläche
leicht gebräunt ist.

Schinken-Kartoffeln mit Zwiebelkruste

ZUTATEN FÜR 4 PERSONEN:
1 kg fest kochende Kartoffeln
Salz · 5 Zwiebeln (350 g)
3 EL Butter · 1 TL Kümmel
150 g Sahne · Pfeffer
250 g gewürfelter roher
Schinken
3 EL geriebener Käse
Fett für die Form

Zubereitungszeit: 30 Min.
(+ 30 Min. Backen)
Pro Portion: 1983 kJ/474 kcal
18 g E · 27 g F · 41 g K

Preiswert · Braucht etwas Zeit

1 Die Kartoffeln waschen und ungeschält in Salzwasser 20 Min. kochen.

2 Zwiebeln schälen und grob würfeln. Die Butter erhitzen, bei schwacher Hitze Zwiebeln darin mit Kümmel in 10 Min. glasig dünsten. Sahne dazugießen und alles mit dem Stabmixer im Topf pürieren, salzen und pfeffern, beiseite stellen. Den Backofen auf 220° (Umluft 200°) vorheizen.

3 Eine flache Auflaufform fetten. Kartoffeln abgießen, pellen, in Scheiben schneiden und dachziegelartig in die Form schichten, mit Pfeffer und Salz würzen. Schinken darüber verteilen. Die Zwiebelsahne darauf verstreichen, mit Käse bestreuen und im heißen Ofen (Mitte) 25–30 Min. backen, bis die Oberfläche goldbraun ist.

Fenchelgratin auf Genfer Art

ZUTATEN FÜR 4 PERSONEN:
1,2 kg Fenchelknollen
1 EL Zitronensaft · Salz
200 g gekochter Schinken
schwarzer Pfeffer · 4 EL Butter
2 EL Mehl · 150 g Sahne
Muskatnuss · 2 Eigelbe
100 g geriebener Käse (Greyerzer, Emmentaler)
Fett für die Form

Zubereitungszeit: 20 Min.
(+ 20 Min. Gratinieren)
Pro Portion: 2092 kJ/500 kcal
21 g E · 38 g F · 20 g K

Klassiker auf neue Art

1 Fenchel waschen, putzen und in 1 cm dicke Scheiben schneiden. 300 ml Wasser mit Zitronensaft und Salz aufkochen, Fenchel darin 2 Min. kochen, herausheben, abtropfen lassen. Sud aufheben.

2 Auflaufform fetten. Schinken in Streifen schneiden. Abwechselnd Fenchel und Schinken in die Form schichten, salzen und pfeffern. Backofen auf 250° (Umluft 220°) vorheizen.

3 Im Topf bei mittlerer Hitze 2 EL Butter zerlassen, Mehl einstreuen, aufschäumen. Sud und Sahne aufgießen, 5 Min. köcheln lassen, mit Salz, Pfeffer und Muskat würzen, Eigelbe einrühren. Sauce über die Fenchelscheiben gießen. Mit Käse bestreuen, mit restlicher Butter in Flöckchen belegen. Im Ofen (Mitte) 15–20 Min. gratinieren.

Scharf-pikanter Fischauflauf

ZUTATEN FÜR 4 PERSONEN:
600 g Fischfilet (Goldbarsch, Heilbutt oder Seehecht)
3 Knoblauchzehen
3–4 EL Zitronensaft
Salz · schwarzer Pfeffer
2 rote Chilischoten (ersatzweise grüne)
3 EL milde Sojasauce
4 Eier · 3 EL Butter

Zubereitungszeit: 15 Min.
(+ 25 Min. Backen)
Pro Portion: 1836 kJ/439 kcal
28 g E · 34 g F · 5 g K

Spezialität aus Indonesien ·
Preiswert

1 Backofen auf 200° (Umluft 180°) vorheizen. Das Fischfilet trockentupfen und in 2 cm breite Streifen schneiden. Knoblauchzehen schälen, durchpressen und mit 1 EL Zitronensaft, Salz und Pfeffer verrühren, die Fischstreifen darin wenden, zur Seite stellen.

2 Chilischoten längs aufschneiden, unter fließendem Wasser entkernen, in Stücke schneiden. Mit einer Prise Salz im Mörser oder im Blitzhacker pürieren. Mit der Sojasauce und dem restlichen Zitronensaft unter die Eier quirlen, mit Salz und Pfeffer abschmecken.

3 Eine flache Auflaufform dick mit der Butter ausstreichen. Fischfiletstreifen hineinlegen und mit der scharfen Eiermischung übergießen. Im Ofen (Mitte) 20–25 Min. backen, bis die Eier gestockt sind. Gleich servieren.

4 Als Beilage körnig gekochten Reis, mit gedünsteten Erbsen, roten Paprika- und Tomatenwürfeln vermischt servieren.

Reisauflauf mit buntem Gemüse

ZUTATEN FÜR 4 PERSONEN:
150 g Langkornreis · Salz
je 1 rote und gelbe
Paprikaschote
1 Fenchelknolle
200 g Champignons
1 EL Zitronensaft
2–3 Knoblauchzehen
2 Zweige frischer Rosmarin
1 Dose Pizza-Tomaten (400 g)
1 Prise gemahlener Kümmel
Cayennepfeffer
3 Eier · 150 g Sahne
75 g frisch geriebener Bergkäse
1 EL Butter

Zubereitungszeit: 30 Min.
(+ 30 Min. Backen)
Pro Portion: 1795 kJ/429 kcal
13 g E · 22 g F · 48 g K

Vegetarisch · Preiswert

1 Reis mit ¼ l Salzwasser in 15 Min. körnig garen. Paprika und Fenchel waschen, putzen, in Streifen schneiden. Pilze putzen, vierteln, mit Zitronensaft beträufeln. Knoblauch schälen, hacken. Rosmarin waschen, Nadeln hacken.

2 Backofen auf 225° (Umluft 200°) vorheizen. Reis, Gemüse, Tomaten, Knoblauch, Rosmarin, Salz, Kümmel und Cayennepfeffer mischen.

3 Die Eier und mit Sahne und Käse verrühren, unter den Reis mischen.

4 Die Masse in eine Auflaufform geben, mit Butterflöckchen belegen und im Ofen (Mitte) in 25–30 Min. knusprig backen.

Fisch-Garnelen-Gratin

ZUTATEN FÜR 4 PERSONEN:
400 g Fischfilet (z.B. Seelachs, Goldbarsch)
2 EL Zitronensaft
500 g kleine fest kochende
Kartoffeln · Salz
4 EL Butter
2 Dosen Tiefseegarnelen
(Shrimps, je 200 g Inhalt)
2 Eier · 100 g Sahne
2 EL gehackte Petersilie
weißer Pfeffer
60 g geriebener Käse
Fett für die Förmchen

Zubereitungszeit: 35 Min.
(+ 15 Min. Backen)
Pro Portion: 2292 kJ/548 kcal
53 g E · 28 g F · 21 g K

Für Gäste

1 Fischfilet mit Zitronensaft beträufeln. Kartoffeln waschen, in Salzwasser 20 Min. kochen.

2 Backofen auf 220° (Umluft 200°) vorheizen. Fischfilet trockentupfen. Die Butter erhitzen, Fisch darin bei mittlerer Hitze 3 Min. pro Seite braten, herausnehmen und zerpflücken. Garnelen abspülen, abtropfen lassen. Eier mit Sahne und Petersilie verquirlen, mit den Garnelen unter den Fisch mischen.

3 Kartoffeln pellen, in Würfel schneiden und unterheben. Salzen und pfeffern. Vier Portionsförmchen fetten, die Mischung darauf verteilen. Mit Käse bestreut im Ofen (Mitte) 15 Min. überbacken.

Kohlrabi in der Form mit Schinken

ZUTATEN FUR 4 PERSONEN:
4 Kohlrabi (1 kg)
750 g kleine fest kochende
Kartoffeln · 2 EL Butter
300 ml Gemüsefond (aus dem
Glas; ersatzweise
Gemüsebrühe)
250 g roher Schinken in nicht
zu dünnen Scheiben
3 Eigelbe · 100 g Sahne
Salz · weißer Pfeffer
4 EL Semmelbrösel
Butter für die Form
Butterflöckchen zum Belegen

Zubereitungszeit: 40 Min.
(+ 20 Min. Backen)
Pro Portion: 2104 kJ/503 kcal
21 g E · 26 g F · 48 g K

Klassiker · Preiswert

1 Kohlrabi und Kartoffeln waschen, schälen und in dicke Scheiben schneiden. Gemüsescheiben in der Butter bei mittlerer Hitze 3 Min. andünsten, mit dem Fond zugedeckt 15 Min. schmoren. Schinken in Streifen schneiden. Backofen auf 225° (Umluft 200°) vorheizen.

2 Auflaufform ausbuttern, mit einer Schicht Gemüse füllen, darauf Schinkenstreifen streuen, das restliche Gemüse darüber geben. Eigelbe mit Sahne, Salz und Pfeffer verquirlen, über das Gemüse gießen, mit den Semmelbröseln bestreuen und mit Butterstückchen belegen. In den Ofen (Mitte) schieben und in 20 Min. goldbraun backen.

Brokkoli mit Tomaten überbacken

ZUTATEN FUR 4 PERSONEN:
1 kg Brokkoli · Salz
8 kleinere Tomaten (700 g)
6 kleine Zwiebeln (250 g)
4 EL Olivenöl · Pfeffer
je 1/2 TL getrockneter Thymian,
Rosmarin, Oregano
150 g grob geraspelter junger
Gouda · Fett für die Form

Zubereitungszeit: 30 Min.
(+ 12 Min. Backen)
Pro Portion: 1560 kJ/373 kcal
18 g E · 26 g F · 23 g K

Gelingt leicht · Preiswert

1 Brokkoli waschen, Stiele schälen, längs halbieren oder vierteln. In einem flachen Topf 1 cm hoch Wasser erhitzen, Brokkoli hineingeben, salzen und 7 Min. zugedeckt bei mittlerer Hitze kochen.

2 Backofen auf 250° (Umluft 220°) vorheizen. Tomaten ohne Stielansätze kurz überbrühen, häuten, halbieren und entkernen, vierteln. Zwiebeln schälen, vierteln. In einer Pfanne Olivenöl erhitzen, Zwiebeln darin bei mittlerer Hitze in 5 Min. goldbraun braten. Flache Auflaufform fetten.

3 Brokkoli abtropfen lassen und in die Form geben. Tomatenviertel und Zwiebeln dazwischen verteilen, alles mit Salz, Pfeffer, Thymian, Rosmarin, Oregano würzen. Mit Käse bestreuen. Im Ofen (Mitte) 12 Min. überbacken, bis der Käse

Makkaroni-Auflauf

ZUTATEN FÜR 4 PERSONEN:
400 g Makkaroni
Salz
750 g Tomaten
2 Bund Basilikum
2 Kugeln Mozzarella (je 125 g)
5 EL Olivenöl für die Form und
zum Beträufeln
100 g frisch geriebener
Pecorino oder Parmesan
schwarzer Pfeffer

Zubereitungszeit: 20 Min.
(+ 30 Min. Backen)
Pro Portion: 3109 kJ/743 kcal
36 g E · 31 g F · 80 g K

Vegetarisch · Gelingt leicht

1 Die Nudeln in Stücke brechen und in Salzwasser nach Packungsangabe bissfest kochen.

2 Tomaten überbrühen und häuten, 2/3 davon würfeln, restliche in Spalten schneiden. Basilikum waschen, Blätter grob hacken. Mozzarella würfeln. Backofen auf 200° (Umluft 180°) vorheizen.

3 Auflaufform mit etwas Öl ausstreichen. Nudeln abgießen, mit gewürfelten Tomaten, der Hälfte vom Pecorino und Basilikum vermischen, salzen und pfeffern. In die Form füllen, Mozzarella und restliches Basilikum darüber verteilen und mit Tomatenspalten belegen, salzen und pfeffern, mit restlichem Öl beträufeln und den übrigen Käse darüber streuen. Im Ofen (Mitte) 25–30 Min. backen.

Austernpilz-Gratin

ZUTATEN FÜR 4 PERSONEN:
500 g Austernpilze
2 Knoblauchzehen
Salz · weißer Pfeffer
3 EL Olivenöl
3 EL Zitronensaft
750 g Fleischtomaten
75 g luftgetrockneter Schinken
(Parmaschinken)
2 Kugeln Mozzarella à 125 g
Fett für die Form

Zubereitungszeit: 20 Min.
(+ 20 Min. Backen)
Pro Portion: 1523 kJ/364 kcal
23 g E · 27 g F · 10 g K

Raffiniert

1 Austernpilze putzen und säubern, große Hüte längs halbieren. Knoblauch schälen und in eine Schüssel pressen, mit Salz, Pfeffer, Öl und Zitronensaft verrühren. Pilze darin wenden, kurz ziehen lassen. Den Backofen auf 225° (Umluft 200°) vorheizen.

2 Tomaten überbrühen, häuten und ohne Stielansätze in Scheiben schneiden. Schinken in Streifen, Mozzarella in Scheiben schneiden.

3 Eine flache Auflaufform fetten, die Pilze darin verteilen und mit Schinken bestreuen. Tomatenscheiben darauf legen, jede Tomatenscheibe mit einer Scheibe Mozzarella belegen, salzen und pfeffern.

4 Den Auflauf im Ofen (Mitte) 15–20 Min. backen, bis der Mozzarella leicht zerlaufen ist.

Nudelauflauf mit Pilzen

ZUTATEN FÜR 4 PERSONEN:
150 g Penne (kurze Hohl-
nudeln) · Salz
400 g Champignons
1 EL Olivenöl
1 dünne Stange Lauch
weißer Pfeffer
Cayennepfeffer
200 g Gorgonzola
125 g Mozzarella
1–2 EL Kapern (aus dem Glas)
2 Eier · 150 g Sahne
1 Bund Basilikum
Fett für die Form

Zubereitungszeit: 25 Min.
(+ 20 Min. Backen)
Pro Portion: 2200 kJ/526 kcal
27 g E · 32 g F · 35 g K

Raffiniert

1 Nudeln in reichlich
Salzwasser knapp bissfest
kochen. Pilze putzen, in
Scheiben schneiden und im
Öl bei starker Hitze unter
Rühren braten. Lauch put-
zen, gründlich waschen, in
feine Ringe schneiden.

2 Nudeln abgießen, mit
Pilzen und Lauch
mischen, mit Salz, Pfeffer
und Cayennepfeffer pikant
würzen. Backofen auf 225°
(Umluft 200°) vorheizen.

3 Käse würfeln, mit
Kapern, Eiern und Sahne
verrühren. Unter die Nudel-
masse mischen. Eine Auf-
laufform fetten.

4 Alles in die Form füllen
im Ofen (Mitte) 20 Min.
backen. Basilikum waschen,
Blättchen klein schneiden.
Auflauf damit bestreuen.

Pfannkuchen-Lasagne

ZUTATEN FÜR 4 PERSONEN:
200 g Mehl · 150 ml Milch
2 Eier · Salz · Pfeffer
2 Möhren
350 g Champignons
2 Zwiebeln
4 Knoblauchzehen · 4 EL Öl
2 Päckchen Tomatenstücke
(je 370 g Inhalt)
2 TL getrocknete italienische
Kräuter
2 EL gehackte Petersilie
120 g geriebener Käse
200 g Vollmilchjoghurt

Zubereitungszeit: 25 Min.
(+ 25 Min. Backen)
Pro Portion: 2150 kJ/514 kcal
28 g E · 15 g F · 68 g K

Gelingt leicht · Preiswert

1 Mehl, Milch, 150 ml
Wasser, Eier, Salz und
Pfeffer verrühren, quellen
lassen. Möhren schälen,
würfeln. Pilze putzen, Zwiebeln und Knoblauch schä-
len, alles hacken. Zwiebeln
und Knoblauch in 1 EL Öl
bei mittlerer Hitze 3 Min.
braten, Pilze und Möhren
5 Min. mitbraten. Tomaten
und Kräuter 5 Min. mit-
schmoren, salzen und pfeffern. Ofen auf 200° (Umluft
180°) vorheizen.

2 Aus dem Teig in einer
Pfanne im übrigen Öl
acht Pfannkuchen backen.
Mit Sauce und Käse lagen-
weise in eine Form schichten. Mit Joghurt übergießen
und mit restlichem Käse bestreuen. Im Ofen (Mitte)
20–25 Min. überbacken.

Buntes Gemüsegratin

ZUTATEN FÜR 4 PERSONEN:
1 Aubergine (350 g)
4 EL Olivenöl
4 mittelgroße Tomaten
je 1 dicker gelber und grüner Zucchino
1 Paket Fertig-Mürbteig
Salz · schwarzer Pfeffer
1 TL getrocknete italienische Kräuter
250 g Mozzarella
Mehl zum Ausrollen

Zubereitungszeit: 20 Min.
(+ 40 Min. Backen)
Pro Portion: 3125 kJ/747 kcal
23 g E · 51 g F · 51 g K

Raffiniert · Preiswert

1 Backofen auf 200° (Umluft 180°) vorheizen. Die Aubergine waschen und in Scheiben schneiden. In eine runde Auflaufform (28 cm Ø) die Hälfte des Öls gießen, Auberginenscheiben hineinlegen, mit restlichem Öl beträufeln und 20 Min. im Ofen (oben) backen.

2 Tomaten kurz überbrühen, häuten und ohne Stielansätze in Scheiben schneiden. Zucchini waschen und in 1/2 cm dicke Scheiben schneiden. Aubergine aus der Form heben, Form abkühlen lassen.

3 Den Fertigteig auf Mehl ausrollen, die Form damit auslegen, einen Rand formen und den Boden mit einer Gabel einstechen, im Ofen (Mitte) 10 Min. vorbacken. Gemüsescheiben abwechselnd dachziegelartig einschichten, salzen, pfeffern, mit italienischen Kräutern bestreuen. Mozzarella in Scheiben schneiden und auf das Gemüse legen. Wieder in den Ofen (Mitte) schieben und noch 30 Min. weiterbacken.

Gratin mit Tomaten und Pinienkernen

ZUTATEN FUR 4 PERSONEN:
1 kg Kartoffeln · Salz
400 g Tomaten
1 Bund Frühlingszwiebeln
einige Zweige frischer Thymian
weißer Pfeffer
2 EL Pinienkerne
1 EL schwarze Oliven
1/8 l Gemüsefond (aus dem
Glas) · 2 EL Öl
100 g frisch geriebener
Appenzeller

Zubereitungszeit: 30 Min.
(+ 30 Min. Backen)
Pro Portion: 1583 kJ/379 kcal
14 g E · 17 g F · 47 g K

Vegetarisch

1 Kartoffeln waschen, schälen und in Scheiben schneiden. In Salzwasser 5 Min. kochen, abtropfen lassen. Tomaten kurz überbrühen und häuten, ohne Stielansätze würfeln. Frühlingszwiebeln putzen, waschen, in Ringe schneiden. Thymian waschen, die Blättchen abstreifen.

2 Backofen auf 200° (Umluft 180°) vorheizen. Kartoffeln lagenweise in eine Auflaufform schichten, jeweils salzen und pfeffern.

3 Tomaten mit Frühlingszwiebeln, Thymian, Pinienkernen und Oliven mischen und auf den Kartoffeln verteilen.

4 Gemüsefond mit Öl mischen, über die Zutaten gießen. Mit Käse bestreut im Ofen (Mitte) 25–30 Min. backen.

Gratinierte Gurkenrollen

ZUTATEN FUR 4 PERSONEN:
2 dicke Gurken (je 650 g)
1 Zwiebel · 1/4 l Gemüsebrühe
1 EL Tomatenmark
Salz · schwarzer Pfeffer
175 g Champignons
1 EL Butter
150 g naturell eingelegter
Tunfisch · 2 hart gekochte Eier
3 EL Crème fraîche
250 g Mozzarella

Zubereitungszeit: 30 Min.
(+ 15 Min. Gratinieren)
Pro Portion: 1874 kJ/448 kcal
31 g E · 27 g F · 22 g K

Gelingt leicht · Raffiniert

1 Gurken waschen, streifig schälen und in 5 cm lange Stücke schneiden, aushöhlen. Zwiebel schälen und fein würfeln, mit Brühe aufkochen, Gurkenstücke und -schnipsel darin 7 Min. bei schwacher Hitze dünsten, Gurkenstücke herausheben. Dünstsud pürieren, mit Tomatenmark, Salz und Pfeffer verrühren und in eine flache Auflaufform gießen, Gurkenstücke darauf setzen. Backofen auf 225° (Umluft 200°) vorheizen.

2 Pilze putzen, klein hacken. Butter zerlassen, Pilze darin 3 Min. braten. Tunfisch zerpflücken. Eier pellen und hacken, mit Tunfisch, Pilzen und Crème fraîche vermischen, in die Gurkenstücke füllen. Mozzarella in Scheiben darauf legen, im Ofen (oben) 15 Min. gratinieren.

Blätterteig-Käse-Wähe

**ZUTATEN FUR 4 PERSONEN, für
1 Springform von 28–30 cm Ø:**
300 g tiefgekühlter Blätterteig
250 g Greyerzer (ersatzweise
Appenzeller) · **2** rote Zwiebeln
1 EL Speisestärke · **1** Ei
je **150 g** süße und saure Sahne
Salz · Pfeffer
2 TL Kümmelkörner
Mehl zum Ausrollen

Zubereitungszeit: 30 Min.
(+ 25 Min. Backen)
Pro Portion: 3744 kJ/895 kcal
28 g E · 67 g F · 45 g K

Raffiniert · Gelingt leicht

1 Blätterteigscheiben auslegen und auftauen
lassen. Käse fein reiben.
Zwiebeln schälen und fein
hacken. Käse mit Zwiebeln
und Speisestärke mischen.
Ei mit süßer und saurer
Sahne verrühren, mit wenig
Salz und reichlich Pfeffer
würzen. Unter die Käse-
mischung rühren.

2 Backofen auf 200° (Umluft 180°) vorheizen.
Springform kalt ausspülen
und nicht abtrocknen.

3 Blätterteigscheiben auf-
einander legen und auf
wenig Mehl in Größe der
Form ausrollen. Teigplatte
in die Form legen, dabei
einen Rand hochziehen.
Käsemasse auf dem Teig
verstreichen und mit dem
Kümmel bestreuen.

4 Käsewähe im Ofen (Mitte) 20–25 Min. backen,
bis sie gebräunt ist. Dazu
schmeckt Salat.

Gratinierter Mangold

ZUTATEN FUR 4 PERSONEN:
800 g Mangold · Salz
500 g Tomaten
700 g Kabeljaufilet
2 EL Zitronensaft
Pfeffer · **1** Bund Petersilie
2 Knoblauchzehen
200 g Crème fraîche
1 TL scharfer Senf
1 TL eingelegte grüne Pfefferkörner · **250 g** Mozzarella

Zubereitungszeit: 30 Min.
(+ 15 Min. Gratinieren)
Pro Portion: 2497 kJ/597 kcal
25 g E · 37 g F · 48 g K

Raffiniert

1 Mangold waschen. Blätter und Stiele grob zer-
schneiden. In Salzwasser
3 Min. sprudelnd kochen.
Kalt abschrecken, gut ab-
tropfen lassen und in eine
Auflaufform füllen. Back-
ofen auf 220° (Umluft 200°)
vorheizen. Tomaten kurz
überbrühen, häuten und
ohne die Stielansätze klein
würfeln.

2 Den Fisch in mundgerechte Stücke schneiden.
Mit Zitronensaft, Salz und
Pfeffer würzen, in die Form
über das Gemüse geben.

3 Petersilie waschen, den
Knoblauch schälen,
beides fein hacken. Mit den
Tomaten, Crème fraîche,
Senf und Pfefferkörnern
mischen, salzen. Mozzarella
würfeln, untermengen. Die
Mischung über den Fisch
verteilen. Im heißen Ofen
(Mitte) 15 Min. gratinieren.

Lammauflauf mit Maiskruste

ZUTATEN FÜR 4 PERSONEN:
2 Scheiben Toastbrot
2 Zwiebeln · 4 Knoblauchzehen
500 g mageres grobes Lammhackfleisch (ersatzweise Hackfleisch gemischt) · 3 Eier
75 g grob gehackte Mandeln
50 g Tomatenpüree (aus dem
Päckchen)
Salz · schwarzer Pfeffer
3 TL mildes Currypulver
3 Salzgurken · 1/4 l Milch
75 g 5-Minuten-Polenta
1 EL Zitronensaft · Muskatnuss
2 EL Butter · Fett für die Form

Zubereitungszeit: 30 Min.
(+ 35 Min. Backen)
Pro Portion: 2623 kJ/627 kcal
26 g E · 42 g F · 38 g K

Spezialität aus Indonesien

1 Toastbrot in kaltem
Wasser einweichen, fest
ausdrücken. Zwiebeln und
Knoblauch schälen, grob
hacken. Backofen auf 220°
(Umluft 200°) vorheizen.

2 Zwiebeln und Knob-
lauch im Blitzhacker
pürieren, in eine Schüssel
füllen. Lammfleisch mit
Toastbrot vermengen, dazugeben. Mit 1 Ei, Mandeln
und Tomatenpüree vermi-
schen. Mit Salz, Pfeffer und
2 TL Curry würzen. Gurken
würfeln und untermischen.

3 Eine Auflaufform fetten,
Hackmischung einfüllen
und glatt streichen. Im Ofen
(Mitte) 20 Min. backen.

4 Inzwischen die Milch erhitzen, Polentagrieß ein-
rühren. Einmal aufkochen,
vom Herd nehmen. 2 Eier
unterrühren, mit Zitronensaft, Salz, Muskat und 1 TL
Curry würzen. Über die
Fleischmasse gießen, mit
der Butter in Flöckchen
belegen und noch 15 Min.
überbacken.

Bunte Blechpizza

ZUTATEN FÜR 4 PERSONEN:

2 Knoblauchzehen
2 EL Olivenöl
750 g stückige Tomaten
1 TL gemischte getrocknete
italienische Kräuter
Salz · weißer Pfeffer
je 1 rote und gelbe
Paprikaschote
150 g naturell eingelegter
Tunfisch
150 g eingelegte
Artischockenherzen
150 g Champignons
1 Bund Frühlingszwiebeln
1 Bund Basilikum
1 Paket Fertig-Pizzateig
1 EL schwarze Oliven
1 EL Kapern (aus dem Glas)
250 g Mozzarella
Fett für das Blech

Zubereitungszeit: 30 Min.
(+ 15 Min. Backen)
Pro Portion: 3267 kJ/781 kcal
40 g E · 39 g F · 77 g K

Gut vorzubereiten

1 Knoblauch schälen und fein hacken. In einer Kasserolle das Öl erhitzen und den Knoblauch bei mittlerer Hitze glasig dünsten. Tomaten und Kräuter hinzufügen, in 20 Min. musig einkochen lassen. Salzen und pfeffern.

2 Inzwischen die Paprikaschoten waschen, putzen und in Streifen schneiden. Tunfisch zerpflücken. Artischockenherzen abtropfen lassen. Pilze putzen und in feine Scheiben schneiden. Frühlingszwiebeln waschen, putzen und in Ringe schnei-

den. Basilikum waschen, Blättchen abzupfen. Einen Teil davon beiseite legen. Den Backofen auf 250° (Umluft 220°) vorheizen.

3 Ein Backblech fetten und den Pizzateig darauf ausrollen. Tomatensauce auf dem Teig verstreichen. Paprikastreifen, Tunfisch, Pilze, Frühlingszwiebeln, Artischockenherzen, Basilikum, Oliven und Kapern darauf verteilen. Mozzarella in dünne Scheiben schneiden und auf dem Belag verteilen.

4 Die Pizza im heißen Backofen (Mitte) etwa 15 Min. backen, bis sie schön gebräunt ist. Mit dem übrigen Basilikum bestreuen und servieren.

Varianten:

■ Nur Champignons und dazu noch 150 g Schinken in Streifen nehmen.

■ Tunfisch durch scharfe Salami in dünnen Scheiben oder Schinken ersetzen.

■ Statt Kapern einige abgespülte und getrocknete Sardellenfilets auf dem Teig verteilen.

■ Tunfisch weglassen, mehr Pilze und Artischockenherzen nehmen.

■ Zusätzlich scharfe Peperoni auf den Teig geben.

■ Statt Mozzarella zerkrümelten Schafkäse auf der Pizza verteilen. Mit 1 EL Olivenöl beträufeln.

Desserts

Amaretti-Kirsch-Quark

ZUTATEN FÜR 4 PERSONEN:
100 g Amaretti (italienische Mandelplätzchen)
1 unbehandelte Zitrone
250 g Quark
100 g Crème fraîche
2 Päckchen Vanillezucker
100 g Kirschen (aus dem Glas)
1 Prise Zimt
1 EL Raspelschokolade

Zubereitungszeit: 15 Min.
Pro Portion: 2020 kJ/483 kcal
10 g E · 30 g F · 48 g K

Gelingt leicht

1 Die Amaretti in eine Plastiktüte geben und mit dem Nudelholz darüber rollen, bis sie bröselig sind.

2 Zitrone heiß waschen, abtrocknen und die Schale abreiben. Eine Zitronenhälfte auspressen.

3 Quark mit Crème fraîche, Vanillezucker und 1 EL Zitronensaft gut verrühren. Zitronenschale und Amaretti untermischen, Creme in Schälchen verteilen.

4 Kirschen mit 50 ml Saft pürieren. Mit dem Zimt würzen. Amaretticreme mit Raspelschokolade bestreuen, mit der Sauce servieren.

Tipp!
Die Sauce können Sie auch aus frischen Kirschen, Himbeeren, Erdbeeren oder Pfirsichen zubereiten. Dann mit etwas Zucker oder Honig süßen.

Obstsalat mit Cassis-Sahne

ZUTATEN FÜR 4 PERSONEN:
2 Nektarinen · 1 Banane
100 g blaue Weintrauben
150 g Erdbeeren
1 rosa Grapefruit
1 EL Pistazienkerne
1 EL Zitronensaft
1 EL Honig · 200 g Sahne
1 Päckchen Vanillezucker
2 EL Cassis (Johannisbeerlikör)

Zubereitungszeit: 20 Min.
Pro Portion: 1079 kJ/258 kcal
3 g E · 14 g F · 33 g K

Für Gäste

1 Nektarinen waschen, halbieren, entsteinen und in Schnitze schneiden. Banane schälen und in Scheiben teilen. Trauben waschen, abzupfen und halbieren. Erdbeeren waschen, putzen und halbieren. Grapefruit schälen und in die einzelnen Filets teilen, diese halbieren.

2 Pistazienkerne grob hacken. Mit Zitronensaft und Honig in einer Schüssel mit den Früchten verrühren. Obstsalat auf Teller verteilen.

3 Sahne mit Vanillezucker halbsteif schlagen und neben dem Obst verteilen. Jeweils $1/2$ EL Cassis auf die Sahne träufeln.

Varianten:
Zu den Früchten schmeckt auch eine Sahne mit Orangenlikör oder Amaretto sehr gut. Herb, aber erfrischend ist Campari.

Desserts

Kirschgrütze mit Crème fraîche

ZUTATEN FUR 4 PERSONEN:
750 g Kirschen (aus dem Glas)
1/2 unbehandelte Zitrone
80 g Zucker
1/8 l trockener Rotwein
(ersatzweise roter Fruchtsaft)
30 g Speisestärke
1 Prise gemahlene Nelken
100 g Crème fraîche
2 EL Sahne
1 Päckchen Vanillezucker

Zubereitungszeit: 20 Min.
(+ 1–2 Std. Kühlen)
Pro Portion: 1460 kJ/349 kcal
3 g E · 13 g F · 55 g K

Gut vorzubereiten

1 Kirschen abtropfen lassen, Saft auffangen. Zitrone heiß waschen und abtrocknen. Ein Viertel der Schale mit einem Sparschäler dünn abschneiden und fein hacken. Zitrone auspressen.

2 Kirschen mit der Zitronenschale und -saft, Zucker und Wein in einen Topf geben. Vom Kirschsaft 1/8 l abmessen. In 4–5 EL davon die Speisestärke anrühren. Restlichen Saft zu den Kirschen gießen.

3 Mit Nelken würzen, aufkochen. Stärke untermischen, unter Rühren in 3 Min. dickflüssig köcheln.

4 Die Grütze in Schälchen füllen und etwas abkühlen lassen. Dann 1–2 Std. kühl stellen.

5 Crème fraîche mit Sahne und Vanillezucker verrühren, dazu servieren.

Mousse au chocolat

ZUTATEN FUR 4 PERSONEN:
100 g Zartbitterschokolade
50 g Vollmilchschokolade
1 EL Portwein . 250 g Sahne
1 TL Vanillezucker
1 EL Raspelschokolade
1 Prise Zimt

Zubereitungszeit: 15 Min.
Pro Portion: 1895 kJ/453 kcal
4 g E · 35 g F · 40 g K

Für Gäste

1 Schokolade in kleine Stücke brechen und in eine Tasse geben. In einen Topf mit heißem Wasser stellen und bei schwacher Hitze unter gelegentlichem Rühren schmelzen. Portwein untermischen.

2 Sahne mit dem Vanillezucker sehr steif schlagen. Einen Teil der Sahne unter die Schokolade rühren, den Rest vorsichtig unterheben.

3 Die Mousse in Dessertschälchen füllen. Zum Servieren Raspelschokolade mit Zimt mischen und über die Mousse streuen.

Variante:
Gut schmeckt die Mousse auch mit weißer Schokolade. Da die nach dem Schmelzen nicht mehr so fest wird, müssen Sie 1 Blatt weiße Gelatine einweichen, ausdrücken und mit 2 EL Orangenlikör erwärmen und auflösen. Unter die Schokolade mischen, dann die Sahne unterheben.

182

Eis mit heißer Preiselbeersauce

ZUTATEN FÜR 4 PERSONEN:
250 g frische Preiselbeeren
1 unbehandelte Orange
1 EL Zitronensaft
50 g Zucker
4 EL Portwein (ersatzweise Wasser)
300 g Vanilleeis

Zubereitungszeit: 15 Min.
Pro Portion: 1129 kJ/270 kcal
3 g E · 8 g F · 44 g K

Für Gäste

1 Preiselbeeren verlesen, waschen und abtropfen lassen.

2 Orange heiß waschen und abtrocknen. Schale fein abreiben, Orange halbieren, auspressen.

3 Preiselbeeren mit Orangenschale und -saft, Zitronensaft, Zucker und Portwein in einen Topf geben und offen bei schwacher Hitze 3 Min. köcheln lassen.

4 Die heiße Fruchtsauce in Dessertschälchen geben. Vom Eis Kugeln abstechen und auf die Sauce setzen.

Varianten:
Heiße Beeren
1 Päckchen tiefgekühlte Beeren mit 50 ml trockenem Rotwein oder rotem Fruchtsaft in einen Topf geben und erhitzen. Mit Zucker und Zimt abschmecken und zu Vanille- oder Schokoladeneis servieren.

Kalte Himbeersauce
400 g Himbeeren verlesen und durch ein Sieb streichen. Mit 1 EL Sahne und 1 EL flüssigem Honig verrühren, zu Vanille- oder Nusseis servieren.

Gebratene Bananen mit Kokos

ZUTATEN FUR 4 PERSONEN:
4 reife, aber feste Bananen
2 EL Zitronensaft
2 unbehandelte Orangen
2 EL Butter
2 EL Zucker
2 EL Kokosflocken
5 EL Weißwein oder
Traubensaft

Zubereitungszeit: 20 Min.
Pro Portion: 937 kJ/224 kcal
2 g E · 10 g F · 33 g K

Für Gäste

1 Bananen schälen und der Länge nach halbieren. Die Hälften mit dem Zitronensaft beträufeln.

2 1 Orange waschen und abtrocknen, die Schale fein abreiben. Die Orange auspressen. Die andere schälen und das Fruchtfleisch aus den Häuten schneiden. Orangenfleisch würfeln.

3 Die Butter in einer beschichteten Pfanne bei mittlerer Hitze schmelzen. Die Bananen darin 3–4 Min. braten. Aus der Pfanne nehmen und auf Teller verteilen.

4 Zucker im Bratfett schmelzen. Kokosflocken, Orangensaft und Wein dazugeben und erhitzen. Orangenstücke in die Sauce rühren, auf den Bananen verteilen und sofort servieren. Dazu schmeckt halbsteif geschlagene Sahne.

Zitronen-Hirsecreme

ZUTATEN FÜR 4 PERSONEN:
1/2 l Milch
2 TL unbehandelte abgeriebene
Zitronenschale · 3 Eier
35 g Hirseflocken (Reformhaus;
ersatzweise Haferflocken)
4 EL Zitronensaft
1 Prise Salz · 50 g Honig
100 g gemischte Beeren
(Erdbeeren, Himbeeren,
schwarze Johannisbeeren) zum
Garnieren
Sahne (Sprühdose) nach
Belieben

Zubereitungszeit: 20 Min.
(+ 1 Std. Kühlen)
Pro Portion: 874 kJ/209 kcal
10 g E · 8 g F · 26 g K

Gelingt leicht

1 Die Milch in einem Topf mit Zitronenschale erhitzen. Eier trennen, Eigelbe mit Hirseflocken und Zitronensaft verrühren und in die kochende Milch mit einem Schneebesen einschlagen, unter ständigem Rühren kurz aufkochen lassen, den Topf vom Herd ziehen.

2 Die Eiweiße mit Salz zu steifem Schnee schlagen und mit dem Honig unter die heiße Creme heben. Auf vier Dessertschälchen verteilen und 1 Std. abkühlen lassen.

3 Zum Servieren die Beeren waschen und die Creme damit garnieren, eventuell noch Sahnetupfer darauf setzen.

Grünkerncreme mit Orangen

ZUTATEN FÜR 4 PERSONEN:
3 Orangen (1 davon unbehandelt) · 1/2 l Milch
3 EL Zucker (ersatzweise Honig)
1 EL Orangenlikör nach Belieben
1/2 TL Zimt
50 g gehackte Mandeln
150 g Grünkernschrot
150 g Vollmilchjoghurt
100 g Sahnedickmilch

Zubereitungszeit: 20 Min.
(+ 1 Std. Kühlen)
Pro Portion: 1510 kJ/361 kcal
16 g E · 15 g F · 56 g K

Preiswert

1 Unbehandelte Orange heiß abwaschen, einen 5 cm langen Schalenstreifen abschälen, in feine Streifen schneiden. Im Topf die Milch mit Orangenschale, Zucker, Likör, Zimt und Mandeln aufkochen, Grünkern einstreuen und bei schwacher Hitze offen 10 Min. quellen lassen.

2 Topf vom Herd nehmen und die Masse abkühlen lassen. Joghurt und Sahnedickmilch unterrühren.

3 Alle Orangen bis ins Fruchtfleisch schälen, Fruchtspalten ausschneiden, dabei den Saft auffangen. Sechs Fruchtspalten zur Seite legen, die restlichen in Stücke schneiden und mit dem Saft unter die Grünkerncreme rühren. 1 Std. kühl stellen, mit den restlichen Orangen verzieren.

Apfel-Nugat-Reis

ZUTATEN FÜR 4 PORTIONEN:
1 l Milch
1 Prise Salz
abgeriebene Schale von 1/2
unbehandelten Zitrone
150 g Rundkornreis (Milchreis)
500 g Äpfel
50 g Zucker
50 g Nugatmasse
1-2 EL Crème fraîche
1 Prise Zimt zum Bestreuen

Zubereitungszeit: 35 Minuten
Pro Portion: 2059 kJ/492 kcal
12 g E · 15 g F · 76 g K

Gelingt leicht

1 Die Milch mit Salz und Zitronenschale in eine Topf schütten. Reis in einem Sieb gut abspülen und in die kalte Milch schütten. Alles langsam zum Kochen bringen. Zugedeckt bei schwacher Hitze etwa 10 Min. garen.

2 Inzwischen die Äpfel vierteln, schälen und vom Kerngehäuse befreien. Die Viertel in feine Schnitze schneiden und mit dem Zucker unter den Milchreis rühren. Alles noch etwa 15 Min. garen, bis der Reis weich ist. Dabei häufig durchrühren, damit nichts anbrennt.

3 Den Nugat klein würfeln und mit der Crème fraîche unter den Reis ziehen. Den Reis in Dessertschälchen verteilen und mit etwas Zimt bestäuben. Er schmeckt warm, lauwarm oder auch abgekühlt sehr gut.

Mango-Kokos-Creme

ZUTATEN FÜR 4 PERSONEN:
2 Mangos
250 ml Kokosmilch (aus dem Asienladen, ungesüßt)
50 g Zucker oder milder Honig
1–2 EL Limetten- oder Zitronensaft · 2 EL Kokosraspel

Zubereitungszeit: 10 Minuten
Pro Portion: 569 kJ/136 kcal
1 g E · 4 g F · 24 g K

Für Gäste

1 Die Mangos schälen, das Fruchtfleisch in Schnitzen vom Stein abschneiden und grob würfeln.
2 Die Mangowürfel mit der Kokosmilch und dem Zucker im Mixer zu einer feinen Creme pürieren. Mit Limetten- oder Zitronensaft nach Geschmack abrunden und in vier hübsche Dessertschälchen füllen.
3 Die Mangocreme bis zum Servieren in den Kühlschrank stellen. Dann mit Kokosraspeln bestreut servieren.

Tipps!
Mangos sind das ganze Jahr über im Handel, geschmacklich gibt es aber ziemlich große Unterschiede. So sind die brasilianischen Mangos zwar günstig, haben aber oft sehr faseriges Fruchtfleisch. Mangos aus Asien sind in der Regel teurer, schmecken aber auch um einiges besser.

Bananencreme mit Knuspernüssen

ZUTATEN FÜR 4 PERSONEN:
4 reife Bananen · 3 EL Zucker
1 EL Zitronensaft
250 g Sahne · 1 Päckchen
Bourbon-Vanillezucker
Für die Nüsse:
50 g Walnusskerne · 2 EL Butter
2 gehäufte EL Zucker

Zubereitungszeit: 25 Minuten
Pro Portion: 1916 kJ/458 kcal
4 g E · 33 g F · 38 g K

1 Die Bananen schälen und mit einer Gabel sehr fein zerdrücken oder im Mixer pürieren. Den Zucker und den Zitronensaft unterrühren, bis sich der Zucker gelöst hat.
2 Die Sahne steif schlagen, nach und nach Vanillezucker einrieseln lassen. Einen Teil der Sahne unter den Bananenbrei rühren, den Rest unterheben. Creme in vier Schälchen verteilen.
3 Für die Knuspernüsse die Walnusskerne fein zerkrümeln. Die Butter in einer Pfanne schmelzen, aber nicht braun werden lassen. Den Zucker hinzufügen und unter Rühren weiter garen, bis er schmilzt und leicht braun wird. Die Nüsse untermischen und in dem Karamel braten, bis sie ganz davon überzogen sind und fein duften.
4 Die Nüsse leicht abkühlen lassen, dann über die Bananencreme streuen und gleich servieren.

Mascarpone-Creme mit Johannisbeeren

ZUTATEN FUR 4 PERSONEN:
250 g Mascarpone
100 g Sahne
50 ml frisch gepresster
Orangensaft
75 g Zucker
250 g schwarze Johannisbeeren
1 EL Cassis (Johannisbeerlikör,
ersatzweise roter Fruchtsaft)
Minzeblättchen zum Garnieren

Zubereitungszeit: 20 Min.
Pro Portion: 1665 kJ/398 kcal
5 g E · 35 g F · 16 g K

Macht was her

1 Mascarpone mit Sahne, Orangensaft und 40 g Zucker mit einem Schneebesen sehr gründlich verrühren.

2 Johannisbeeren waschen, entstielen und abtropfen lassen. 150 g Beeren mit dem restlichen Zucker und dem Cassis fein pürieren und durch ein Sieb streichen.

3 Mascarpone-Creme in flache Dessertschalen füllen. Johannisbeerpüree in Streifen darauf gießen. Mit den übrigen Beeren und Minze garnieren.

Flambierte Birnen mit Krokantsahne

ZUTATEN FÜR 4 PERSONEN:
50 g gehäutete Mandeln
80 g Zucker
2 EL Butter
150 g Sahne
4 kleine saftige Birnen
1 EL Zitronensaft
3–4 EL Birnengeist

Zubereitungszeit: 25 Min.
Pro Portion: 1585 kJ/379 kcal
3 g E·18 g F·46 g K

Für Festtage

1 Mandeln fein hacken. 50 g Zucker mit 1 EL Butter in einer Pfanne unter Rühren bei mittlerer Hitze schmelzen lassen, bis der Zucker bräunlich wird. Mandeln untermischen.

Masse vom Herd ziehen und kurz abkühlen lassen.

2 Sahne steif schlagen, Mandeln unterheben.

3 Birnen schälen, längs vierteln, von den Kerngehäusen befreien und in Schnitze schneiden. Mit Zitronensaft beträufeln.

4 Übrige Butter mit restlichem Zucker in einer Pfanne erhitzen. Birnenschnitze kurz darin dünsten.

5 Birnengeist in die Pfanne gießen. Ein langes Streichholz entzünden, den Birnengeist damit entflammen. (Vorsichtig arbeiten!)

6 Birnen so lange in der Pfanne lassen, bis die Flamme erlischt. Auf feuerfeste Teller geben und mit der Krokantsahne servieren.

Mohn-Mousse mit Aprikosensauce

ZUTATEN FÜR 4–6 PERSONEN:
50 g Mohnsamen · 50 ml Milch
3 Blatt weiße Gelatine
4 Eiweiße · 100 g Zucker
250 g Crème fraîche
100 g Sahne
500 g frische Aprikosen
(ersatzweise aus der Dose)
1 EL Amaretto (Mandellikör)
1–2 EL Ahornsirup

Zubereitungszeit: 30 Min.
(+ 2 Std. Kühlen)
Bei 6 Portionen pro Portion:
1610 kJ/385 kcal
7 g E · 25 g F · 35 g K

Gut vorzubereiten · Für Gäste

1 Mohn mit Milch und 50 g Zucker aufkochen, dann abkühlen lassen.

2 Gelatine 5 Min. in kaltem Wasser einweichen. Eiweiße mit 50 g Zucker steif schlagen. Mohn unterheben. Crème fraîche mit Sahne verrühren.

3 Gelatine tropfnaß mit 1 EL Wasser erhitzen, bis sie flüssig ist. Erst mit wenig Sahnecreme verrühren, dann unter die restliche Creme mischen. Eischnee mit Mohn unterheben.

4 Mohnmasse in vier ausgespülte Förmchen füllen und 2 Std. kühl stellen.

5 Aprikosen waschen, entsteinen, klein würfeln. Mit Amaretto zugedeckt 5 Min. köcheln lassen.

6 Aprikosen pürieren, abgekühlt mit dem Ahornsirup süßen. Mousse stürzen, mit Sauce servieren.

Himbeer-Profiteroles

ZUTATEN FÜR 4 PERSONEN:
Für den Teig:
30 g Butter · 1/2 EL Zucker
Salz · 75 g Mehl · 2 Eier
1 TL Backpulver
Fett und Mehl für das Blech
Für die Füllung:
100 g Sahne
2–3 EL Puderzucker
1/2 EL Zitronensaft
150 g Mascarpone
200 g Himbeeren

Zubereitungszeit: 25 Min.
(+ 35 Min. Backen)
Pro Portion: 1824 kJ/436 kcal
8 g E · 32 g F · 30 g K

Für Gäste

1 Für den Teig 1/8 l Wasser mit Butter, Zucker und 1 Prise Salz aufkochen. Vom Herd ziehen. Mehl auf einmal unterrühren. Teig bei schwächster Hitze so lange unter Rühren weitergaren, bis er sich zu einem Kloß zusammenballt.

2 Teig in eine Schüssel geben. 1 Ei sofort sehr gründlich unterkneten. Den Teig lauwarm abkühlen lassen. Dann übriges Ei und Backpulver unterarbeiten.

3 Den Backofen auf 180° vorheizen. Ein Backblech fetten, mit Mehl bestäuben.

4 Mit zwei Teelöffeln Teighäufchen mit Abstand auf das Blech setzen.

5 Die Windbeutel im Ofen (Mitte, Umluft 160°) 35 Min. backen. Dabei den Ofen nicht öffnen. Kurz abkühlen lassen, dann mit der Schere Deckel abschneiden.

6 Sahne mit dem Puderzucker steif schlagen. Mit Zitronensaft unter den Mascarpone heben. Himbeeren verlesen, untermischen. Windbeutel damit füllen.

Rosa Grapefruit-gelee

ZUTATEN FÜR 4 PERSONEN:
8 Blatt weiße Gelatine
2–3 rosa Grapefruits
1 gelbe Grapefruit
1 Stück frischer Ingwer
(etwa kirschgroß)
50 g Ahornsirup
50 g ungesalzene geschälte
Pistazienkerne · 200 g Sahne
1 Päckchen Vanillezucker
1 EL Anislikör (z.B. Sambuco)
nach Belieben

Zubereitungszeit: 20 Min.
(+ 1 Std. Kühlen)
Pro Portion: 1079 kJ/258 kcal
3 g E · 16 g F · 28 g K

Gut vorzubereiten

1 Gelatine 5 Min. in kaltem Wasser einweichen.

2 Grapefruits auspressen. Sie sollen etwa $1/2$ l Saft ergeben. Ingwer schälen, durch die Knoblauchpresse zum Saft pressen. Ahornsirup untermengen.

3 Gelatine tropfnass bei schwacher Hitze schmelzen lassen. Mit einem Teil des Saftes verrühren, unter den Rest mengen.

4 Die Masse in vier Förmchen (je 150 ml Inhalt) füllen und im Kühlschrank in 1 Std. fest werden lassen.

5 Pistazien fein hacken. Sahne mit dem Vanillezucker steif schlagen. Pistazien und eventuell Anislikör untermischen.

6 Grapefruitgelee vom Rand der Förmchen lösen, auf Teller stürzen. Mit Pistaziensahne servieren.

Schokoladen-Orangenschaum

ZUTATEN FÜR 4 PERSONEN:
4 Orangen
100 g Zartbitterschokolade
2 Kardamomkapseln (nur die
schwarzen Kerne)
3 ganz frische Eier
1 Prise Salz
2 EL Zucker
Minzeblättchen zum Garnieren

Zubereitungszeit: 30 Min.
(+ 30 Min. Kühlen)
Pro Portion: 1054 kJ/252 kcal
7 g E · 11 g F · 45 g K

Für Gäste

1 Orangen mit einem scharfen Messer bis ins Fruchtfleisch schälen, die einzelnen Filets zwischen den Trennwänden auslösen.

Saft auffangen, Trennwände ausdrücken.

2 Schokolade in einen Topf bröckeln. Kardamomkerne im Mörser zermahlen, mit dem aufgefangenen Orangensaft zur Schokolade geben. Bei schwächster Hitze oder im Wasserbad unter Rühren schmelzen lassen, vom Herd nehmen.

3 Eier trennen, Eigelbe unter die flüssige Schokolade rühren. Eiweiße mit Salz und Zucker steif schlagen und unter die Schokomasse heben, mindestens 30 Min. in den Kühlschrank stellen.

4 Orangenfilets auf Desserttellern auslegen, den Schokoschaum darauf verteilen. Mit Minzeblättchen garnieren.

Äpfel mit Knusperfüllung

ZUTATEN FÜR 4 PERSONEN:
4 große, säuerliche Äpfel (Boskop)
1/8 l Weißwein (ersatzweise Apfelsaft)
100 g Knusperschokolade (ersatzweise Nuss-Rosinen-Schokolade)
1/2 EL Butter
2 EL Mandelblättchen
Zucker nach Belieben

Zubereitungszeit: 25 Min.
Pro Portion: 1092 kJ/261 kcal
2 g E · 12 g F · 38 g K

Preiswert

1 Äpfel waschen und nur die oberen Hälften abschälen. Kerngehäuse ausstechen. In einem Topf, in dem die Äpfel gerade Platz haben, den Wein aufkochen, die Äpfel hineinsetzen und zugedeckt 10 Min. garen, sie dürfen nicht zerfallen.

2 Inzwischen die Schokolade grob zerhacken. Die Butter in einem Pfännchen erhitzen und die Mandelblättchen darin bei mittlerer Hitze hellbraun rösten.

3 Äpfel aus dem Sud auf Dessertteller heben und heiß mit der Schokolade füllen. Den Sud bei starker Hitze um die Hälfte einkochen, nach Belieben mit Zucker etwas süßen und über die Äpfel gießen. Mit den Mandelblättchen bestreuen und servieren.

Karamell-Äpfel

ZUTATEN FÜR 4 PERSONEN:
4 aromatische Äpfel (Cox Orange)
3 EL Butter
3 EL Zucker
1/2 TL Zimt
200 g gut gekühlte Sahne
1 EL Puderzucker

Zubereitungszeit: 20 Min.
(+ 15 Min. Backen)
Pro Portion: 1322 kJ/316 kcal
2 g E · 21 g F · 33 g K

Gelingt leicht · Preiswert

1 Äpfel waschen und die Kerngehäuse ausstechen. Die Äpfel in feine Scheiben schneiden. Den Backofen auf 220° (Umluft 200°) vorheizen. Eine flache Auflaufform mit 1 EL Butter ausfetten, die Apfelscheiben dachziegelartig einschichten. Zucker mit Zimt vermischen und darüber streuen. Die restliche Butter in Flöckchen darauf setzen.

2 In den heißen Ofen (oben) schieben und 15 Min. backen, bis der Zucker karamellisiert ist.

3 Sahne mit Puderzucker halbsteif schlagen. Die Äpfel heiß aus dem Ofen mit der Sahne servieren.

Tipps!
Die Apfelscheiben können Sie auch mit fertigem Krokant vorm Überbacken bestreuen. Dann aber nur 1–2 EL Zucker nehmen. Schmeckt auch mit einer bunten Mischung aus Birnen, Bananen und Kiwis.

Zwetschgensahne mit Zimt

ZUTATEN FUR 4 PERSONEN:
500 g vollreife Zwetschgen
Saft von 1 großen Orange
1 EL Zitronensaft
250 g Sahne
1 Päckchen Vanillezucker
1/2 TL Zimt
2 EL Raspelschokolade

Zubereitungszeit: 20 Min.
Pro Portion: 1841 kJ/440 kcal
4 g E · 31 g F · 46 g K

Preiswert · Gut vorzubereiten

1 Zwetschgen waschen, entsteinen und in kleine Würfel schneiden. In einer Schüssel mit Orangen- und Zitronensaft mischen und kurz ziehen lassen.

2 Dann die Zwetschgen mit 50 g Sahne im Mixer fein pürieren.

3 Restliche Sahne mit Vanillezucker und Zimt steif schlagen. Die Sahne unter das Zwetschgenpüree heben.

4 Fruchtschaum in Dessertschälchen füllen und bis zum Servieren kalt stellen. Mit Raspelschokolade bestreuen und servieren.

Tipp!

Statt frischer Zwetschgen können Sie auch getrocknete Softpflaumen nehmen oder Aprikosen. Die müssen aber etwa 4 Std. im Saft quellen.

Weincreme mit Preiselbeeren

ZUTATEN FUR 4 PERSONEN:
3–4 Blatt weiße Gelatine
3 ganz frische Eigelbe
1 Päckchen Vanillezucker
2 EL Zucker
1/2 l milder Weißwein
200 g Sahne
4 EL Preiselbeeren (aus dem Glas)

Zubereitungszeit: 15 Min.
(+ 1 Std. Kühlen)
Pro Portion: 1272 kJ/304 kcal
4 g E · 16 g F · 16 g K

Für Gäste · Gut vorzubereiten

1 Gelatine in kaltem Wasser 5 Min. einweichen. Eigelbe, Vanillezucker und Zucker in eine Schüssel füllen und mit dem Schneebesen in 5 Min. weißschaumig schlagen. In einem Topf den Wein bis zum Siedepunkt erhitzen und unter kräftigem Rühren mit dem Schneebesen zu den Eigelben gießen.

2 Gelatine ausdrücken und in die heiße Masse rühren, bis sie aufgelöst ist. Abkühlen lassen, dann 1 Std. kühl stellen.

3 Kurz vor dem Erstarren die Sahne steif schlagen und unter die Weincreme heben, auf Dessertgläser verteilen. Mit den Preiselbeeren garnieren.

Tipp!

Für Kinder können Sie auch hellen Traubensaft statt Wein nehmen.

Schmarren mit Kirschkompott

ZUTATEN FÜR 4 PERSONEN:
3 EL Butter · 200 g Mehl
3 EL Zucker
175 g Buttermilch · 3 Eier
1 großes Glas Sauerkirschen
(350 g Inhalt)
1 TL Speisestärke
3 EL Kirschwasser nach
Belieben
2 EL Zitronensaft
Butter zum Braten
Zimt und Zucker zum Bestreuen

Zubereitungszeit: 30 Min.
Pro Portion: 1979 kJ/473 kcal
13 g E · 17 g F · 62 g K

Gelingt leicht · Preiswert

1 Butter zerlassen und wieder abkühlen lassen. Mehl in eine Schüssel sieben und mit Zucker und Buttermilch verrühren. Flüssige Butter untermischen, dann die Eier unterquirlen.

2 Kirschen in einen Topf gießen und erhitzen. Die Speisestärke mit etwas Wasser anrühren, untermischen und einmal aufkochen lassen. Eventuell mit Kirschwasser und mit Zitronensaft abschmecken.

3 In einer großen Pfanne etwas Butter erhitzen und den Teig eingießen, bei mittlerer Hitze einen dicken Pfannkuchen 5 Min. auf jeder Seite backen. Wenn die zweite Seite gebräunt ist, den Teig in Stücke reißen und mit einem Pfannenmesser mehrmals umwenden, bis alle Stücke gebräunt sind.

4 Gleich mit Zimt und Zucker bestreuen und mit dem Kirschkompott servieren.

Waffeln mit Sanddornsahne

ZUTATEN FÜR 4 PERSONEN:
Für die Waffeln:
3 Eier · 125 g weiche Butter
100 g Zucker
1 Päckchen Vanillezucker
250 g Mehl
1/2 TL Backpulver
1/4 l Milch · Öl zum Backen
Für die Sanddornsahne:
250 g Sahne
2–3 EL Zucker
4 EL Sanddornsaft (Reformhaus; ersatzweise Maracuja-
Sirup)
2 EL gehackte Pistazienkerne

Zubereitungszeit: 15 Min.
(+ 30 Minuten Backen)
Pro Portion: 3798 kJ/908 kcal
15 g E · 49 g F · 105 g K

Schmeckt nur ganz frisch

1 Eier trennen. Für den Teig Butter mit Zucker, Vanillezucker und den Eigelben schaumig rühren. Mehl mit Backpulver vermischen und mit der Milch unter den Teig rühren.

2 Eiweiße steif schlagen, unter den Teig heben. Backofen auf 100° (Umluft 75°) vorheizen.

3 Waffeleisen erhitzen, mit Öl ausstreichen. Jeweils 2–3 EL Teig hineingießen, das Eisen schließen, Waffeln in 5 Min. knusprig backen. Fertige auf dem Gitter im Ofen warm halten.

4 Sahne mit Zucker steif schlagen, Sanddornsaft vorsichtig untermischen. Mit den gehackten Pistazien bestreuen. Zu den fertigen Waffeln servieren.

Schnelle Birnen-Tarte

ZUTATEN FÜR 4 PERSONEN:
für 1 Form von 26 cm Ø:
2 Scheiben tiefgekühlter
Blätterteig · 3 Birnen (500 g)
1 EL Zitronensaft
75 g Zucker mit 1/2 TL echtem
Vanillezucker (Reformhaus)
gemischt
30 g Butter · 200 g Sahne
Mehl zum Ausrollen
Fett für die Form

Zubereitungszeit: 20 Min.
(+ 25 Min. Backen)
Pro Portion: 1895 kJ/453 kcal
3 g E · 29 g F · 49 g K

Gelingt leicht · Preiswert

1 Blätterteigscheiben kurz auftauen lassen. Dann überlappend nebeneinander legen und auf wenig Mehl dünn, etwas größer als die Tarteform, ausrollen.

2 Form leicht ausfetten und mit Blätterteig auslegen, überhängende Teigreste abschneiden.

3 Den Backofen auf 200° (Umluft 180°) vorheizen. Birnen schälen, vierteln, entkernen und der Länge nach in dünne Spalten schneiden, sofort mit etwas Zitronensaft beträufeln.

4 Birnenschnitze kreisförmig auf dem Teig auslegen, mit Zuckermischung bestreuen.

5 Butter in kleinen Flöckchen auf die Birnen verteilen. Tarte im Ofen (Mitte) 20–25 Min. backen. Lauwarm mit leicht geschlagener Sahne servieren.

Low Fat

Curryreis mit Fenchel und Garnelen

ZUTATEN FÜR 4 PERSONEN:
300 g geschälte Riesen-
garnelen (evtl. bereits gegart)
2 TL Olivenöl · 1 EL Zitronensaft
Knoblauchsalz
Cayennepfeffer · 2 Zwiebeln
2 Tassen Dinkel-Reis (250 g,
ersatzweise roter Camargue-
oder Naturreis)
600 ml Gemüsebrühe
400 g Fenchelknollen
2 TL milder Curry
je 1/2 TL gemahlener Kreuzkümmel und Koriander
Salz · schwarzer Pfeffer
2 Grapefruits

Zubereitungszeit: 35 Min.
Pro Portion: 1598 kJ/382 kcal
22 g E · 7 g F · 58 g K

Raffiniert

1 Garnelen mit 1 TL Öl,
Zitronensaft, Knob-
lauchsalz und Cayennepfeffer vermischen. 30 Min. marinieren. Zwiebeln schälen
und fein würfeln, mit Reis
in 1 TL Öl bei mittlerer
Hitze 3 Min. braten, Brühe
angießen, 30 Min. zuge-
deckt köcheln lassen.
2 Fenchel waschen und
klein schneiden, mit
Gewürzen nach 10 Min.
zum Reis geben. Grapefruits
bis ins Fruchtfleisch schälen, Fruchtspalten zwischen
den Trennhäuten ausschneiden, Saft auffangen.
3 Garnelen in beschich-
teter Pfanne bei starker
Hitze 3 Min. braten (gegarte
nur 1 Min.), Grapefruitfilets
und -saft zugeben. Würzen,
zum Reis servieren.

Kohlrabi mit Kartoffelsauce

ZUTATEN FÜR 4 PERSONEN:
4 Kohlrabi (1,2 kg) mit Grün
1 EL Butter
200 ml kräftige Gemüsebrühe
(ersatzweise Gemüsefond aus
dem Glas)
400 g mehlig kochende
Kartoffeln
8 Knoblauchzehen · Salz
100 g Bulgara-Joghurt
2 EL Zitronensaft · Pfeffer

Zubereitungszeit: 30 Min.
Pro Portion: 745 kJ/178 kcal
6 g E · 5 g F · 31 g K

*Spezialität aus Griechenland ·
Schnell*

1 Kohlrabi waschen, schä-
len und in 1 cm dicke
Scheiben schneiden. Von
schönen Blättern die Stiele
entfernen. Die Butter bei
schwacher bis mittlerer Hitze zerlassen, Kohlrabischei-
ben hineingeben, 2–3 Min.
andünsten. Blätter darauf
legen, Brühe angießen und
zugedeckt bei schwacher
Hitze 20 Min. dünsten.
2 Kartoffeln waschen,
schälen und vierteln.
Knoblauch schälen, ganz
lassen. Beides knapp mit
Salzwasser bedecken und
zugedeckt 15 Min. kochen.
3 Kartoffeln abgießen,
kurz ausdampfen lassen.
Kohlrabikochsud zugießen,
Kartoffeln mit Knoblauch
zerstampfen, Joghurt und
Zitronensaft unterrühren,
salzen und pfeffern. Kohlrabi anrichten und mit
Kartoffelsauce übergießen.

Leber mit Tomaten auf Gemüse-Nudeln

ZUTATEN FÜR 4 PERSONEN:
500 g Putenleber
2 rote Paprikaschoten
2 Zwiebeln
2 EL Olivenöl
1 Tasse tiefgekühlte Erbsen
2 Tassen Reisnudeln (250 g)
3/4 l Hühnerbrühe
6 Tomaten (500 g)
Salz · schwarzer Pfeffer
1/2 TL gerebelter Oregano
Mehl zum Wenden

Zubereitungszeit: 30 Min.
Pro Portion: 2259 kJ/540 kcal
37 g E · 13 g F · 68 g K

Raffiniert · Schnell

1 Leber putzen, trockentupfen. Paprika waschen, putzen, würfeln. Zwiebeln schälen, in Streifen schneiden. 1 EL Öl erhitzen, Zwiebeln, Paprika und Erbsen darin andünsten, Nudeln und Brühe zugeben, zugedeckt bei schwacher Hitze 15 Min. garen.

2 Von den Tomaten die Stielansätze entfernen, Tomaten halbieren. In einer Pfanne das restliche Öl bei mittlerer Hitze heiß werden lassen. Tomaten mit der Schnittfläche nach unten am Rand der Pfanne entlang verteilen. Die Leber in Mehl wenden und in der Mitte der Pfanne 5–7 Min. pro Seite braten.

3 Tomaten und Leber mit Salz, Pfeffer und Oregano würzen und auf den Nudeln anrichten.

Grüne Bandnudeln mit Tomatensauce

ZUTATEN FÜR 4 PERSONEN:
350 g grüne Bandnudeln
Salz
1 mittelgroße Zwiebel
1 EL Olivenöl
2 Knoblauchzehen
1 Päckchen Tomatenstückchen (370 g Inhalt)
1 TL getrocknete italienische Kräuter
500 g kleine Kirschtomaten
schwarzer Pfeffer
2 EL gehacktes Basilikum
40 g geriebener Hartkäse (Parmesan oder Greyerzer)

Zubereitungszeit: 25 Min.
Pro Portion: 1933 kJ/462 kcal
18 g E · 11 g F · 75 g K

Gelingt leicht · Schnell

1 Die Nudeln in reichlich kochendem Salzwasser nach Packungsangabe bissfest garen.

2 Zwiebel schälen und fein würfeln. In einem Topf Öl bei mittlerer Hitze heiß werden lassen, Zwiebelwürfel darin 2 Min. andünsten. Knoblauch schälen und dazupressen. Die Tomatenstückchen und Kräuter einrühren, 5 Min. bei schwacher Hitze köcheln lassen.

3 Kirschtomaten waschen, halbieren und unter die Sauce rühren, nur kurz erhitzen, mit Salz und Pfeffer abschmecken.

4 Nudeln abgießen und mit der Sauce vermischen, mit Basilikum und geriebenem Käse bestreuen und servieren.

Rührei mit Auberginen

ZUTATEN FÜR 4 PERSONEN:
2 mittelgroße Auberginen
(600 g) · 2 EL Butter
1 Bund Dill
2 Knoblauchzehen
Salz · schwarzer Pfeffer
1 Prise Macis (Muskatblüte,
ersatzweise Muskat)
8 Eier

Zubereitungszeit: 20 Min.
Pro Portion: 887 kJ/212 kcal
12 g E · 14 g F · 9 g K

Spezialität aus Ungarn ·
Gelingt leicht

1 Auberginen waschen, putzen und in 1 cm große Würfel schneiden. In einer Pfanne die Butter zerlassen, darin bei mittlerer Hitze die Auberginen unter gelegentlichem Rühren 7–10 Min. braten.

2 Dill waschen, Blättchen klein schneiden. Knoblauch schälen und durch die Presse zu den Auberginen drücken, 3 Min. garen. Dill, Salz, Pfeffer und Macis darüber streuen.

3 Die Eier verquirlen, mit Salz würzen und über die Auberginen gießen. Bei schwacher Hitze und ständigem Rühren 5–7 Min. garen, bis die Eier gerade gestockt sind.

Tipp!

Das Gericht kann auch mit fein gehackten Zwiebeln und Tomatenpüree statt Knoblauch und Dill zubereitet werden.

Omelett mit Austernpilzen

ZUTATEN FÜR 4 PERSONEN:
8 kleine Kartoffeln (500 g)
Salz · 700 g Austernpilze
(ersatzweise andere Pilze)
1 Bund Frühlingszwiebeln
3 Knoblauchzehen · 3 EL Öl
150 g saure Sahne · Pfeffer
6 Eier (Größe S)
8 EL alkoholfreies Bier
2 EL Sonnenblumenkerne
2 EL gehackte Petersilie

Zubereitungszeit: 30 Min.
Pro Portion: 1740 kJ/419 kcal
20 g E · 25 g F · 28 g K

Schnell · Gelingt leicht

1 Kartoffeln gründlich waschen und mit Schale in Salzwasser 20 Min. kochen. Backofen auf 75° (Umluft 50°) vorwärmen.

2 Austernpilze putzen, in Streifen schneiden. Frühlingszwiebeln waschen und in feine Scheiben schneiden. Knoblauch schälen, durchpressen. In einer beschichteten Pfanne das Öl erhitzen, Pilze, Knoblauch und Zwiebeln darin 5–7 Min. bei mittlerer Hitze unter Rühren anbraten, in eine Schüssel geben. Sahne einrühren, salzen, pfeffern, im Ofen warm stellen.

3 Die Eier mit Bier, Salz und Pfeffer verquirlen und in der Pfanne im verbliebenen Öl stocken lassen. Omelett mit Pilzen füllen, mit Sonnenblumenkernen und Petersilie bestreuen. Die Kartoffeln dazuservieren.

Mittelmeer-Gemüsetopf mit Fisch

ZUTATEN FÜR 4 PERSONEN:
4 Möhren (300 g)
4 fest kochende Kartoffeln
(400 g)
2 mittelgroße Zucchini (500 g)
2 Stangen Lauch (500 g)
1/2 unbehandelte Zitrone
3/4 l Gemüsebrühe
1 kleine Dose Tomaten
(400 g Inhalt)
1 Döschen Safranpulver
600 g Fischfilet (z.B. Goldbarsch, Seelachs)
2 EL Olivenöl (nativ extra)
Knoblauchpfeffer · Salz
2 EL gehackte Petersilie
2 EL grob geriebener Parmesan

Zubereitungszeit: 30 Min.
Pro Portion: 2058 kJ/492 kcal
39 g E · 13 g F · 60 g K

Spezialität aus Italien ·
Gelingt leicht

1 Möhren und Kartoffeln waschen, schälen, stifteln. Zucchini waschen und in 1 cm dicke Scheiben schneiden. Lauch putzen, waschen, in feine Streifen schneiden.

2 Gemüse mit 2 Zitronenscheiben, Brühe, Tomaten und Safran in einem Topf aufkochen und bei mittlerer Hitze 10 Min. offen köcheln lassen.

3 Die Fischfilets mit Küchenpapier trockentupfen, in große Würfel schneiden und mit etwas Zitronensaft beträufeln. Mit dem Olivenöl in den Eintopf rühren und bei schwacher Hitze 3–4 Min. ziehen lassen, mit Knoblauchpfeffer und Salz abschmecken. Mit Petersilie und Parmesan bestreuen und servieren.

Rote-Linsen-Eintopf mit Tofu

ZUTATEN FÜR 4 PERSONEN:
300 g Tofu · 1 EL Sojasauce
4 Zwiebeln (200 g)
4 Möhren
2 rote Paprikaschoten (500 g)
2 TL Öl · 1 TL Butter
1/2 l Gemüsebrühe
schwarzer Pfeffer
1 TL scharfes Currypulver
1 1/2 Tassen rote Linsen (220 g)
2 EL gehackte Petersilie

Zubereitungszeit: 40 Min.
Pro Portion: 1498 kJ/358 kcal
22 g E · 10 g F · 43 g K

Exotisch · Preiswert

1 Tofu in Streifen schneiden und mit der Soja-sauce vermischen. Die Zwiebeln schälen und längs in Streifen schneiden. Möhren waschen, schälen, stifteln. Paprika waschen, halbieren, putzen, in Streifen schneiden.

2 In einem Topf 1 TL Öl und ½ TL Butter erhitzen. Zwiebeln darin 3 Min. bei mittlerer Hitze braten, Möhren und Paprika zugeben, 2 Min. braten, Brühe und Gewürze dazugeben, 5 Min. zugedeckt bei schwacher Hitze garen, Linsen einrühren, 10 Min. weitergaren.

3 In einer Pfanne restliches Öl mit Butter stark erhitzen, Tofu 4 Min. darin rundum anbraten, aus dem Fett heben, abtropfen lassen. Linsen anrichten, Tofu daneben geben, mit Petersilie bestreut servieren.

Schmorgurken italienische Art

ZUTATEN FÜR 4 PERSONEN:
3 mittelgroße Zwiebeln
2 Knoblauchzehen
2 große Salatgurken (gut 1 kg)
1 EL Olivenöl
350 g mageres Hackfleisch
(Rind, Lamm oder gemischtes)
100 ml trockener Rotwein
(ersatzweise Gemüsebrühe)
1 Päckchen Tomatenstückchen
mit Champignons (370 g Inhalt)
je 1 TL getrockneter Oregano,
Thymian und Rosmarin
Salz · schwarzer Pfeffer

Zubereitungszeit: 15 Min.
(+ 20 Min. Garen)
Pro Portion: 1401 kJ/335 kcal
4 g E · 8 g F · 73 g K

Gelingt leicht · Preiswert

1 Zwiebeln und Knoblauch schälen und fein hacken. Gurken waschen, schälen und längs halbieren, Kerne auskratzen und die Hälften quer in 5 cm lange Stücke schneiden.

2 In einer Schmorpfanne das Öl bei starker Hitze heiß werden lassen, Zwiebeln, Knoblauch und Hackfleisch darin 2 Min. unter Rühren anbraten, dabei das Hackfleisch zerkrümeln. Rotwein, Tomaten und die Kräuter unterrühren, die Gurkenstücke darauf legen, salzen, pfeffern und zugedeckt 15−20 Min. bei schwacher bis mittlerer Hitze schmoren. Mit Salz und Pfeffer abschmecken. Dazu Reis mit grünen Erbsen gegart servieren.

Kabeljau in Toma-ten-Weinsauce

ZUTATEN FUR 4 PERSONEN:
750 g Kabeljaufilet
2 EL Zitronensaft
3 Zwiebeln · 2 Knoblauchzehen
1 EL Olivenöl
1 Dose Tomaten (400 g Inhalt)
150 ml trockener Weißwein
Salz · Pfeffer · 1 Prise Zucker
1 EL Butter
1 EL gehackte Petersilie
Fett für die Form

Zubereitungszeit: 15 Min.
(+ 20 Min. Backen)
Pro Portion: 1205 kJ/288 kcal
36 g E · 9 g F · 11 g K

*Spezialität aus Griechenland ·
Gelingt leicht*

1 Fischfilet trockentupfen, mit Zitronensaft beträu-feln, zur Seite stellen. Den Backofen auf 200° (Umluft 180°) vorheizen.

2 Zwiebeln und Knob-lauch schälen und fein hacken. In einem Topf das Olivenöl erhitzen, Zwiebeln und Knoblauch darin bei mittlerer Hitze in 4–5 Min. hellgelb andünsten. Die To-maten dazugeben, den Weißwein aufgießen und offen 5 Min. kochen.

3 Eine flache Form fetten, Fischfilets salzen, pfef-fern und hineinlegen. Tomatensauce mit Zucker, Salz und Pfeffer abschme-cken, darüber gießen. Butter in Flöckchen darauf vertei-len. In den Ofen (Mitte) schieben und 15–20 Min. backen, bis der Fisch gar ist. Mit Petersilie bestreuen.

Forellen im Fenchelsud gegart

ZUTATEN FUR 4 PERSONEN:
4 frische Forellen (je etwa
250 g) · 3 EL Zitronensaft
Salz · schwarzer Pfeffer
1 EL getrocknete Pilze (Cham-pignons oder Mischpilze)
2 Zwiebeln · 2 Möhren (150 g)
3 Frühlingszwiebeln
3/8 l trockener Weißwein
(ersatzweise Wasser)
1 Lorbeerblatt
1 Aufgussbeutel Fencheltee
2 EL gehackte Petersilie

Zubereitungszeit: 30 Min.
Pro Portion: 2071 kJ/495 kcal
55 g E · 17 g F · 15 g K

Raffiniert · Schnell

1 Forellen kalt waschen, trockentupfen, mit Zitronensaft beträufeln, innen salzen und pfeffern. Pilze mit etwas kochendem Wasser übergießen, 10 Min. quellen lassen. Die Zwiebeln schälen, in Ringe schneiden. Möhren waschen, schälen und in Streifen schneiden. Frühlingszwiebeln waschen, putzen und längs halbieren.

2 In einem länglichen Topf Weißwein mit Lorbeer und dem Teebeutel erhitzen, Gemüse und die Pilze dazu-geben und offen 5 Min. bei mittlerer Hitze leise köcheln lassen, salzen und die Fische einlegen. Bei schwacher Hit-ze zugedeckt 12–15 Min. ziehen lassen. Auf Teller verteilen, mit Gemüse gar-nieren, etwas Brühe darüber gießen und mit der Peter-silie bestreuen.

Gedämpfter Lachs

ZUTATEN FÜR 4 PERSONEN:
4 Lachskoteletts (je 175 g)
40 g frischer Ingwer
1 EL helle Sojasauce
2 EL trockener Sherry
(ersatzweise Weißwein)
1 EL Sesamöl (ersatzweise
Walnussöl) · Salz
1 unbehandelte Zitrone
2 Frühlingszwiebeln

Zubereitungszeit: 25 Min.
Pro Portion: 1259 kJ/301 kcal
37 g E · 10 g F · 14 g K

Raffiniert · Schnell

1 Fisch trockentupfen. Ingwer schälen und fein raspeln. Mit Sojasauce, Sherry, Öl und Salz verrühren. Die Lachskoteletts damit einreiben.

2 Zitrone waschen, eine Hälfte in hauchdünne Scheiben schneiden. Vom Rest die Schale mit einem Zestenreißer in Streifen abraspeln, die Zitronenhälfte auspressen.

3 Zum Dämpfen einen Bambusdämpfer auf oder eine Schüssel umgekehrt in einen großen Topf stellen, 3 cm hoch heißes Wasser angießen. Fisch auf einen Teller legen, Zitronensaft und -scheiben darüber geben, in den Dämpfer stellen, ein Tuch über den Topf legen, zugedeckt aufkochen, bei mittlerer Hitze 7 Min. dämpfen. Frühlingszwiebeln waschen, in feine Scheiben schneiden. Fisch mit Frühlingszwiebeln und Schalenstreifen bestreut servieren.

Heilbutt-Tranchen bretonische Art

ZUTATEN FÜR 4 PERSONEN:
4 Scheiben schwarzer Heilbutt
(Koteletts, je 175 g; ersatzweise
Kabeljau) · 2 EL Zitronensaft
2 mittelgroße Zwiebeln
1 Paket tiefgekühltes Suppengrün (450 g)
1/2 l Gemüsebrühe
200 ml Weißwein (ersatzweise
Wasser) · 1 Lorbeerblatt
1 TL getrockneter Thymian
Salz · schwarzer Pfeffer
2 EL gehackte Petersilie
2–3 EL Weißweinessig
2 EL Olivenöl (nativ extra)
1 EL milder Senf

Zubereitungszeit: 30 Min.
Pro Portion: 1815 kJ/434 kcal
42 g E · 14 g F · 26 g K

Gelingt leicht · Schnell

1 Heilbutt trockentupfen, mit Zitronensaft beträufeln, zur Seite stellen. Zwiebeln schälen, 1 davon in Scheiben schneiden.

2 Suppengemüse mit Brühe, Wein, Zwiebelscheiben, Lorbeer und Thymian in einen Topf geben, salzen und pfeffern, aufkochen und zugedeckt bei mittlerer Hitze etwa 15 Min. kochen.

3 Restliche Zwiebel fein würfeln, mit Petersilie, dem Essig, Öl und Senf zur Vinaigrette verrühren.

4 Heilbuttstücke salzen, pfeffern, auf das Gemüse legen, 5–7 Min. bei schwacher Hitze garen. Fisch mit Gemüse umlegt anrichten, 1/4 l vom Garsud unter die Vinaigrette schlagen, extra dazureichen.

Medaillons auf Spinatplätzchen

ZUTATEN FUR 4 PERSONEN:
400 g Putenmedaillons
schwarzer Pfeffer
1 Zwiebel · 2 Knoblauchzehen
300 g tiefgekühlter Blattspinat
2 Eier · Salz · Muskatnuss
1 EL Butter
100 ml trockener Weißwein
200 ml Geflügelfond
2 EL Sahne

Zubereitungszeit: 35 Min.
Pro Portion: 1075 kJ/257 kcal
25 g E · 13 g F · 5 g K

Raffiniert · Für Gäste

1 Medaillons trockentupfen, pfeffern. Backofen auf 75° (Umluft 50°) vorwärmen. Zwiebel und Knoblauch schälen und würfeln, mit Spinat nach Packungsangabe garen, auf einem Sieb abtropfen lassen. Mit Eiern, Salz und Muskat vermischen.

2 In einer beschichteten Pfanne Butter zerlassen, bei mittlerer Hitze die Spinatmischung mit dem Löffel in die Pfanne geben, zu vier Plätzchen formen, 4 Min. auf jeder Seite braten, warm stellen.

3 Putenmedaillons in der Pfanne 4 Min. auf jeder Seite anbraten, salzen und warm halten. Bratsatz mit Wein ablöschen, Fond dazugeben und 3 Min. bei starker Hitze einkochen. Sahne einrühren und mit Salz und Pfeffer abschmecken. Medaillons mit Sauce und Spinatplätzchen anrichten.

Hähnchen mit Zitronenkartoffeln

ZUTATEN FUR 4 PERSONEN:
750 g gekochte Kartoffeln
(eventuell aus dem Glas)
60 ml Geflügelfond
2 EL Weißwein
2–3 EL Zitronensaft
1 EL Weißweinessig
Salz · schwarzer Pfeffer
4 EL Olivenöl
4 Hähnchenbrustfilets
(je 100 g)
1 TL getrockneter Salbei

Zubereitungszeit: 30 Min.
Pro Portion: 1380 kJ/330 kcal
22 g E · 15 g F · 27 g K

Gelingt leicht · Schnell

1 Kartoffeln in dicke Scheiben schneiden. In einem Topf den Geflügelfond mit Wein aufkochen, die Kartoffeln dazugeben und durchschwenken, vom Herd nehmen und mit Zitronensaft, Essig, Salz, Pfeffer und 2 EL Öl vermischen. Zur Seite stellen.

2 Hähnchenbrustfilets quer durchschneiden, so dass man jeweils 2 dünne Schnitzel erhält. Mit der flachen Seite des Fleischklopfers noch flacher klopfen. Salbei fein zerreiben und über die Schnitzel streuen.

3 Das restliche Öl stark erhitzen, die Hähnchenschnitzel darin pro Seite 1 Min. braten, auf Küchenpapier entfetten, salzen und pfeffern. Mit den lauwarmen Zitronenkartoffeln servieren.

Entenbrustfilet mit Basilikumsauce

ZUTATEN FÜR 4 PERSONEN:
2 Entenbrustfilets (700 g;
aus der Kühltheke)
schwarzer Pfeffer
4 Möhren (300 g)
600 g kleine Kartoffeln
2 Kohlrabi
1 Bund Frühlingszwiebeln
1 l Gemüsebrühe
1 Bund Basilikum
1 Bund Petersilie
1 Knoblauchzehe
50 g Crème fraîche
175 g Bulgara-Joghurt · Salz

Zubereitungszeit: 35 Min.
Pro Portion: 2380 kJ/569 kcal
44 g E · 19 g F · 55 g K

Gelingt leicht · Für Gäste

1 Entenbrust häuten und alles Fett entfernen. Entenbrust pfeffern, zur Seite stellen.

2 Gemüse waschen, Möhren und Kartoffeln schälen und längs halbieren. Kohlrabi schälen und in dicke Scheiben schneiden, Frühlingszwiebeln putzen und quer halbieren.

3 In einem Topf Gemüsebrühe mit dem Gemüse aufkochen, zugedeckt bei mittlerer Hitze 5 Min. garen, Entenbrust dazugeben und noch 15 Min. zugedeckt bei schwacher Hitze ziehen lassen.

4 Kräuter waschen, Blättchen fein hacken. Knoblauch schälen und durch die Presse dazudrücken. Mit Crème fraîche und Joghurt verrühren, salzen, pfeffern.

5 Gemüse aus der Brühe heben, auf Teller verteilen, das Fleisch schräg in Scheiben aufschneiden und dazulegen, mit etwas Brühe übergießen. Die Sauce dazu servieren.

Filet auf Möhren-Apfelgemüse

ZUTATEN FÜR 4 PERSONEN:
4 Möhren (300 g)
3 Äpfel (Cox Orange, Elstar)
2 Zwiebeln · 1 Lorbeerblatt
2 Gewürznelken
1 TL schwarze Pfefferkörner
1 Schweinefilet (350 g)
300 ml Gemüsebrühe
2 EL Semmelbrösel
100 ml Milch · 2 EL Sahne
Salz · weißer Pfeffer
2 EL geriebener Meerrettich

Zubereitungszeit: 30 Min.
Pro Portion: 1481 kJ/354 kcal
17 g E · 16 g F · 38 g K

Schnell · Gelingt leicht

1 Möhren und Äpfel waschen, schälen. Von den Äpfeln Kerngehäuse ausstechen. Möhren in Scheiben, Äpfel in Spalten schneiden. Zwiebeln schälen und in Streifen schneiden. Alles in einen Topf geben, Lorbeerblatt, Nelken und Pfefferkörner dazugeben.

2 Filet trockentupfen, auf das Gemüse legen und Brühe angießen. Zugedeckt aufkochen, bei schwacher Hitze 20 Min. sieden lassen. Semmelbrösel mit Milch und Sahne verrühren.

3 Das Filet herausheben und in Scheiben schneiden, mit dem Gemüse auf einer Platte anrichten, Lorbeer und Nelken entfernen. Brühe aufkochen, Bröselmischung einrühren und mit Salz, Pfeffer und Meerrettich pikant abschmecken. Extra dazuservieren.

Cordon bleu, ganz einfach

ZUTATEN FÜR 4 PERSONEN:
4 dünne Kalbsschnitzel
(je 100 g; ersatzweise Schweine- oder Putenschnitzel)
Salz · schwarzer Pfeffer
4 Scheiben roher Schinken
4 kleine Scheiben Käse
(Raclette-Käse, Greyerzer)
2 EL frisch gehackter Oregano
(ersatzweise 1 TL getrockneter)
1 EL Mehl · 1 Ei
2 EL Semmelbrösel
3 EL Butter · 1 Zitrone

Zubereitungszeit: 30 Min.
Pro Portion: 1343 kJ/321 kcal
25 g E · 21 g F · 6 g K

Klassiker auf neue Art

1 Schnitzel auslegen und mit der flachen Seite des Fleischklopfers noch flacher klopfen. Jedes salzen und pfeffern und mit je 1 Scheibe Schinken und Käse belegen, mit Oregano bestreuen. In der Mitte zusammenklappen und an der Spitze mit Rouladennadeln oder Zahnstochern zusammenstecken. Außen salzen und pfeffern.

2 In Mehl, dann in verquirltem Ei, zuletzt in Semmelbröseln wenden.

3 In einer Pfanne die Butter erhitzen, bei mittlerer Hitze die Schnitzel 7 Min. pro Seite braten. Auf Küchenpapier entfetten.

4 Zitrone vierteln, Schnitzel damit garnieren. Mit Salzkartoffeln, buntem Gemüse und Feldsalat servieren.

Burgunder-Schinken

ZUTATEN FÜR 4 PERSONEN:
1 Bund Suppengrün · 1 Zwiebel
1/2 EL Butter
1 Päckchen getrocknete
Champignons (etwa 10 g)
400 ml trockener Rotwein
(ersatzweise Brühe)
1 Lorbeerblatt
2 Gewürznelken
1 TL Korianderkörner
1 EL Tomatenmark
2 dicke Scheiben gekochter
Schinken ohne Fettrand (375 g)

Zubereitungszeit: 25 Min.
Pro Portion: 1121 kJ/268 kcal
17 g E · 12 g F · 5 g K

Raffiniert

1 Suppengrün waschen,
Zwiebel schälen, alles

klein würfeln. Butter in
einem Topf erhitzen, darin
bei mittlerer bis starker
Hitze die Gemüsewürfel
3 Min. anbräunen. Pilze,
Rotwein und Gewürze
dazugeben, offen 5 Min. bei
starker Hitze kochen.

2 Den Topf vom Herd
nehmen und das Lor-
beerblatt und die Nelken
entfernen. Das Gemüse glatt
pürieren, Tomatenmark
einrühren und die Sauce
wieder erhitzen.

3 Schinkenscheiben quer
halbieren und in der
Sauce 3–4 Min. zugedeckt
bei schwacher Hitze erwärmen, nicht kochen lassen.
Auf Teller verteilen und mit
der Sauce übergießen. Dazu
passt Kartoffelpüree und
Brokkoli.

Lammkoteletts auf Ratatouille

ZUTATEN FÜR 4 PERSONEN:
8 Lammkoteletts (750 g)
Salz · schwarzer Pfeffer
1 kleine Aubergine (250 g)
1 mittelgroßer Zucchino (250 g)
2 bunte Paprikaschoten (300 g)
1 Zwiebel · 2 Knoblauchzehen
2 EL Olivenöl
1/8 l Fleischbrühe
2 Lorbeerblätter · 1 TL Rosmarin
200 g Tomatenstückchen (aus
dem Päckchen)

Zubereitungszeit: 30 Min.
(+ 15 Min. Garen)
Pro Portion: 1305 kJ/312 kcal
41 g E · 10 g F · 13 g K

Etwas teurer · Raffiniert

1 Koteletts trockentupfen,
salzen und pfeffern.

Gemüse waschen, putzen,
Aubergine und Zucchino in
Scheiben, Paprika und
Zwiebel in Streifen schneiden. Knoblauch schälen,
hacken. Ofen auf 75° (Um-
luft 50°) vorheizen.

2 In einer Schmorpfanne
Öl erhitzen, Koteletts bei
starker Hitze 2 Min. pro
Seite braten, zugedeckt im
Ofen warm halten.

3 Aubergine, Zwiebel und
Knoblauch im Bratöl bei
mittlerer Hitze 6 Min.
schmoren. Paprika, Zucchino und Brühe dazugeben,
mit Salz, Pfeffer, Lorbeer
und Rosmarin würzen.
Zugedeckt bei schwacher
Hitze 15 Min. schmoren.
Tomaten dazugeben, kurz
erhitzen. Koteletts auf dem
Ratatouille servieren.

Zum Mitnehmen

Tunesische Brotzeit

ZUTATEN FUR 2 PERSONEN:
200 g milchsauer vergorenes
Gemüse (Reformhaus, Biola-
den; ersatzweise Mixed
Pickles)
4 gekochte Pellkartoffeln
(evtl. aus dem Glas)
4 hart gekochte Eier
2 kurze dicke Baguette-
Brötchen
6 Ölsardinen · 10 grüne Oliven
6 EL Zitronensaft · Salz
2 TL Harissa (scharfe
Chilipaste; ersatzweise
Tabasco)
4 EL Olivenöl

Zubereitungszeit: 15 Min.
Pro Portion: 2900 kJ/695 kcal
27 g E · 44 g F · 48 g K

Scharf

1 Gemüse abtropfen lassen und grob zerteilen. Kartoffeln vierteln. Eier pellen und vierteln. Baguette-Brötchen längs ein-, aber nicht ganz durchschneiden, einen Teil der Krume herausnehmen. Brötchen mit Gemüse, Kartoffeln, Ölsardinen, Oliven und Eiern füllen.

2 In einem Schüsselchen Zitronensaft mit Salz, Harissa und Olivenöl zu einer scharf-pikanten Sauce verrühren und über die Zutaten träufeln. Herausgelöste Brotkrume wieder als Abschluss in den Einschnitt füllen, Brötchen in Brotzeitdosen oder Tüten verpacken.

Liptauer Käsebrot

ZUTATEN FUR 2 PERSONEN:
400 g trockener Magerquark
6 Salatblätter
1 kleine Zwiebel
50 g zimmerwarme Butter
2 TL Sardellenpaste
2 TL scharfer Senf
Salz · schwarzer Pfeffer
1 Bund Schnittlauch
2 TL Paprika, edelsüß
2 kleine Roggenstangen
mit Kümmel

Zubereitungszeit: 25 Min.
Pro Portion: 2079 kJ/497 kcal
35 g E · 29 g F · 30 g K

Gelingt leicht · Preiswert

1 Quark – er soll sehr trocken sein, eventuell in einem Sieb abtropfen lassen – in eine Schüssel füllen.

Salatblätter waschen und abtropfen lassen. Zwiebel schälen und sehr fein hacken. Quark mit Butter, Zwiebel, Sardellenpaste, Senf, Salz und Pfeffer vermischen und zu kleinen Kugeln rollen. Schnittlauch waschen, fein schneiden.

2 Die Hälfte der Kugeln in Schnittlauch, die andere Hälfte in Paprikapulver wälzen. Roggenstangen längs durchschneiden, mit Salatblättern belegen, darauf die Kugeln verteilen, den Deckel vorsichtig aufsetzen. Käsebrote in Brotzeitdosen oder Tüten verpacken.

Variante:
Fein schmeckt auch eine Mischung aus Quark und Ziegenfrischkäse.

Joghurt mit Kräuter-Tomaten

ZUTATEN FÜR 2 PERSONEN:
80 g Hirse (Reformhaus; ersatzweise Vollkornmischung)
300 ml Gemüsebrühe
2 EL gehackte Kräuter
(z.B. Petersilie, Schnittlauch, Basilikum, Minze)
300 g Vollmilchjoghurt
Salz · schwarzer Pfeffer
250 g Kirschtomaten
2 EL gehackte Pistazienkerne

Zubereitungszeit: 30 Min.
Pro Portion: 1631 kJ/390 kcal
16 g E · 12 g F · 58 g K

Vegetarisch · Preiswert

1 Hirse mit Gemüsebrühe in einen Topf geben, aufkochen und zugedeckt bei mittlerer Hitze 10 Min. kochen, den Topf vom Herd nehmen und die Hirse noch 10 Min. ausquellen und abkühlen lassen. Mit gehackten Kräutern und Joghurt vermischen, mit Salz und Pfeffer abschmecken und in eine verschließbare Kunststoffdose füllen.

2 Kirschtomaten waschen und halbieren. Auf den Hirse-Joghurt setzen. Mit gehackten Pistazien bestreuen und verschließen. Tomaten erst beim Essen etwas salzen, sonst ziehen sie zu viel Flüssigkeit.

Süße Variante:
Hirse in Milch mit 1 Prise Zimt garen und mit Honig süßen, 250 g Beeren darauf anrichten, mit gehackter Zitronenmelisse bestreuen.

Weichkäse mit Schnittlauch

ZUTATEN FÜR 2 PERSONEN:
150 g Weichkäse (reifer Camembert oder Brie)
50 g weiche Butter
1 kleine Zwiebel
1/2 Bund Schnittlauch
1/4 TL Paprika, rosenscharf
1/2 EL Cognac nach Belieben
Salz · schwarzer Pfeffer
4 dicke Scheiben dunkles Bauernbrot

Zubereitungszeit: 15 Min.
Pro Portion: 2481 kJ/593 kcal
21 g E · 41 g F · 34 g K

Gelingt leicht

1 Weichkäse entrinden, in Stücke schneiden und mit einer Gabel zerdrücken, weiche Butter untermischen. Zwiebel schälen und ganz fein hacken (oder reiben). Schnittlauch waschen und in kleine Röllchen schneiden. Beides unter die Käsecreme mischen, mit Paprika, nach Belieben Cognac, Salz und Pfeffer pikant abschmecken.

2 Die Hälfte der Brotscheiben mit Käsecreme bestreichen, mit unbestrichenen Brotscheiben abdecken. In Brotzeitdosen oder Tüten verpacken.

Varianten:
Fein auch auf Pumpernickelscheiben. Sehr gut schmeckt auch eine Gorgonzola-Creme aus Käse, Crème fraîche und Petersilie. Staudensellerie dazu einpacken.

Bunter Imbiss-Teller

ZUTATEN FÜR 2 PERSONEN:
1/4 Weißkohl (350 g) · Salz
1/2 Zwiebel · schwarzer Pfeffer
2 EL Weißweinessig
2 EL Olivenöl
1 Dose dicke weiße Bohnen
(400 g Inhalt) · 1 Zitrone
4 eingelegte Artischockenherzen (aus dem Glas)
6 gefüllte Weinblätter
8 schwarze Oliven
2 mild eingelegte Peperoni
100 g Magerquark
1 TL scharfer Senf
1 TL Paprika, rosenscharf
2 große Scheiben Bauernbrot

Zubereitungszeit: 20 Min.
Pro Portion: 2748 kJ/657 kcal
33 g E · 20 g F · 99 g K

Spezialität aus Griechenland

1 Weißkohl waschen, äußere Blätter entfernen, den Kohl (ohne Strunk) grob raspeln und mit Salz bestreuen, fest mit den Händen durchkneten. Zwiebel schälen und fein hacken, mit Salz, Pfeffer, Essig und Öl vermischen, die Hälfte davon unter den Kohl mischen. Bohnen abtropfen lassen und mit dem Rest der Salatsauce vermischen.

2 Zitrone achteln, Artischocken und gefüllte Weinblätter abtropfen lassen. Alles mit Oliven und Peperoni in flachen Plastikdosen anrichten.

3 Quark mit Senf, Paprika, Salz und Pfeffer anmachen, die Brote damit bestreichen und extra einpacken.

Kalter Braten mit Tunfischsauce

ZUTATEN FÜR 2 PERSONEN:
1 Dose naturell eingelegter
Tunfisch (80 g)
2 hart gekochte Eier
1/2 TL Sardellenpaste
1 EL Kapern (aus dem Glas)
1 EL Zitronensaft
50 ml Olivenöl
100 g Bulgara-Joghurt
Salz · schwarzer Pfeffer
150 g Bratenaufschnitt
4 dünne Scheiben von
1 unbehandelten Zitrone

Zubereitungszeit: 20 Min.
Pro Portion: 2476 kJ/592 kcal
35 g E · 48 g F · 6 g K

Klassiker auf neue Art

1 Für die Sauce Tunfisch abtropfen lassen. Eier

pellen, Eigelbe auslösen und mit Sardellenpaste, 1/2 EL Kapern und Zitronensaft mit dem Pürierstab oder im Mixer pürieren. Dann langsam Olivenöl zumixen. Joghurt (eventuell vorher die Molke abgießen) unterrühren, mit Salz und Pfeffer abschmecken. In verschließbare Plastikdosen abwechselnd Bratenscheiben und Sauce einfüllen, die oberste Schicht soll Sauce sein.

2 Eiweiße grob hacken, mit den restlichen Kapern obenauf streuen und mit Zitronenscheiben garnieren. Bis zum Essen gut kühlen.

Tipp!
Gut vorzubereiten, schmeckt durchgezogen am besten.

Gemüsestäbchen mit Quark

ZUTATEN FUR 1 PERSON:
1 Essiggurke
1 Bund Schnittlauch
100 g Magerquark
1 EL Sahne
1 TL Ajvar (pikante Paprikapaste)
Salz · 1 kleiner Kohlrabi
1 Möhre
1 Stange Staudensellerie

Zubereitungszeit: 30 Min.
841 kJ/201 kcal
17 g E · 7 g F · 22 g K

Vegetarisch

1 Essiggurke in sehr feine Würfel schneiden. Schnittlauch waschen, trockenschwenken und in Röllchen schneiden.

2 Quark mit Sahne, Essiggurke, Schnittlauch und Ajvar verrühren und mit Salz abschmecken. In eine Plastikdose füllen.

3 Kohlrabi und Möhre schälen und in feine Stifte schneiden. Sellerie waschen und in 5 cm lange Stücke schneiden. Das Gemüse in Frischhaltefolie wickeln.

4 Zum Essen das Gemüse in den Quark tunken. Dazu passt ein Vollkornbrötchen.

Tipp!

Statt des genannten Gemüses schmecken auch Rettich oder Radieschen, aber auch Paprikastreifen oder Salatgurken sehr gut.

Blätterteigtaschen

ZUTATEN FUR 1 PERSON:
2 Scheiben tiefgekühlter Blätterteig
2 Frühlingszwiebeln
1 große Scheibe gekochter Schinken
100 g Doppelrahm-Frischkäse
1 TL Tomatenmark
2–3 EL Sahne
Salz · weißer Pfeffer

Zubereitungszeit: 20 Min.
(+ 20 Min. Backen)
4200 kJ/1005 kcal
26 g E · 79 g F · 50 g K

Raffiniert · Gelingt leicht

1 Blätterteigscheiben auftauen lassen. Frühlingszwiebeln waschen, putzen und mit dem zarten Grün in Ringe schneiden.

Schinken würfeln. Frischkäse mit Frühlingszwiebeln, Schinken, Tomatenmark und 1–2 EL Sahne verrühren, salzen und pfeffern.

2 Den Backofen auf 220° (Umluft 200°) vorheizen. Das Backblech kalt abspülen und nicht abtrocknen.

3 Die Blätterteigscheiben an den Rändern mit kaltem Wasser einstreichen. Frischkäsefüllung auf eine Hälfte der Scheiben geben, den Teig zusammenklappen, Ränder mit einer Gabel gut zusammendrücken.

4 Die Teigtaschen auf das Blech legen, mit der restlichen Sahne bestreichen und im heißen Ofen (Mitte) 15–20 Min. backen, bis sie schön gebräunt sind. Abkühlen lassen.

Nudelsalat mit Gemüse

ZUTATEN FÜR 1 PERSON:
40 g Hörnchennudeln · Salz
100 g Löwenzahn
(ersatzweise Rucola)
1 1/2 EL Olivenöl
1 kleine Tomate
1/2 Bund Basilikum
50 g Schafkäse
1 EL Weißweinessig
weißer Pfeffer

Zubereitungszeit: 20 Min.
2255 kJ/539 kcal
17 g E · 34 g F · 47 g K

Preiswert

1 Nudeln in reichlich Salzwasser bissfest garen, kalt abschrecken, abtropfen und abkühlen lassen.

2 Löwenzahn waschen, abtropfen lassen und in 1 cm lange Stücke schneiden. In einer Pfanne 1/2 EL Öl erhitzen. Löwenzahn darin bei starker Hitze unter Rühren rundum braten. Abkühlen lassen.

3 Tomate waschen und ohne Stielansatz klein würfeln. Basilikum waschen, Blättchen grob hacken. Schafkäse zerkrümeln.

4 Nudeln mit Löwenzahn, Tomate, Basilikum und Schafkäse mischen. Essig und restliches Öl untermischen und den Salat mit Salz und Pfeffer abschmecken. In eine Plastikdose füllen.

Mozzarella-Kräuter-Salat

ZUTATEN FÜR 1 PERSON:
1/2 Kugel Mozzarella (75 g, ersatzweise Schafkäse)
1 Frühlingszwiebel
1 kleine Tomate
1 Bund Rucola
je 1/2 Bund Schnittlauch und Petersilie
1/2 EL Weißweinessig
Salz · weißer Pfeffer
1 EL Olivenöl
1 TL Pesto (aus dem Glas)

Zubereitungszeit: 15 Min.
2234 kJ/534 kcal
28 g E · 36 g F · 32 g K

Vegetarisch

1 Mozzarella abtropfen lassen und in Würfel schneiden.

2 Frühlingszwiebel putzen, waschen und mit dem zarten Grün in feine Ringe schneiden. Tomate waschen und klein würfeln. Rucola, Schnittlauch und Petersilie waschen, nicht zu fein hacken.

3 Essig mit Salz und Pfeffer verrühren. Öl und Pesto untermischen.

4 Mozzarella, Frühlingszwiebel, Tomate und Kräuter mit dem Dressing mischen. In eine Plastikdose füllen.

Tipp!
Im Sommer schmeckt der Salat am besten aus dem Kühlschrank, dann ist er so richtig erfrischend. Nehmen Sie sich ein (Vollkorn-) Brötchen als Beilage mit.

Kochen bei Tisch

Fleischfondue mit Saucen

ZUTATEN FÜR 6 PERSONEN:
300 g Lammkeule ohne
Knochen · 300 g Rinderfilet
300 g Kalbsfilet
300 g Hühnerbrustfilets
200 g Hühnerleber
1 l Fleischbrühe
Für die Kerbel-Zitronen-Butter:
30 g Kerbel · 1 Stück unbehandelte Zitronenschale
125 g weiche Butter · Salz
weißer Pfeffer
Für die Kräuter-Crème-fraîche:
1 Schalotte · 2 Tomaten
je 1 Bund Petersilie, Basilikum
und Schnittlauch
200 g Crème fraîche
150 g Joghurt
1 TL Weißweinessig
1 TL Olivenöl
Salz · weißer Pfeffer

Zubereitungszeit: 40 Min.
Pro Portion: 3614 kJ/864 kcal
44 g E · 56 g F · 54 g K

Gut vorzubereiten

1 Alle Fleischsorten in mundgerechte Würfel schneiden und getrennt auf Teller oder Platten verteilen. Hühnerleber putzen. Alles bis zum Servieren mit Frischhaltefolie abdecken, kühl stellen.

2 Kerbel waschen und gut trockentupfen. Blättchen sehr fein hacken. Zitronenschale ebenfalls sehr fein hacken. Beides mit Butter, etwas Salz und Pfeffer verkneten. In ein Schälchen füllen, kühl stellen.

3 Für die Kräuter-Crème-fraîche Schalotte schälen und so fein wie möglich

hacken. Tomaten waschen, entkernen, sehr klein würfeln. Kräuter waschen, fein schneiden. Crème fraîche mit Joghurt, Essig und Öl verrühren. Schalotte, Tomaten und Kräuter untermischen, salzen, pfeffern.

4 Fleischbrühe in einem Topf erhitzen. In den Fonduetopf umfüllen, auf dem Rechaud heiß halten. Fleischstücke auf Spießen in der Brühe garen. Mit Saucen und Baguette servieren.

Tipp!
Wer möchte, kann zusätzlich Pilze und Lauch in der Brühe garen.

Zusätzliche Saucen:
■ Meerrettich mit geschlagener Sahne mischen.
■ Saure Sahne mit Ajvar und Schnittlauchröllchen mischen.
■ Für eine Johannisbeersauce 2 Orangen und 1 Zitrone heiß waschen. Schalen fein abreiben, Saft auspressen. Saft und Schale mit 2 EL Senf, Salz und Cayennepfeffer verrühren. 100 ml Fleischbrühe und 250 g rotes Johannisbeergelee bei schwacher Hitze erwärmen, bis die Sauce glatt ist, eventuell etwas einkochen lassen. Saftmischung untermengen.

Fischfondue mit Meeresfrüchten

ZUTATEN FÜR 6 PERSONEN:
Für die Knoblauchmayonnaise:
3 Knoblauchzehen
2 Zweige Zitronenmelisse
250 g Mayonnaise (aus dem Glas)
Für die Eier-Dill-Sauce:
2 hart gekochte Eier
75 g Joghurt
75 g Crème fraîche · 1 Bund Dill
1/2 TL Zitronensaft
Salz · weißer Pfeffer
Für die Tomaten-Kräuter-Vinaigrette:
50 g gemischte Kräuter (Basilikum, Schnittlauch, Petersilie, Borretsch und Rucola)
2 Tomaten
4 EL Weißweinessig
1 TL scharfer Senf · Salz
weißer Pfeffer · 8 EL Olivenöl

300 g Seeteufelfilet
300 g roter Tunfisch
300 g rohe, ungeschälte Garnelen
Saft von 1 Zitrone
500 g frischer Blattspinat
250 g kleine Champignons
1 l Öl

Zubereitungszeit: 50 Min.
Pro Portion: 3116 kJ/745 kcal
39 g E · 57 g F · 19 g K

Raffiniert · Gelingt leicht

1 Für die Mayonnaise Knoblauch schälen und durch die Presse drücken. Zitronenmelisse waschen, Blättchen in feine Streifen schneiden, mit Knoblauch und Mayonnaise verrühren.

2 Für die Eier-Dill-Sauce Eier pellen. Eiweiße abtrennen und fein hacken.

Eigelbe mit einer Gabel zerdrücken und mit Joghurt und Crème fraîche verrühren. Dill waschen, Blättchen sehr fein hacken. Sauce mit Zitronensaft, Dill, Salz und Pfeffer abschmecken. Eiweiße untermischen.

3 Für die Vinaigrette die Kräuter waschen, fein hacken. Tomaten waschen und klein würfeln. Essig mit Senf, Salz und Pfeffer verrühren. Öl langsam unterschlagen. Kräuter und Tomaten untermischen.

4 Fischfilets kalt abspülen, trockentupfen und in mundgerechte Stücke schneiden. Garnelen aus den Schalen lösen, vom fadenförmigen dunklen Darm befreien und ebenfalls abspülen.

5 Alle Fische und Garnelen mit dem Zitronensaft beträufeln. Kühl stellen.

6 Spinat verlesen, gründlich waschen, abtropfen lassen. Pilze mit Küchenpapier abreiben und ganz lassen.

7 Zum Servieren das Öl im Fonduetopf auf dem Herd erhitzen, dann auf den Rechaud stellen.

8 Fisch und Pilze auf Fonduegabeln spießen und ins Fett tauchen. Spinat in Siebchen garen. Mit den Saucen essen. Dazu außerdem Baguette anbieten.

Tipp!
Wer möchte kann Tintenfischringe 1 Min. in Salzwasser blanchieren, abschrecken und mit anbieten.

Feuertopf mit Erdnuss-Sauce

ZUTATEN FÜR 4 PERSONEN:
100 g Glasnudeln
2 getrocknete Tongku-Pilze
(Shiitake)
300 g Hühnerbrustfilet
250 g Schweinefilet
250 g rohe Garnelen
250 g Tofu
100 g Spinat (ersatzweise
Mangold) · 100 g Sojasprossen
1/2 Gurke (200 g) · 2 Möhren
2 l Hühnerbrühe
Für die Erdnuss-Sauce:
3 EL Erdnussmus
2 EL trockener Sherry
Saft von 1 Orange
1–2 EL dunkle Sojasauce

Zubereitungszeit: 45 Min.
Pro Portion: 2522 kJ/603 kcal
52 g E · 26 g F · 40 g K

Für Gäste

1 Glasnudeln mit Wasser übergießen und 10 Min. ziehen, dann abtropfen lassen, mit der Küchenschere grob zerschneiden.

2 Tongku-Pilze waschen und in einer Schüssel mit kochendem Wasser überbrühen. Pilze 10 Min. quellen, dann abtropfen lassen, in Stücke schneiden.

3 Inzwischen Filets mit einem scharfen Messer erst in Scheiben, dann in Streifen schneiden. Garnelen eventuell aus den Schalen lösen und den dunklen, fadenförmigen Darm entfernen. Tofu abtropfen lassen und würfeln.

4 Spinat verlesen und gründlich waschen. Ab-

tropfen lassen. Sojasprossen in einem Sieb kalt abspülen. Gurke schälen und längs halbieren. Kerne herausschaben, Gurkenstücke in Scheiben schneiden. Möhren waschen, schälen und in dünne Scheiben schneiden.

5 Fleisch, Garnelen, Tofu und Gemüse auf Platten anrichten. Glasnudeln in Schälchen geben.

6 Für die Sauce Erdnussmus mit Sherry und Orangensaft verrühren. Sauce mit der Sojasauce abschmecken und in Schälchen füllen.

7 Hühnerbrühe in einem Topf auf dem Herd erhitzen. Dann mit den Pilzen in einen Feuertopf füllen.

8 Zum Essen Fleisch, Garnelen, Tofu und

Gemüse in der heißen Brühe garen. Mit Siebchen herausfischen und mit der Erdnuss-Sauce essen. Zum Schluss die Glasnudeln in der Brühe heiß werden lassen und mit etwas Brühe essen. Diese eventuell nachwürzen. Außer der Erdnuss-Sauce können Sie Sojasauce oder fertige Pflaumensauce (Asienladen) zum Feuertopf servieren.

Tipps!
Feuertöpfe gibt es elektrisch beheizt, aber auch mit Holzkohle oder mit Brennbriketts beheizbar. Holzkohlen-Feuertöpfe empfehlen sich nur für draußen, da sie rauchen können.

Gegrillte Spießchen

ZUTATEN FÜR 4 PERSONEN:
Für die Fleischspießchen:
250 g Lammkeule
8 kleine Zwiebeln
8 feste kleine Tomaten
20 Salbeiblättchen
Salz · Cayennepfeffer · 1 EL Öl
Für die Gemüsespießchen:
1 Zucchino · 1 kleine Aubergine
8 Champignons
8 eingelegte Peperoni
1 EL Zitronensaft
Salz · 1 EL Olivenöl
Für die Wurstspießchen:
4 Kalbsbratwürstchen
1 rote Paprikaschote
4 Frühlingszwiebeln
Salz · Cayennepfeffer · 1 EL Öl

Zubereitungszeit: 45 Min.
Pro Portion: 2736 kJ/654 kcal
27 g E · 40 g F · 57 g K

Gut vorzubereiten

1 Lammfleisch in Stücke schneiden. Zwiebeln schälen und halbieren. Tomaten waschen und halbieren. Lammfleisch, Zwiebeln und Tomaten mit Salbei auf Spießchen stecken. Mit Salz und Cayennepfeffer würzen, mit Öl einpinseln.

2 Zucchino waschen, in 1 cm dicke Scheiben schneiden. Aubergine waschen und würfeln. Pilze putzen. Mit den Peperoni auf Spießchen stecken, mit Zitronensaft und Salz würzen, mit Öl bepinseln.

3 Würstchen in 2 cm dicke Stücke schneiden. Paprika waschen, putzen und in 2 cm große Stücke schneiden. Frühlingszwiebeln putzen, waschen und halbieren. Auf Spieße stecken, mit Salz und Cayennepfeffer würzen und mit dem Öl bepinseln.

4 Spießchen auf dem Tischgrill grillen.

Steaks mit grüner Pfeffer-Butter

ZUTATEN FÜR 4 PERSONEN:
8 Rindersteaks (je 80 g)
2 EL Öl · 1 Schalotte
2 TL eingelegte grüne
Pfefferkörner
1/2 Bund Petersilie
125 g weiche Butter
1 TL Tomatenmark
1 TL Zitronensaft
Salz · schwarzer Pfeffer

Zubereitungszeit: 30 Min.
Pro Portion: 2769 kJ/662 kcal
25 g E · 61 g F · 5 g K

Gelingt leicht

1 Rindersteaks mit dem Öl einpinseln.

2 Schalotte schälen und sehr fein hacken. Pfefferkörner abtropfen lassen und grob zerkleinern. Petersilie waschen, Blättchen fein hacken.

3 Diese zerkleinerten Zutaten mit Butter, Tomatenmark und Zitronensaft verkneten. Butter mit Salz abschmecken.

4 Den heißen Stein anheizen (bei Rechaudgeräten die Platte im Backofen oder auf dem Herd anwärmen).

5 Rindersteaks in zwei Portionen in je 6–8 Min. auf dem heißen Stein braten, dabei einmal wenden.

6 Steaks salzen und pfeffern, mit der Pfeffer-butter servieren. Dazu passen außerdem Stangenweißbrot oder Folienkartoffeln mit saurer Sahne.

Fischfilets mit Gemüse

ZUTATEN FÜR 4 PERSONEN:
1/2 Bund frischer Thymian
1 Lorbeerblatt
2 Knoblauchzehen
1 EL Zitronensaft
4 EL Olivenöl · 1 EL Kapern
Salz · weißer Pfeffer
700 g Kabeljaufilets
1 Paprikaschote
200 g Cocktailtomaten
1 Fenchelknolle

Zubereitungszeit: 30 Min.
Pro Portion: 1230 kJ/294 kcal
32 g E · 15 g F · 7 g K

Preiswert

1 Thymian waschen, Blättchen abstreifen. Lorbeer sehr fein zerkrümeln. Knoblauch schälen, fein hacken.

Alles mit Zitronensaft, 2 EL Öl und Kapern mischen, salzen und pfeffern.

2 Fischfilets damit bedecken, kurz ziehen lassen.

3 Paprika waschen, putzen und in Streifen schneiden. Tomaten waschen und halbieren. Fenchel waschen, halbieren, putzen und in dünne Scheiben schneiden.

4 Den heißen Stein anheizen (bei Rechaudgeräten die Platte im Backofen oder auf dem Herd anwärmen).

5 Fischfilets unter Wenden 8–10 Min. auf der einen Hälfte des heißen Steins grillen. Gemüse mit dem restlichen Öl bepinseln und 5–10 Min. auf der anderen Hälfte des Steins grillen. Salzen und pfeffern.

Buntes Gemüse mit Tofu

ZUTATEN FÜR 4 PERSONEN:
300 g Tofu
2 Knoblauchzehen
1 Stück unbehandelte
Zitronenschale
3 EL dunkle Sojasauce
1 rote Paprikaschote
1 Möhre · 1 kleiner Kohlrabi
150 g Sojasprossen
2 rote Chilischoten
3 EL trockener Sherry
100 ml Geflügelfond
4 EL Erdnussöl
150 g enthülste Erbsen

Zubereitungszeit: 30 Min.
Pro Portion: 1297 kJ/310 kcal
16 g E · 20 g F · 20 g K

Vegetarisch

1 Tofu würfeln. Knoblauch schälen, dazupressen. Zitronenschale sehr fein hacken, mit 1 EL Sojasauce untermischen.

2 Paprika waschen, putzen und in Streifen schneiden. Möhre und Kohlrabi schälen, in Stifte schneiden. Sprossen waschen. Chilis waschen, würfeln.

3 Tisch-Wok anheizen. Sherry mit restlicher Sojasauce und Fond mischen.

4 Öl im Wok erhitzen. Tofu im Öl rundum braun braten, an den Rand schieben. Gemüse einschließlich Erbsen im Fett unter Rühren 1 Min. braten. Sherry-Mischung angießen, Gemüse 2 Min. garen. Chiliwürfel darüber streuen. Tofu unterrühren.

Hähnchen mit Sesam

ZUTATEN FÜR 4 PERSONEN:
600 g Hühnerbrustfilet
2 TL Speisestärke
2 TL trockener Sherry
3–4 EL Sojasauce
4 EL Sesamsamen
1 Stück frischer Ingwer
(etwa walnussgroß)
2 Knoblauchzehen
2 Bund Frühlingszwiebeln
6 EL Geflügelfond (aus dem
Glas) · 4 EL Erdnussöl

Zubereitungszeit: 35 Min.
Pro Portion: 1439 kJ/344 kcal
32 g E · 20 g F · 7 g K

Gelingt leicht

1 Hühnerbrustfilet in feine Streifen schneiden. Speisestärke und Sherry mit je 1 EL Sojasauce und Wasser verrühren, untermischen.

2 Sesam in einer Pfanne unter Rühren anrösten, in ein Schälchen füllen.

3 Ingwer und Knoblauch schälen und sehr fein hacken. Frühlingszwiebeln putzen, waschen und in feine Ringe schneiden. Restliche Sojasauce mit Fond mischen. Tisch-Wok anheizen.

4 Öl im Wok erhitzen. Hähnchenfleisch darin unter Rühren 1 Min. braten, an den Rand schieben.

5 Ingwer, Knoblauch und Frühlingszwiebeln 1 Min. braten. Sojamischung dazugeben, Huhn wieder untermischen, 2 Min. garen.

6 Mit Sesam bestreuen und mit Reis servieren.

Raclette mit Hack und Gemüse

ZUTATEN FÜR 4 PERSONEN:
1 altbackenes Brötchen
1 Zwiebel · 1 Bund Basilikum
300 g Rinderhackfleisch
75 g fein geriebene Mandeln
1 Ei · 1/2 TL unbehandelte,
abgeriebene Zitronenschale
Salz · weißer Pfeffer
200 g Champignons
1 Möhre · 1 rote Paprikaschote
1 Stange Lauch
200 g Emmentaler in dünnen
Scheiben

Zubereitungszeit: 35 Min.
Pro Portion: 2284 kJ/546 kcal
34 g E · 38 g F · 19 g K

Preiswert

1 Brötchen in lauwarmem
Wasser einweichen, dann ausdrücken und zerpflücken. Zwiebel schälen und
fein hacken. Basilikum waschen und ebenfalls hacken.

2 Brötchen mit Hack-
fleisch, Zwiebel, Basili-
kum, Mandeln, Ei, Zitro-
nenschale, Salz und Pfeffer
mischen und zu sehr klei-
nen, etwa walnussgroßen,
flachen Pflänzchen formen.

3 Pilze putzen. Dann in
Scheiben schneiden.
Möhre, Paprikaschote und
Lauch waschen und putzen,
dann in Stifte schneiden.
Raclettegerät vorheizen.

4 Jeweils ein kleines Hack-
pflänzchen und einige
Gemüsestifte und Pilze in
das Raclettepfännchen
geben, mit 1 Käsescheibe
bedecken. Im Raclettegerät
7 Min. überbacken.

Raclette mit Fisch und Tomaten

ZUTATEN FÜR 4 PERSONEN:
600 g Heilbutt in möglichst
dünnen Scheiben (ersatzweise
Kabeljau)
1 EL Zitronensaft
500 g Fleischtomaten
2 Knoblauchzehen
je 1 Bund Basilikum und
Petersilie · 200 g Mozzarella
Salz · weißer Pfeffer
1 EL Olivenöl

Zubereitungszeit: 25 Min.
Pro Portion: 2250 kJ/538 kcal
37 g E · 38 g F · 15 g K

Raffiniert

1 Fischscheiben mit dem
Zitronensaft beträufeln.

2 Tomaten waschen, in
dünne Scheiben schnei-
den. Knoblauchzehen schä-
len, fein hacken. Kräuter
waschen, Blättchen hacken.
Mozzarella würfeln, mit
Knoblauch, Kräutern, Salz,
Pfeffer und Öl mischen.

3 Raclettegerät vorheizen.
Fisch salzen, pfeffern,
jeweils 1 Scheibe im Rac-
lettepfännchen mit Toma-
tenscheiben und etwas
Mozzarellamischung be-
deckt in 4 Min. garen.

Grundrezept: Raclette

Pro Person 200 g Raclette-
käse in dünnen Scheiben im
Pfännchen schmelzen und
zu 250 g kleinen, fest kochenden Pellkartoffeln mit
Silberzwiebeln, Essiggurken,
Maiskölbchen servieren.
Auch gut dazu: Schinken
oder Bündner Fleisch.

Einmachen

Erdbeerkonfitüre mit Rhabarber

ZUTATEN FÜR 8 GLÄSER
à 250 ml Inhalt:
750 g Erdbeeren
250 g Rhabarber
1 kg Gelierzucker
30 Pfefferminzblätter

Zubereitungszeit: 30 Min.
(+ 2 Std. Ruhen)
Pro Glas: 2163 kJ/517 kcal
1 g E · 0 g F · 132 g K

Raffiniert

1 Erdbeeren waschen, in kleine Stücke schneiden. In einem Topf mit dem Kartoffelstampfer zermusen.

2 Rhabarber waschen, die Haut abziehen. Rhabarber in Scheiben schneiden, zu den Erdbeeren geben.

3 Gelierzucker gründlich untermischen. Die Früchte 2 Std. stehen lassen, bis sich Saft gebildet hat.

4 Pfefferminze waschen, fein hacken. Fruchtmischung unter Rühren zum Kochen bringen. Konfitüre abschäumen und unter Rühren bei mittlerer Hitze 2 Min. kochen lassen, bis sie dickflüssig wird. Minze untermischen.

5 Etwas Konfitüre auf einen kühlen Teller geben. Wird sie fest, ist sie ausreichend gegart.

6 Die Konfitüre in heiß ausgespülte Gläser füllen und sofort gut verschließen. Sie hält sich mindestens 6 Monate.

Himbeergelee

ZUTATEN FÜR 8 GLÄSER
à 250 ml Inhalt:
1 kg Himbeeren
50 ml Himbeergeist
250 g rote Johannisbeeren
1 kg Gelierzucker

Zubereitungszeit: 50 Min.
Pro Glas: 2426 kJ/580 kcal
2 g E · 1 g F · 145 g K

Gelingt leicht

1 Himbeeren verlesen und möglichst nicht waschen.

2 Himbeeren mit 200 ml Wasser in einem Topf zum Kochen bringen. Dann 4 Min. bei schwacher Hitze köcheln lassen, bis sich reichlich Saft bildet.

3 Himbeeren durch ein mit einem Mulltuch ausgekleidetes Sieb gießen, den Saft auffangen. Tuch etwas zusammendrehen, damit der Saft vollkommen austritt. Es sollen mit dem Himbeergeist $3/4$ l Flüssigkeit entstehen. Gegebenenfalls mit Wasser auffüllen.

4 Johannisbeeren waschen, trockentupfen und von den Rispen streifen.

5 Himbeersaft mit dem Gelierzucker in einem Topf mischen und zum Kochen bringen. Johannisbeeren untermischen und alles etwa 2 Min. kochen, bis es geliert. Wie links beschrieben, die Gelierprobe machen.

6 Himbeergelee in heiß ausgespülte Gläser füllen und verschließen. Es hält sich mindestens 6 Monate.

Zwetschgen-Preiselbeer-Konfitüre

ZUTATEN FÜR 8 GLÄSER
à 250 ml Inhalt:
900 g Zwetschgen
200 g Preiselbeeren
500 g Gelierzucker (2:1)
je 1 Msp. gemahlene Nelken
und Zimt

Zubereitungszeit: 30 Min.
Pro Glas: 799 kJ/191 kcal
2 g E·1 g F·47 g K

Schmeckt auch zu Fleisch

1 Zwetschgen waschen und sehr klein würfeln, Preiselbeeren verlesen, gut abspülen, abtropfen lassen.
2 Zwetschgen und Preiselbeeren in einem Topf mit dem Gelierzucker mischen und jurz stehen lassen. Dann unter Rühren mit den Gewürzen zum Kochen bringen. Die Konfitüre bei mittlerer Hitze etwa 4 Min. kochen lassen.
3 Wie auf Seite 223 beschrieben, die Gelierprobe machen.
4 Zwetschgen-Preiselbeer-Konfitüre in heiß ausgespülte Gläser füllen und sofort verschließen. Sie hält sich mindestens 6 Monate.

Roh gerührte Johannis-beerkonfitüre

ZUTATEN FÜR 2 GLÄSER
à 250 ml Inhalt:
300 g rote oder schwarze Johannisbeeren (ersatzweise tiefgekühlte Beerenmischung)
1–2 TL Zitronensaft
250 g Gelierzucker

Zubereitungszeit: 30 Min.
Pro Glas: 2372 kJ/567 kcal
2 g E·0 g F·146 g K

Gelingt leicht · Preiswert

1 Johannisbeeren waschen, von den Rispen streifen. Im Mixer zerkleinern und durch ein Sieb streichen. Mit Zitronensaft in eine hohe Schüssel geben.
2 Gelierzucker untermischen und die Johannisbeeren mit den Rührbesen des Handrührgeräts zuerst bei mittlerer, dann bei höchster Schaltstufe 15 Min. rühren, bis die Masse bindet und dickflüssig wird. Spuren, die man in der Konfitüre sieht, sollen nur langsam wieder zerfließen.
3 Johannisbeerkonfitüre in heiß ausgespülte Gläser füllen und verschließen. Im Kühlschrank aufbewahrt hält sich die Konfitüre etwa 6 Wochen.

Tipp!
Roh gerührte Konfitüre können Sie mit allen weichen Früchten – vor allem Erdbeeren und Himbeeren – zubereiten.

Zitronen-Confit

FÜR 2 GLÄSER à 300 ml Inhalt:
4 unbehandelte Zitronen
100 g weißer Zucker
100 g weißer Rum
10 Pimentkörner
2 getrocknete rote Chilischoten
2 TL Salz

Zubereitungszeit: 30 Min.
Pro Glas: 1557 kJ/371 kcal
4 g E · 1 g F · 77 g K

Gelingt leicht · Scharf

1 Zitronen heiß abwaschen, trockentupfen und längs vierteln. Die Viertel in 1/2 cm dicke Scheiben schneiden.

2 Den Zucker mit Rum in einen Topf füllen und bei mittlerer Hitze unter Rühren in 5 Min. zu dickem

Sirup kochen. Pimentkörner und Chilis mit Salz im Mörser grob zerstoßen und mit den Zitronenstückchen in den Sirup rühren. Zugedeckt bei schwacher Hitze 10–15 Min. schmoren, bis die Zitronenstücke weich, aber noch nicht zerfallen sind.

3 Inzwischen die Gläser mit kochend heißem Wasser ausspülen, umgedreht abtropfen lassen. Mit dem Zitronen-Confit füllen, verschließen und abkühlen lassen, dabei ab und zu umdrehen, damit sich die Zitronenstückchen gleichmäßig verteilen.

Orangengelee mit Maracuja

FÜR 2 GLÄSER à 350 ml Inhalt:
1/2 l frisch gepresster Orangensaft (von 1 kg Orangen)
4 Maracujas (Passionsfrüchte)
500 g Gelierzucker

Zubereitungszeit: 20 Min.
Pro Glas: 4689 kJ/1121 kcal
3 g E · 1 g F · 286 g K

Schnell · Gelingt leicht

1 Orangensaft in einen Topf füllen. Maracujas halbieren und die Kerne mit dem Fruchtfleisch auslöffeln, zum Saft geben. Gelierzucker einrühren.

2 Die Mischung bei starker Hitze aufkochen und 3 Min. sprudelnd kochen.

3 Gläser mit kochend heißem Wasser ausspülen, umgedreht abtropfen lassen. Das Gelee heiß in die Gläser füllen und verschließen. Während des Abkühlens die Gläser alle 30 Min. umdrehen, damit sich die Kerne gleichmäßig im Gelee verteilen.

Tipp!
Den Pfiff bekommt das Gelee nicht nur durch den intensiven Geschmack, sondern auch durch die schwarzen Kernchen der Maracujas. Apart schmeckt das Gelee auch mit Grenadinesirup, der eine schöne rote Farbe gibt.

Eingelegte Pilze

ZUTATEN FÜR 2 GLÄSER
à 700 ml Inhalt:
800 g kleine Champignons
2 Bund Frühlingszwiebeln
1/2 Bund frischer Thymian
1 Bund Basilikum
100 ml Aceto balsamico
Salz
4 EL Olivenöl
1 TL eingelegte grüne
Pfefferkörner

Zubereitungszeit: 30 Min.
Pro Glas: 1577 kJ/377 kcal
10 g E · 29 g F · 29 g K

Gelingt leicht

1 Pilze putzen. Frühlingszwiebeln waschen, put-
zen und das dunkle Grün
abschneiden. Zwiebeln
längs halbieren. Thymian
und Basilikum waschen,
Blättchen abzupfen.

2 Aceto balsamico mit
400 ml Wasser, Salz und
Öl in einem Topf zum
Kochen bringen. Die Pilze
und die Frühlingszwiebeln
hineingeben und 3 Min.
kochen lassen. Thymian,
Basilikum und Pfefferkör-
ner untermischen.

3 Pilze und Frühlingszwiebeln aus dem Topf
fischen und in saubere Gläser füllen.

4 Sud noch einmal aufko-
chen, kochend über die
Pilze gießen und die Gläser
sofort verschließen.

5 Vor dem Öffnen min-
destens 2 Tage ziehen
lassen. Die Pilze halten
sich an einem kühlen Ort
3–4 Wochen.

Zucchini in Zitronenöl

ZUTATEN FÜR 2 GLÄSER
à 650 ml Inhalt:
1 kg junge Zucchini
3/8 l Apfelessig · 1 EL Salz
1 unbehandelte Zitrone
1 rote Chilischote
1 Bund Basilikum
etwa 1/2 l Olivenöl

Zubereitungszeit: 35 Min.
Pro Glas: 1339 kJ/320 kcal
7 g E · 24 g F · 34 g K

Gelingt leicht

1 Zucchini waschen, put-
zen und in 1/2 cm dicke
Scheiben schneiden.

2 Essig mit 3/4 l Wasser
und dem Salz aufkochen.
Zucchini darin 2 Min. sprudelnd kochen, herausheben,
auf einem Küchentuch gut
abtropfen lassen.

3 Zitrone heiß waschen
und abtrocknen. Schale
dünn abschneiden und in
feine Streifen schneiden.
Chilischote waschen, hal-
bieren, in feine Streifen
schneiden. Basilikumblättchen abzupfen.

4 In einer Pfanne 2 EL Öl
erhitzen. Einige Zucchi-
nischeiben mit einigen
Chilistreifen darin von
beiden Seiten goldbraun
braten. Herausheben. Alle
Zucchini in Öl braten.

5 Zucchini mit
Zitronenschale und
Basilikum in saubere Gläser
verteilen. So viel Öl an-
gießen, dass die Zucchini
davon bedeckt sind. Hält
sich kühl gelagert 3 Monate.

Süßsauer-scharfe Paprikaschoten

ZUTATEN FUR 2 GLASER
à 800 ml Inhalt:
1 kg grüne, gelbe und rote Paprikaschoten
4 Knoblauchzehen
2 rote Chilischoten
3/8 l Weißweinessig
2 EL Anisschnaps nach Belieben
Salz · 75 g Zucker
4 Lorbeerblätter

Zubereitungszeit: 40 Min.
Pro Glas: 1400 kJ/335 kcal
6 g E · 1 g F · 87 g K

Gelingt leicht · Preiswert

1 Paprikaschoten waschen, putzen und in Stücke schneiden. Knoblauch schälen und vierteln. Chilis waschen, in Streifen schneiden.

2 Essig mit 3/8 l Wasser, nach Belieben Anisschnaps, 2 TL Salz, Zucker, Chilis und Knoblauch zum Kochen bringen.

3 Paprikaschoten in die Marinade geben und 3 Min. darin kochen lassen. Lorbeer untermischen.

4 Das Gemüse mit der Marinade kochend heiß in die gut gesäuberten Gläser füllen und sofort verschließen. Vor dem ersten Öffnen mindestens 1 Woche ziehen lassen. Die süßsauer-scharfen Paprikaschoten halten sich an einem kühlen Ort mindestens 6 Monate.

Varianten:

Auf diese Art können Sie Kürbis, Gurken, Chinakohl, Zucchini und auch Kohlrabi einmachen. Gemüse, das sehr weich ist, wie zum Beispiel Gurken, müssen Sie dazu nicht kochen, sondern nur mit der kochenden Marinade übergießen.

Körniger Senf

ZUTATEN FÜR 3 GLÄSER
à 175 ml Inhalt:
2 Zwiebeln
1 säuerlicher Apfel (Boskop)
1 Bund Thymian
1/2 l Apfelessig (ersatzweise
Cidre-Essig)
1 EL Senfkörner
je 65 g grobes braunes und
gelbes Senfmehl (Apotheke)
1 TL Meersalz

Zubereitungszeit: 45 Min.
Pro Glas: 1192 kJ/285 kcal
14 g E · 14 g F · 32 g K

Hübsches Mitbringsel

1 Zwiebeln schälen, halbieren. Apfel schälen, ach-
teln, Kerngehäuse entfer-
nen. Thymian waschen.
Zwiebeln und Apfel mit

dem Essig und Thymian
zum Kochen bringen. Zuge-
deckt 15 Min. bei mittlerer
Hitze köcheln lassen.

2 Sud sieben. Die Senf-
körner hineingeben und
alles 10 Min. weiterköcheln
lassen.

3 Beide Senfmehle mit
dem Salz in einer Schüs-
sel mischen. Essigsud unter
ständigem Rühren unter-
mischen. 5 Min. rühren,
dann abkühlen lassen.

4 Senf in Gläser füllen und
verschließen. Mindestens
2 Wochen ziehen lassen,
denn anfangs schmeckt der
Senf noch leicht bitter.

Lorbeeröl

ZUTATEN FÜR 1 FLASCHE
à 250 ml Inhalt:
4–5 Lorbeerblätter
1 Knoblauchzehe
etwa 225 ml Olivenöl

Zubereitungszeit: 5 Min.
7613 kJ/1820 kcal
0 g E · 205 g F · 1 g K

Gelingt leicht

1 Lorbeer zerkrümeln.
Knoblauch schälen,
halbieren und abtrocknen.
Mit dem Lorbeer in die
Flasche geben, mit dem Öl
auffüllen. Mindestens
2 Wochen ziehen lassen.

Obstessig

ZUTATEN FÜR 1 FLASCHE
à 750 ml Inhalt:
200 g Himbeeren (ersatzweise
Brombeeren)
1/2 l guter Weißweinessig

Zubereitungszeit: 10 Min.
544 kJ/130 kcal
2 g E · 1 g F · 37 g K

Raffiniert

1 Himbeeren verlesen. In
die Flasche füllen und
mit Essig auffüllen. Ver-
schließen, 2 Wochen ziehen
lassen.

2 Dann den Essig sieben,
die Himbeeren etwas
ausdrücken. Wieder in die
Flasche füllen.

Ananas-Gurken-Chutney

ZUTATEN FÜR 3 GLÄSER
à 250 ml Inhalt:
500 g Ananasfleisch (aus der Dose)
1 Salatgurke (600 g)
4 Knoblauchzehen
1 Stück frischer Ingwer
(etwa walnussgroß)
2 rote Chilischoten
50 g Korinthen · 150 g Zucker
1/8 l Weißweinessig · Salz
1 Prise Zimt · 1/2 TL gemahlener Kreuzkümmel

Zubereitungszeit: 45 Min.
Pro Glas: 1418 kJ/339 kcal
3 g E · 1 g F · 87 g K

Raffiniert

1 Ananas würfeln. Gurke schälen, halbieren. Kerne herauskratzen. Gurke würfeln. Knoblauch und Ingwer schälen, fein hacken. Chilis waschen und hacken.

2 Ananas, Gurke, Knoblauch, Ingwer und Chilis mit den Korinthen, dem Zucker, dem Essig, Salz, Zimt und Kreuzkümmel in einem Topf zum Kochen bringen.

3 Das Chutney zugedeckt bei schwacher bis mittlerer Hitze 30 Min. garen, bis es sämig ist. Dabei häufig durchrühren.

4 Das Chutney abschmecken, heiß in saubere Gläser füllen, sofort verschließen. Das Chutney schmeckt zu indischen Gerichten und zu Fleisch.

Kaperncreme

ZUTATEN FÜR 1 GLAS
à 250 ml Inhalt:
75 g Kapern (aus dem Glas)
1 Bund Petersilie
2 Knoblauchzehen
75 g Pinienkerne
50 g frisch geriebener
Parmesan oder Pecorino
8 EL Olivenöl
weißer Pfeffer

Zubereitungszeit: 15 Min.
6776 kJ/1620 kcal
40 g E · 152 g F · 43 g K

Raffiniert

1 Kapern abtropfen lassen. Petersilie waschen, grob zerkleinern. Knoblauch schälen.

2 Kapern und Petersilie mit Knoblauch und Pinienkernen im Mixer fein zerkleinern.

3 Käse und 7 EL Olivenöl untermischen, pfeffern.

4 Creme in ein sauberes Glas füllen, mit dem restlichen Öl bedecken und verschließen. Kühl lagern.

Variante: Rotes Pesto

150 g in Öl eingelegte getrocknete Tomaten grob zerkleinern. Von 1 Bund Basilikum Blättchen abzupfen. 1 rote Zwiebel schälen und grob hacken. Tomaten, Zwiebel und Basilikum im Mixer fein pürieren, mit 2 TL Aceto balsamico und 6 EL Olivenöl mischen, salzen und pfeffern. In ein Glas füllen und mit 1 EL Öl bedecken. Gut verschlossen und kühl aufbewahren.

Rezeptregister

Rezeptregister

Register nach Zutaten

Register nach Zutaten

Register nach Zutaten

Register nach Zutaten

FAMILIENKÜCHE

... für kleine und große Genießer

Einfach, unkompliziert und schnell: Die besten Rezepte für jeden Tag.
Ob großer Hunger oder Lust auf Genuss, ob für zwei, vier oder viele Esser –
für jede Gelegenheit das richtige Rezept.

Gutgemacht. Gutgelaunt.

Reinhardt Hess

Reinhardt Hess machte vor über 30 Jahren
sein Hobby zum Beruf und lernte bei der
größten deutschen Zeitschrift für Essen und
Trinken das Handwerk. Danach leitete er
Kochredaktionen in Buchverlagen.
Seit 10 Jahren ist er freier Autor, hat über
40 Koch- und Weinbücher selbst geschrieben
oder daran mitgearbeitet. Einige davon wurden mit der Silbermedaille der Gastrono-
mischen Akademie ausgezeichnet. Seine
Lieblingsthemen sind die Mittelmeerküche,
asiatische Küchen und pfiffige, originelle
Rezepte, die er in seiner Küche selbst entwickelt.

Cornelia Schinharl

Cornelia Schinharl studierte erst Sprachen,
bevor sie sich dem Bereich Kochen zuwandte.
Ihr Interesse für kulinarische Themen war
schon immer groß. Nach der fundierten
Ausbildung bei einer bekannten Food-Jour-
nalistin und einem Praktikum bei einem
großen Hamburger Verlag machte sie sich
1995 als Redakteurin und Autorin selbst-
ständig. Seither sind zahlreiche Kochbücher
von ihr erschienen.

Barbara Bonisolli
Food Fotografie

Barbara Bonisolli begann 1989 ihre Lauf-
bahn als Fotografin. Die Liebe zum Kulina-
rischem brachte sie 1993 zur Foodfotografie.
Neben gutem Essen gilt ihr Interesse allen
schönen Dingen rund um Tisch und Küche.
Das ansprechende Ambiente für ihre Fotos
gestaltet Barbara Bonisolli deshalb selbst. Zu
ihrem Kundenkreis gehören Zeitschriften
und Kochbuchverlage, daneben arbeitet sie
für Werbung und Industrie.

Michael Brauner
Food Fotografie

Michael Brauner arbeitete nach Abschluss
der Fotoschule in Berlin als Fotoassistent bei
namhaften Fotografen in Frankreich und
Deutschland, bevor er sich 1984 selbständig
machte. Sein individueller, atmosphären-
reicher Stil wird in der Werbung ebenso wie
in vielen bekannten Verlagen sehr geschätzt.
In seinem Studio in Karlsruhe setzt er die
Rezepte zahlreicher GU-Titel stimmungsvoll
ins Bild.

Ein herzliches Dankeschön sagen wir
folgenden Firmen für die Bereitstellung von
Geräten:

Schulte-Ufer, Sundern (Seite 220)
Sigg Haushaltsgeräte AG, Frauenfeld
(Schweiz) (Seite 215, 217, 218, 219, 200, 221)

Ein herzliches Dankeschön für die
Bereitstellung der handgefertigten
Keramikteller:
Carolin Rademacher, Triftern/Loderham

Redaktionsleitung: Birgit Rademacker
Redaktion und Lektorat: Anne Lenk
Umschlaggestaltung:
Independent Medien Design
Rezeptfotos: Barbara Bonisolli
Michael Brauner S. 53, 59, 70, 83, 86, 89, 90,
96, 99, 104, 105, 110, 113, 114, 118, 122, 126,
127, 136, 141, 152, 159, 161, 168, 173, 184,
186, 187, 188
Bildnachweis: StockFood Eising S. 9, 10, 11,
18, 21, 23, 42; Teubner Foodfoto S. 12, 16, 22,
24, 27, 28, 30, 33

Produktion: Maike Harmeier
Typografie, Gestaltung und Satz:
BuchHaus Robert Gigler GmbH, München
Reproduktion: Fotolito Longo, München
Druck: Appl Aprinta, Wemding
Bindung: Großbuchbinderei Monheim,
Monheim

ISBN 3-7742-4087-6

Auflage	4	3	2
Jahr	2005	2004	2003